CÓDIGO DAS

emoções

COORDENAÇÃO EDITORIAL
TALITA PUPO CRUZ

CÓDIGO DAS emoções

Literare Books
INTERNATIONAL
BRASIL · EUROPA · USA · JAPÃO

PRESIDENTE
Mauricio Sita

VICE-PRESIDENTE
Alessandra Ksenhuck

DIRETORA EXECUTIVA
Julyana Rosa

DIRETORA DE PROJETOS
Gleide Santos

RELACIONAMENTO COM O CLIENTE
Claudia Pires

EDITOR
Enrico Giglio de Oliveira

ASSISTENTE EDITORIAL
Luis Gustavo da Silva Barboza

REVISÃO
Beatriz Parisi

CAPA
Paulo Gallian

DESIGNER EDITORIAL
Lucas Yamauchi

IMPRESSÃO
Gráfica Paym

Dados Internacionais de Catalogação na Publicação (CIP) (eDOC BRASIL, Belo Horizonte/MG)	
C669	Código das emoções: o segredo dos pais e profissionais brilhantes / Coordenação Talita Pupo Cruz. – São Paulo, SP: Literare Books International, 2022. 328 p. : il. ; 16 x 23 cm
	Inclui bibliografia ISBN 978-65-5922-367-1
	1. Crianças – Educação. 2. Pais e filhos. 3. Psicologia. I. Cruz, Talita Pupo. CDD 150
Elaborado por Maurício Amormino Júnior – CRB6/2422	

LITERARE BOOKS INTERNATIONAL LTDA.
Rua Antônio Augusto Covello, 472
Vila Mariana — São Paulo, SP. CEP 01550-060
+55 11 2659-0968 | www.literarebooks.com.br
contato@literarebooks.com.br

SUMÁRIO

PREFÁCIO

Há algo que existe dentro do nosso mundo interior: emoções!

Todos nós temos, mas cada um aprende a expressá-las de uma forma única.

O que acontece em nosso mundo interior está diretamente relacionado com nosso mundo exterior, com o contexto no qual estamos inseridos e interagindo a todo momento.

As habilidades socioemocionais devem ser ensinadas desde a mais tenra idade. Os adultos que convivem com crianças precisam ter clareza que uma de suas responsabilidades é criar e/ou aproveitar as oportunidades para ensinar as crianças a gerirem suas próprias emoções.

Ninguém nasce com essa habilidade. Aprender a identificar, nomear e expressar sentimentos deve fazer parte da educação diária de toda criança. O sentir da criança deve ser incentivado e validado pelos adultos em um ambiente acolhedor e empático.

Uma criança que expressa adequadamente seus sentimentos tem maior probabilidade de tornar-se um adulto emocionalmente saudável, capaz de se relacionar satisfatoriamente com o outro, além de desenvolver um auto-conceito mais positivo.

Ao longo de muitos anos, a psicologia, enquanto ciência, se dedica a estudar acerca dos sentimentos e emoções, e diversas publicações apontam para o benefício de reconhecê-las e expressá-las adequadamente. Como bem sinalizou Skinner, fundador do Behaviorismo Radical: "Como as pessoas se sentem é frequentemente tão importante quanto o que elas fazem".

Há quase 20 anos, atuando como psicóloga de crianças e realizando orientação aos pais, percebo que todo processo de intervenção deve ter como ponto de partida os sentimentos. Sem esse aprendizado, a criança é incapaz de desenvolver o autoconhecimento e gerir as próprias sensações. Sem entender o contexto no qual os sentimentos estão presentes, não será possível fazer nada para mudá-los ou aceitá-los.

O *Código das emoções* ensina pais, educadores e profissionais que atuam com a infância sobre as emoções e os sentimentos. Em uma linguagem acessível e escrito por profissionais que têm conhecimento e prática com crianças, a obra ressalta, para o leitor, a importância de a educação emocional começar na infância e ser realizada de forma lúdica. A regulação emocional é a base para o desenvolvimento saudável do ser humano.

Quer ajudar uma criança a gerir seus sentimentos? Mergulhe nesta leitura, absorva os ensinamentos e coloque-os em prática!

Ana Claudia Paranzini Sampaio
Psicóloga (CRP 08/09142)

1

DECIFRANDO EMOÇÕES
O QUE SÃO E PARA QUE SERVEM

Iniciamos este capítulo com alguns conceitos de emoções, suas funções e importância. Ressaltamos as emoções primárias, secundárias e as emoções de fundo. Diferenciamos interações interpessoais de intrapessoais. Finalizamos, demonstrando que nossos sentimentos são sensações corporais experimentadas de reflexos neurais decorrentes das interferências do mecanismo cerebral em relação aos sentimentos.

MARIA DOS ANJOS SILVA E ROSANA OLIVEIRA

Maria dos Anjos Silva

Contatos
marianjosm1@hotmail.com.br
Instagram: @ mariadosanjos5064
Telegram: @Maria_dos_Anjos
33 98401 2277

Graduada em Psicologia pela Fundação Educacional de Caratinga – FUNEC. Licenciada em Letras. Pós-graduada em Língua Portuguesa e Saúde Mental pela FUNEC, pós-graduação em Autismo e Deficiência Intelectual pela CBI & Miami. Qualificada em Transtorno do Déficit de Atenção com Hiperatividade pelo Instituto ALFA Faveni. Certificada em Psicologia Positiva pelo Centro Sofia Bawer e facilitadora do programa Educação Emocional Positiva pela EEP e Mirían Rodrigues - FASURGS.

Rosana Oliveira

Contatos
rosanaoliveirapsicologia@gmail.com
Instagram: @psico_rosana
31 99779 5377

Graduada em Psicologia pela Faculdade Ciências Médicas de Minas Gerais. Pós-graduada em Saúde Mental pelo Instituto Alfa/Faveni. Aperfeiçoamento em Psicologia Clínica e Neuropsicologia pelo Life Cursos de Saúde. Facilitadora do método emocionecos - oficina das emoções. Mestranda em Psicologia Clínica e da Saúde pela Universidad Europea del Atlántico. Realiza atendimentos clínicos presencial e on-line a crianças, adolescentes, adultos e família. Palestrante de temas clínicos. Analista da educação básica na Secretaria de Educação - MG.

As emoções são um meio natural de avaliar o ambiente que nos rodeia e reagir de forma adaptativa.
DAMÁSIO

Para discorrermos sobre emoções, é preciso entender seu conceito, funções e como elas se processam no mecanismo neurológico. Iniciamos, então, com algumas das definições propriamente ditas.

Existem diversas abordagens a respeito das emoções. Alguns filósofos defendem que as emoções devem ser interpretadas como um estado mental que é o resultado da interação dos processos cognitivos e psicológicos. Outros acreditam nas reações biológicas de natureza animal, considerando-as como mecanismos de sobrevivência, dentre outros.

De acordo com Bisquerra (2003), a emoção é um estado confuso do organismo definido por uma inquietação que leva a uma resposta organizada. As emoções surgem como resultado de um episódio externo ou interno.

Entende-se, então, que as emoções são estados internos e característicos de todo ser humano, que regem uma sensação física e emocional provocada por algum estímulo. Conhecê-las e monitorá-las é de fundamental importância para o sucesso e a satisfação em nosso convívio e atividades cotidianas. Viver cada emoção é algo pessoal, podendo ser sentida de diferentes formas, dependendo do acontecimento e da relevância que o fato tem para cada indivíduo.

Dentre as emoções, temos as primárias e secundárias. As primárias são: o medo, a tristeza, a raiva, o nojo, a surpresa, a alegria e o amor. Já as emoções secundárias são direcionadas a partir dos sentimentos de vergonha, culpa e inveja, por exemplo. Nessa situação, a pessoa apresenta vergonha de sentir medo, culpa por sentir raiva e daí por diante.

Assim sendo, quando uma pessoa se sente tensa, cansada e sem energia até mesmo para comunicar-se, tais sensações são caracterizadas como emoções de fundo, já que são complicadas para expô-las, pois estão relacionadas com um estado interior no qual a pessoa se encontra.

As emoções de fundo surgem por uma disfunção do próprio organismo e têm como cenário a vivência interna do indivíduo, ou seja, estão associadas à consciência, podendo existir uma sensação permanente, principalmente para quem é mais sentimental, podendo evoluir para uma doença neurológica como, por exemplo, a depressão.

Desse modo, as emoções possuem significados importantes em nossas vidas, servindo de ponte para as conexões, comunicações interpessoais, intrapessoais e sociais.

As emoções interpessoais fazem parte da rotina de cada um. Elas estão relacionadas às conexões que fazemos com a família, no trabalho, nos encontros com os amigos e demais convivências sociais.

Tais emoções nos indicam o quão saudável está o nosso relacionamento com pessoas e lugares que perpassamos em nosso cotidiano, pois os relacionamentos são deveras preciosos para conquistar uma apropriada qualidade de vida. Contudo, as emoções intrapessoais são aquelas que estão em nosso íntimo, indicam o relacionamento da pessoa com ela mesma, seus sentimentos e aspirações de vida e viver bem. Tais emoções estão intrinsecamente ligadas ao autoconhecimento porque quanto mais a pessoa se conhece, melhor ela transparecerá para si e para o outro.

Desse modo, é importante ressaltar que não existem emoções boas ou ruins, existem emoções agradáveis e desagradáveis de sentir. Até as emoções desagradáveis são fundamentais para nosso crescimento e desenvolvimento pessoal. As emoções precisam de cuidados, é necessário entender que elas fazem parte de nós, devem ser vivenciadas com sabedoria e, mesmo que tragam algumas sensações ruins, fazem parte do autoconhecimento.

Funções de algumas emoções:

- **amor:** oferece proteção, acolhimento e vínculo entre os indivíduos;
- **alegria:** a pessoa tem a sensação de satisfação pelo convívio mútuo, promovendo a interação entre as pessoas, fortalece laços sociais e aceitação individual;
- **tristeza:** promove o pensamento reflexivo, reconfiguração de pensamentos e transformações comportamentais;
- **raiva:** pode permitir proteção e defesa de si mesmo e de outros contra os "predadores";
- **medo:** promove a preservação da vida e de alguns possíveis perigos, avaliando riscos e prejuízos de situações e eventos;
- **nojo:** pode nos preservar de alimentos e objetos causadores de danos à saúde.

Adentrando um pouco no mecanismo cerebral, destacamos o sistema límbico, que foi analisado pelo neurologista francês Pierre Paul Broca, como um conjunto de estruturas que direcionam determinados comportamentos fundamentais para a nossa sobrevivência.

Segundo Ballone (2002), algumas funções específicas são articuladas ao ponto de permitir-nos diferenciar o que é agradável ou não, favorecendo o desenvolvimento das funções afetivas.

Em 1937, o neuroanatomista James Papez afirmou que o sistema límbico é agregado de pelo menos quatro estruturas e todas elas são interconectadas.

Segundo Ballone (2002), o circuito de Papez é a parte do sistema límbico que está relacionado com as emoções, padrões comportamentais e memórias emocionais, ele é composto pelo hipotálamo, hipocampo, os núcleos talâmicos anteriores e o córtex singular.

Ressaltamos o hipotálamo por ser destaque no sistema límbico, regula a função de provimento do sistema endócrino e absorve organizando várias informações importantes à constância do meio interno corporal.

Seus muitos circuitos neuronais são reguladores das funções vitais que alteram os estados emocionais, batimentos cardíacos, temperatura, pressão sanguínea, sensação de fome, sede e outros. No pensamento de Ballone (2002), o sistema endócrino também é monitorado pelo hipotálamo por meio da glândula hipófise.

O núcleo amigdaloide ou amígdala é um centro processador fundamental das emoções e suas expressões. Dependendo da situação ocorrida, podem acontecer manifestações de medo, fuga, defesa e agressividade.

A amígdala é formada por diferentes núcleos e está relacionada com o sistema emocional do cérebro. A relação da amígdala com as emoções centrou-se no estudo do condicionamento do medo.

Desse modo, um estímulo neutro é capaz de manifestar reações emocionais pela sua associação temporal com um estímulo adverso. Comprovou-se que a amígdala é necessária para a aprendizagem e expressão desse condicionamento, estando envolvida na aprendizagem emocional.

Já as emoções desagradáveis de sentir, tais como os sofrimentos, ansiedades e frustrações ativam a amígdala. Ela aciona o hipotálamo, que é responsável pela ligação do sistema nervoso com o sistema endócrino, tendo a sintetização da secreção de neuro-hormônios.

O hipotálamo, por meio da descarga do hormônio corticotrofina liberado, dá sinal para a glândula hipófise. O resultado é a ativação das glândulas suprarrenais pelo hormônio adrenocorticotrófico.

Diante disso, as glândulas suprarrenais vão secretar hormônios do estresse como o cortisol, a adrenalina e a noradrenalina.

O excesso de cortisol abaixa a serotonina, hormônio que faz nos sentirmos felizes. Como consequência, podem gerar a raiva, comportamentos agressivos e, também, a depressão.

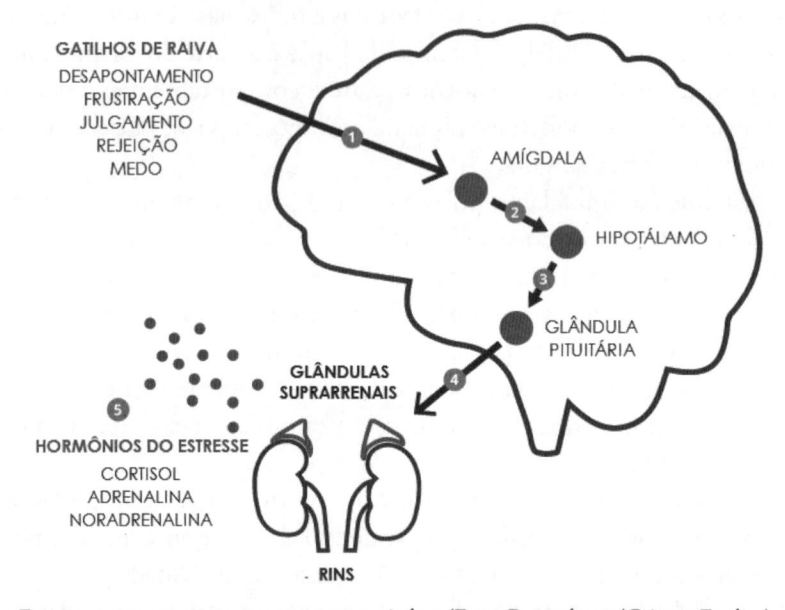

Esta imagem mostra o que acontece no cérebro (Foto: Reprodução/Ciência Explica).

Concluímos pontuando a importância de validarmos nossas emoções, pois fazem parte do nosso cotidiano e desenvolvimento. As emoções auxiliam no crescimento de todas as áreas de nossas vidas; identificá-las, codificá-las e compreendê-las é o primeiro passo para o autoconhecimento.

Encontrar um equilíbrio aliado a estratégias organizadoras e efetivas se faz necessário no desenvolvimento da inteligência emocional, com o objetivo de lidarmos com as situações diversas e adversas que surgirem no nosso dia a dia com maior assertividade.

Referências

ALVES, C. M. G. Inteligência emocional em crianças com dificuldades de aprendizagem: uma perspectiva educativa. Dissertação (Mestrado em Ciências da Educação na Especialidade em Domínio Cognitivo-Motor), *Escola Superior de Educação João de Deus*. Lisboa, 2013, pp.18-25.

BALLONE, G. Neurofisiologia das emoções. *PsiqWeb Psiquiatria Geral*, Internet. Disponível em: <https://psiqweb.net/index.php/forense/cerebro--e-violencia/>. Acesso em: 28 nov. de 2021.

BISQUERRA, R. e Cols . *Educación emocional y bienestar*. Barcelona: Cisspraxis, 2003.

DUTTA, S. Sistema límbico e motivação. *News Medical*, 2021. Disponível em: <https://www.news-medical.net/health/Limbic-System-and-Motivation--(Portuguese).aspx>. Acesso em: 15 nov. de 2021.

MORGADO, I; PORTELL, I; TORRAS, M. A amígdala: implicações funcionais. *Neurologia*, 2001. Disponível em: <https://www.neurologia.com/articulo/2001125/por>. Acesso em: 15 nov. de 2021.

ROCHA, C. F.; ROCHA, M. A.; ROCHA JÚNIOR, M. A. *Neuroanatomia*. Rio de Janeiro: Revinter , 2003, pp. 95-99.

SILVA, E. de A. da. Os significados das emoções na educação das crianças. *Revista Científica Multidisciplinar Núcleo do Conhecimento*. Edição 09. Ano 02, Vol. 02, 2017, pp. 88-110. Disponível em: <https://www.nucleodoconhecimento.com.br/educacao/emocoes-na-educacao>. Acesso em: 15 nov. de 2021.

TOLEDO, L. A neurociência da raiva: por que sentimos raiva? *A ciência explica*. 2018. Disponível em: <http://www.cienciaexplica.com.br/2018/03/21/a--neurociencia-da-raiva-porque-sentimos-raiva>. Acesso em: 15 nov. de 2021.

2

DECIFRANDO A INTELIGÊNCIA EMOCIONAL

A inteligência emocional guia nossa capacidade de lidar efetivamente com os outros. Pessoas que desenvolvem inteligência emocional sabem pensar, agir de forma mais consciente e lidam melhor com suas emoções. Neste capítulo, vamos dialogar sobre os conceitos, os pilares e a importância da inteligência emocional, uma vez que essa habilidade é a chave para o desenvolvimento saudável.

TALITA PUPO CRUZ

Talita Pupo Cruz
CRP 04/44717

Contatos
psi.talitapupo@gmail.com
Instagram: @psi.talitapupo / @emocionecos

Psicóloga infantojuvenil formada pelo Centro Universitário Una. Especialista em Terapia Cognitivo-comportamental pela PUC-MG. Especialista em Psicologia Hospitalar pela Santa Casa de Misericórdia (MG). Pós-graduanda em Arteterapia pela Faveni e pós-graduanda em Neurociências, Educação e Desenvolvimento Infantil pela PUC-RS. Educadora parental certificada pela Positive Discipline Association. Realiza atendimentos de crianças e adolescentes, atua também com treinamento de pais. É criadora dos personagens Emocionecos, que auxiliam as crianças com as suas emoções de maneira lúdica e especial; é também idealizadora de diversas oficinas de educação emocional; auxilia profissionais a criar e aplicar as próprias oficinas por meio dos seus métodos.

Um indivíduo emocionalmente inteligente é aquele que consegue
identificar as suas emoções com mais facilidade.
DANIEL GOLEMAN

O conceito de Inteligência Emocional (IE) foi proposto à comunidade científica pelos psicólogos Salovey e Mayer (1990: 189) em um artigo teórico. Inteligência emocional é definida como "a capacidade do indivíduo de monitorar os sentimentos e as emoções dos outros e os seus, de discriminá-los e de utilizar essa informação para guiar o próprio pensamento e as ações". Desde então, muitas publicações científicas ampliaram os conceitos relacionados ao assunto.

A inteligência emocional é a chave para o desenvolvimento saudável e para a vida em geral, pois ela guia nossa capacidade de lidar efetivamente com os outros e nos ajuda a entender nossas próprias emoções e os sentimentos de outras pessoas.

De maneira sucinta, a inteligência emocional é a capacidade de uma pessoa de nomear, identificar, compreender e gerenciar suas emoções para expressá-las de maneira adequada e eficaz.

Sendo assim, pessoas que desenvolvem inteligência emocional sabem pensar, agir de forma consciente e lidar melhor com emoções e sentimentos.

Quando desenvolvemos inteligência emocional, temos melhor compreensão de nós mesmos, o que permite administrarmos melhor nossas vidas, nossas preferências e necessidades.

Ao nos conhecermos profundamente, sabemos quem somos e o que queremos, identificamos nossas qualidades, habilidades e limitações, entendendo assim o que é melhor para nós.

A inteligência emocional pauta-se em cinco pilares/habilidades básicas e interdependentes denominadas autoconsciência, automotivação, autocontrole, empatia e sociabilidade. As três primeiras se referem a exames de reações do eu e o que o indivíduo faz com os próprios sentimentos, enquanto as duas últimas voltam-se para fora, em direção aos sentimentos dos outros e às interações sociais (GOLEMAN, 1995 apud SIQUEIRA, *et. al* 1999).

Desse modo, é importante destacar que ninguém nasce com a inteligência emocional desenvolvida; nós vamos aprendendo a lidar com os nossos sentimentos, desenvolvendo, ao longo da vida, a inteligência emocional, por isso é importante nos educarmos emocionalmente, edificando essa habilidade tão importante para todos.

O processo de compreensão das emoções e do desenvolvimento da inteligência emocional tem se mostrado essencial para melhorar as relações interpessoais e, apesar dessas habilidades serem desenvolvidas, elas passam por algumas etapas:

> O construto costuma ser composto por quatro áreas: percepção emocional, referente à capacidade de reconhecer adequadamente as expressões; facilitação do pensamento, que remete à capacidade de utilizar as emoções para melhor desempenhar uma tarefa; compreensão emocional, relacionada com a capacidade de perceber como as emoções transitam e se mesclam ao longo do tempo; e gerenciamento emocional, que se refere à capacidade de se engajar em pensamentos e ações que permitam a resolução de conflitos e favoreçam a adaptação.
> (MAYER; SALOVEY, 1999 *apud* MIGUEL, ZUANAZZI e AMARAL, 2017)

Para as crianças, o desenvolvimento da inteligência emocional impacta diretamente no futuro, a fim de resolver situações, saber gerenciar os conflitos, aprender a lidar com as emoções e ser empática, faz parte do processo de desenvolvimento da pessoa. Nas crianças é importante desenvolver essa habilidade, para que consigam identificar o que estão sentindo, buscando soluções mais assertivas para os seus sentimentos.

Fazer fluir a inteligência emocional das crianças resultará na capacidade de fortalecer sua consciência para que se tornem adultos autoconscientes e autossuficientes no quesito emoções.

Os benefícios de desenvolver a inteligência emocional são inúmeros.

Veja alguns deles:

- A melhora dos relacionamentos.
- O desenvolvimento da empatia.
- O equilíbrio emocional.
- O aumento da autoestima e confiança.
- O desenvolvimento da resiliência.

- A promoção da autonomia, diminuindo os níveis de ansiedade e ainda melhora a capacidade de tomada de decisões.

Ademais do explicitado, as crianças que aprendem a lidar com suas emoções sabem pensar e agir de forma mais consciente.

Todavia, para a obtenção de todos esses recursos, é necessário entender que eles podem ser desenvolvidos e nós, os adultos, temos um importante papel para auxiliar os pequenos nesse processo.

A família é o primeiro contexto social em que a criança se insere e começa a construção da sua identidade. Como salienta Correia (1997: 145), "a família constitui o alicerce da sociedade e, assim, é um dos principais contextos de desenvolvimento da criança. Apesar da existência de debate em torno do papel atual da família e da sua composição, ela permanece como elemento-chave na vida e desenvolvimento da criança".

Para a criança aprender a adquirir a inteligência emocional, ela precisa receber a educação emocional que vem de um adulto, trilhando caminhos para experimentar suas emoções para caminhar de forma mais assertiva.

Sendo assim, é imprescindível que o adulto reconheça as emoções nas crianças sem repreendê-las, desrespeitá-las ou ignorá-las. Precisam também auxiliá-las a reconhecerem as emoções e, ao mesmo tempo, se educarem para a vida.

Para que as crianças aprendam sobre as emoções, os pais e cuidadores precisam também lidar com suas próprias emoções, como, por exemplo, ensinar a lidar com a raiva. Mostrar que, quando os pais ficam com raiva e gritam, essas atitudes refletirão no comportamento das crianças. Sabe-se que os pequenos são reflexos de seus pais, portanto, durante o tempo todo, estão buscando um modelo de como ser.

O que percebo no consultório com os inúmeros atendimentos, principalmente em relação à regulação emocional, é que os pais querem que a criança se regule emocionalmente, por si só, nas situações vivenciadas, mas eles mesmos não têm o controle emocional que exigem dos filhos.

Manter a calma diante de alguma situação, mostrar estratégias para resolver um problema, ter flexibilidade para se adaptar às situações, concentrar-se nas horas necessárias e saber relacionar-se socialmente com as diferenças da vida humana são algumas das habilidades de quem desenvolve a inteligência emocional. Mas a questão é: na prática, quando podemos perceber em que momento os pais, cuidadores, profissionais da saúde e educadores podem auxiliar no desenvolvimento da inteligência emocional? Vejamos alguns passos.

1. Escutar e ajudar as crianças a nomear e verbalizar as emoções

É importante ajudar a criança a reconhecer aquilo que ela está sentindo. O adulto, quando perceber que a criança está passando por alguma situação, pode ajudar nomeando, por exemplo, "estou percebendo que você está com raiva", "parece que isso te deixou muito feliz, você está alegre nesse momento". Conforme vamos nomeando as emoções, ela consegue relacionar a emoção ao nome de seus sentimentos.

Encorajar a comunicação, promover um ambiente de diálogo sincero e sensível é papel do adulto. A criança precisa sentir-se segura, então, forçá-la a falar não é uma boa maneira para conquistar o diálogo.

2. Acolher os sentimentos

O segundo passo é acolher os sentimentos da criança, respeitando o que ela está sentindo no momento. Às vezes, querendo o bem da criança, nós, adultos, acabamos interferindo em determinada situação, querendo mudar as emoções da criança. Por exemplo, a criança caiu e chorou; de pronto falamos "pulou, não foi nada" e desse modo, não respeitamos o que está acontecendo com ela naquele momento, como se o adulto quisesse impor o sentimento adequado àquele momento. Então, os adultos precisam acolher e não dar nome ao que a criança sente.

3. Ajudar as crianças a buscar recursos para lidar com as emoções

Terceiro passo é ajudar as crianças a buscarem recursos para lidarem com suas emoções. Por exemplo, se a criança está com raiva em determinado momento e quer bater em alguém, normalmente falamos que não pode fazer isso, mas precisamos ensiná-la a melhor forma de lidar com essa sensação e não simplesmente dizer que não pode.

Portanto é necessário oferecer alternativas ao que ela pode fazer nesse momento de raiva; a melhor forma de extravasar. Por exemplo, não pode bater, mas você pode tomar um copo de água ou correr pelo quintal de casa. Esses são exemplos que podem ajudá-la a controlar sua raiva. Ajudar a criança a achar soluções, incentivar a criança a pensar, perguntar o que ela sente; olhar nos olhos dela, trazer a criança para perto e fazer com que se sinta amada. São passos essenciais para o desenvolvimento emocional.

4. Ser empáticos

Quarto passo, sejam empáticos, empatia é a capacidade de colocar-nos no lugar do outro, de sentir o que o outro sente, de auxiliar e procurar estratégias para ajudar o outro e reagir de acordo com isso.

Quando a criança está com raiva, por exemplo, e os adultos são empáticos com a situação, buscando entender a frustração dela, validam o sentimento, estão dizendo à criança que ela tem o direito de sentir, porém, ela pode achar maneiras de expressar o que sente.

Quando os adultos se preocupam em compreender as emoções das crianças, elas se sentem amparadas.

5. Proporcione autonomia

Quinto e último passo, ter um espaço para tomar as próprias decisões e lidar com os desafios sozinho é um passo primordial para a maturidade emocional. O incentivo à autonomia permite que a criança desenvolva autocontrole e autoconfiança. Para desenvolver a inteligência emocional das crianças, todos esses pontos devem ser tratados de forma descontraída para facilitar o aprendizado.

Considerações finais

Como vimos, a inteligência emocional é, sem dúvida, essencial para a vida de todos, pois ao desenvolver tal habilidade, conseguimos ter relacionamentos mais saudáveis, criando uma atmosfera emocionalmente segura entre seus entes queridos, começando com a educação dos pequenos para que se tornem adultos autoconscientes.

A grande chave para obter todos esses recursos que foram abordados neste capítulo é entender que eles podem ser desenvolvidos.

Essa é uma jornada que durará uma vida inteira, mas com certeza será recompensadora, por isso faz-se necessário que os pais, educadores e profissionais trabalhem e ensinem sobre as emoções para desenvolver a inteligência emocional. Crianças que aprendem desde cedo a gerir suas emoções se tornam adultos muito mais assertivos e confiantes em suas escolhas.

Por fim, é importante enfatizar que quanto mais cedo as crianças tiverem a oportunidade de lidar com as emoções, maiores serão os benefícios de suas vidas a curto, médio e longo prazos.

Referências

CORREIA, L. *Alunos com necessidades educativas especiais nas classes regulares.* Porto: Porto Editora, 1997.

FELIPE, J. O desenvolvimento infantil na perspectiva sociointeracionista: Piaget, Vygotsky, Wallon. In: CRAIDY, C.; KAERCHER, G. (Orgs.). *Educação infantil: pra que te quero?* Porto Alegre: Artmed, 2001, pp. 27-37.

GOLEMAN, D. *Trabalhando com a inteligência emocional.* Rio de Janeiro: Objetiva, 1999.

MAYER, J.; SALOVEY, P.; CARUSO, D. "Selecionando uma medida para a inteligência emocional: em defesa das escalas de aptidão". In: BAR-ON, R.; PARKER, J. (Eds.). *Manual de inteligência emocional.* Porto Alegre: Artmed, 2002, pp. 237-251.

ROCHA, A. M.; CANDEIAS, A. A.; SILVA, A. L. da. Regulação das emoções na infância: delimitação e definição. *Psychologica*, v. 61(1), p. 7, 2018.

3

EMOÇÃO E SENTIMENTO
VOCÊ SABE A DIFERENÇA?

O tema deste capítulo consiste em um parâmetro fundamental para a reflexão sobre a construção das emoções e sentimentos. Entender a relação entre as emoções e os sentimentos é crucial para o autoconhecimento. As emoções e os sentimentos nos acompanham em todas as fases das nossas vidas: a infância, a adolescência e a adulta. A emoção se diferencia do sentimento. Podemos dizer que o sentimento é uma consequência da emoção com características mais duráveis.

FABIANE GONÇALVES ALMEIDA E HOSANA VASCONCELOS

Fabiane Gonçalves Almeida

Contatos
fabianealmeidapsi@gmail.com
Instagram: @fabyanepsi
21 99583 8031

Psicóloga clínica e escolar, graduada pela Universidade Augusto Motta (Unisuam). Pós-graduada em Neuropsicologia pela Universidade Veiga de Almeida (UVA). Pós-graduada em Terapia Cognitivo-comportamental pela PUC-RS. Formação em Psicopatologia Infantil, educadora parental (PDA-EUA) e Educação Positiva. Realiza atendimentos clínicos e avaliação neuropsicológica na cidade do Rio de Janeiro e on-line para todo o Brasil.

Hosana Vasconcelos

Contatos
psicologahosanavasconcelos@gmail.com
Instagram: @psicologahosanavasconcelos
11 98073 6676

Graduada como Bacharel em Psicologia, com mérito, pela UNG – Universidade de Guarulhos. Pós-graduanda em Neurociência, Psicologia Positiva e *Mindfulness* pela PUC-PR. Atualmente, desenvolve um trabalho com psicoterapia infantil, orientação de pais e facilitadora da Oficina das Emoções. Em 2020, realizou o curso de Psico-terapia Infantil e Orientação de Pais, aflorando ainda mais o seu desejo de ajudar as crianças junto às famílias. Em 2021, realizou sua 1ª Oficina das Emoções, a fim de levar aos pequenos o conhecimento de suas emoções primárias.

A emoção se diferencia do sentimento. Podemos dizer que o sentimento é uma consequência da emoção com características mais duráveis, ou seja, aquele sentimento pode perdurar por horas, dias, meses e até mesmo anos. Existem algumas relações entre sentimentos e emoções. As emoções são públicas, podendo ser claramente percebidas pelo outro; já os sentimentos são privados, podendo a pessoa expressá-los ou disfarçá-los. A emoção é inconsciente, pois é uma reação automática que não se espera; o sentimento é consciente, pois eu penso sobre o que estou sentindo.

Segundo o autor A. Freitas Magalhães, a palavra "emoção" vem do latim *emovere*, que significa abalar, sacudir, deslocar. Esta, por sua vez, deriva de *movi*, que significa, literalmente, pôr em movimento, ou, ainda, energia em movimento. Portanto, não devemos perder de vista o fato de que sem emoção nada avança. Em poucas palavras, emoção é um estado psicológico.

Partindo desse pensamento, a emoção é uma relação imediata a um estímulo emocional competente, isto é, ela está relacionada com alguma coisa que mexe com você, podendo provocar uma sensação agradável e desagradável. Nesse sentido, podem causar experiências subjetivas e até mesmo alterações neurobiológicas. Elas ocorrem em uma região subcortical do cérebro e podem gerar mudanças no corpo. Como sabemos que estamos emocionados? Invariavelmente, pelas sensações e movimentos que o nosso corpo produz: dor de barriga, um "frio no estômago", chorar, rir sem parar, taquicardia, tremor, desmaio, perda da voz, vermelhidão de raiva.

> *Estamos emocionados porque o nosso corpo se emociona.*
> WILLIAM JAMES

Conforme Vanessa Green Allen diz:

> É perfeitamente natural sentir emoções boas e emoções não tão boas ao mesmo tempo. Quando isso acontecer com você, preste atenção em tudo que estiver sentindo. Embora o sentimento negativo possa estar incomodando muito, pense em como você pode lidar

com ele de um jeito saudável. E tente ao máximo se concentrar nos sentimentos bons.

Estejamos atentos às emoções: elas são-nos úteis.
WILLIAM JAMES

Saber reconhecer as emoções é fundamental para ter mais qualidade de vida e equilíbrio. Conhecer a si e sua história de vida é o pilar para adquirir um controle maior em todos os tipos de situações da vida cotidiana, já que conhecer a si é um exercício básico para estimular o autocontrole mental.

A seguir, algumas características comuns vistas nas emoções:

- algo importante na vida da pessoa;
- um conjunto de sensações que é vivenciado;
- sentimento;
- a emoção é vivenciada como acontece para nós, não as escolhemos;
- um episódio emocional pode ser breve, durando, às vezes, somente alguns segundos;
- inicialmente, um período filtra as informações armazenadas na memória, dando acesso somente ao que respalda a emoção do momento;
- quando percebemos o despertar de uma emoção, podemos reavaliar a situação;
- o desejo de vivenciar uma emoção motiva nosso comportamento.

As emoções mudam nossa forma de ver o mundo e de interpretar as ações das outras pessoas. Precisamos entender a razão de sentirmos determinadas emoções e avaliarmos o que está acontecendo de forma consistente com a ocasião, sendo justificado e mantendo a emoção.

Jerry Fodor explica sobre como a informação pode ficar encapsulada, ou seja, a maneira pela qual a informação é inacessível pela forma de interpretar o mundo.

O que é o sentimento?

O sentimento é o resultado de uma experiência emocional. Nesse sentido, as reações geradas pelas emoções de forma consciente serão os gatilhos para a criação de sentimentos. No senso comum, utilizamos as palavras "emoções" e "sentimentos" como sinônimos. De acordo com Damásio (1994), o termo "sentimento" é usado para se referir à experiência consciente dessas alterações somáticas e cognitivas.

Sentimento é o significado que o cérebro dá para a experiência fisiológica que a emoção gerou, logo, é a percepção consciente dessa experiência. Para entender, é importante ter conhecimento de que uma emoção cria um sentimento. Por sua vez, este pode criar emoções e outro sentimento. Os sentimentos possuem um papel diferente, facilitam o aprendizado, inclusive de situações sociais, bem como possibilitam antecipar e planejar comportamentos. Ou seja, os sentimentos nos permitem imaginar o futuro.

Exemplo: se eu quero fazer um curso, mas acho que ele vai ser chato, que não vou aproveitar nada dele, eu acabo não fazendo. Simplesmente me imaginei assistindo às aulas, veio uma emoção e eu senti que não seria bom fazer.

O primeiro contato com as emoções e sentimentos acontece já na vida intrauterina. É cientificamente comprovado que as emoções e sentimentos dos pais são transferidos para o bebê durante a gestação: todos os medos, tristezas, raivas, alegrias, amor e culpa que os pais sentem também são sentidos pelo bebê. A partir dessas experiências e até os sete anos de idade, o indivíduo desenvolve seus programas emocionais. É nesse período que ele registra e interpreta todas as emoções e experiências de acordo com seus sentimentos, transformando suas interpretações em padrões emocionais e comportamentais que podem refletir por toda a vida. O sentimento pode ser influenciado por coisas que estão além da emoção, como experiências pessoais, crenças, pensamentos e memórias.

No entanto, negar as emoções causa sentimentos desagradáveis e não permite à pessoa enfrentar ou pedir ajuda, se necessário. Portanto, o sentimento é a forma como cada um interpreta a emoção, mas essa sensação é muito particular. Se a própria pessoa não expressar o que está sentindo, não há como descobrir o que acontece interiormente.

> *Sentimentos são experiências mentais de estados corporais, que surgem a partir de como o cérebro interpreta emoções.*
> DAMÁSIO

É muito importante expressar e dizer como se sente em determinados momentos, no entanto, vamos abordar um pouco sobre sentimentos de saudade e perdão.

Vivemos em tempos em que negamos o fato de sentir saudade, preferimos dizer o quanto sentimos falta daquela pessoa a uma terceira pessoa, mas não temos coragem de expressar a imensa saudade que sentimos de quem amamos. Vivemos em tempos em que o perdão é dito quando já não pode ser ouvido, é quando vamos gritar EU TE AMO, mas, infelizmente, não pode ser ouvido também, por isso, ame e abrace e experimente esse sentimento bom ainda em vida. Quando o outro já não estiver em nosso meio, não cause o sentimento de que poderia ter feito algo a mais e não deu tempo. Temos que ter coragem e força para retirar de nossas vidas aquilo que já não nos acrescenta nada, aquilo que um dia nos fez bem, porém, já não faz mais. Assim como a emoção, ao receber um estímulo externo, gera o sentimento, o sentimento é redondamente capaz de gerar mais emoções da mesma espécie, ocasionando um ciclo vicioso.

Estar atento à nossa conduta perante cada estímulo que recebemos de forma interna ou externa é imprescindível a fim de evitar andar em círculos, deixando claro que emoção é algo que não envolve pensamento, basicamente só se pode ter controle de nossa ação.

Segundo Skinner (2006), as restrições da comunicação verbal ensinam os indivíduos a descreverem seus estados orgânicos, impostos pela privacidade dos sentimentos. Essas descrições nunca são totalmente precisas, pois não aprendemos a descrevê-las de forma detalhada.

Por exemplo, se duas crianças afirmarem estar com raiva, as circunstâncias pelas quais ambas a denominam raiva são diferentes.

Por isso, é necessário parar e buscar compreender de forma prática e objetiva o que cada expressão de sentimento é para cada indivíduo, e isso só é possível pela descrição precisa dos sentimentos.

Diferentemente das emoções, os sentimentos podem não ser passageiros e, em alguns casos, podem durar a vida toda. Casos de sentimentos negativos (tristeza profunda) podem causar doenças, como a depressão.

De modo geral, os sentimentos são vistos como uma disposição mental perante algo ou alguém. Entre os exemplos de sentimento, podem ser citados:

- felicidade;
- ódio;
- inveja;
- compaixão;
- decepção.

Emoção x sentimento

Como visto, as emoções são reações do cérebro perante um acontecimento e podem até ser físicas. No entanto, são passageiras e podem gerar sentimentos ou não. Já um sentimento, criado a partir de uma emoção, é duradouro.

Compreendendo essa diferença e tornando-se consciente de suas emoções e sentimentos, determinando qual é qual, as raízes e suas causas e, em seguida, inserindo pensamentos conscientes seguidos de ações deliberadas, você pode escolher como navegar e experimentar o mundo. Ser capaz de fazer isso significa responder ou reagir para fazer a diferença entre uma vida calma ou caótica. Aprender a diferença e mudar tanto o pensamento quanto o comportamento, não importando o que está acontecendo ao redor, pode ajudar a manter o equilíbrio, o senso de paz, o propósito e a esperança em avançar na direção de seus objetivos.

Ao concluir a leitura deste capítulo, entendemos e aprendemos a diferença entre emoções e sentimentos, e como o nosso corpo reage a cada um deles, sejam agradáveis e/ou desagradáveis. Reconhecer e aceitar nossas vulnerabilidades faz com que a nossa mentalidade se transforme, buscando resultados em atitudes melhores, altruístas e, assim, o emocional se fortalece, formando uma espécie de barreira para a própria proteção, gerando comportamentos que agregam valor na vida dos demais.

No entanto, é importante, desde muito cedo, ensinar sobre as emoções e sentimentos, pois, segundo Vanessa Green Allen: "Seus sentimentos podem afetar a forma como você se comporta com a sua família em casa, com os seus professores na escola e com os seus amigos". Por isso, precisamos saber identificar, nomear e expressar toda a emoção que estamos sentindo, para que não se transforme em sentimentos negativos e possa interferir diretamente na relação com o outro e consigo mesmo.

Referências

ALLEN, V. G. *Eu e meus sentimentos*. Rio de Janeiro: Sextante, 2020, pp. 12-42.

DAMÁSIO, A. R. *Emoções e sentimentos*. Porto Alegre: AMGH, 1994, pp. 83-86.

EKMAN, P. *A linguagem das emoções*. São Paulo: Leya, 2011.

MAGALHÃES, A. F. *A psicologia das emoções: o fascínio do rosto humano*. 3. ed. Portugal: Edições Univ. Fernando Pessoa, 2011.

SKINNER, B. F. O mundo dentro da pele. *In*: VILLA LOBOS, M. *Sobre o Behaviorismo*. 10. ed. São Paulo: Cultrix, 2006, pp. 23-25.

4

PERMITA-SE SENTIR
A IMPORTÂNCIA DE ACOLHER OS SENTIMENTOS

Emoções e sentimentos dos mais diversos fazem parte da vida humana desde tenra idade. A educação emocional ainda é novidade para muitos cuidadores, adultos responsáveis pelo desenvolvimento saudável das crianças. Considerar e reconhecer os próprios sentimentos e os das outras pessoas de seu convívio pode propiciar o desenvolvimento da inteligência emocional de todos os envolvidos. Em especial, das crianças.

CECÍLIA TSUTSUI E MYRIAN CARLA RIVA

Cecília Tsutsui
CRP 06/62876

Contatos
cecilia.mht@gmail.com
Instagram: @cecilia.mitie.cky
11 95494 1775

Há mais de 20 anos desenvolvendo pessoas, atendendo famílias, cuidando da saúde emocional de adultos, adolescentes, crianças e idosos, com enfoque na qualidade de vida, nos aspectos emocionais, profissionais, pessoais e sociais. Observa a importância de prosseguir a jornada da vida com realização e propósito. A formação básica se deu na Universidade Presbiteriana Mackenzie, especializada em Terapia Cognitivo-comportamental. A certificação em *Coaching* Cognitivo-comportamental e *Coaching Psychology* veio complementar com ferramentas e técnicas valiosas na busca humana por realização e propósito de vida. Formações em Psicologia Positiva, Neuropsicologia e a certificação em *Human Guide* têm sido os estudos mais recentes que vêm integrando o meu escopo de trabalho.

Myrian Carla Riva
CRP 06/85093

Contatos
myrianpsicologia@gmail.com
Instagram: @psicologamyrianriva
17 99682 8730

Filha, esposa, mãe e psicóloga formada há 15 anos. Atua com a abordagem teórica Terapia Cognitivo-comportamental – TCC; pós-graduada em Psicologia do Trânsito e em Neuropsicologia. Está sempre em busca de novos conhecimentos, participando de vários estudos e cursos extracurriculares, que complementam e atualizam sua atuação profissional. Atua diretamente com o público infanto-juvenil, adultos e orientação de pais, ajudando famílias a superarem dificuldades emocionais e comportamentais, fortalecendo o vínculo com foco na saúde mental, emocional e desenvolvendo habilidades em busca de bem-estar e qualidade de vida. Trabalha as emoções de forma eficiente e lúdica por meio de oficinas com crianças e adolescentes.

Considerar a vida emocional do ser humano desde tenra idade tem sido assunto de suma importância nas áreas educacionais, do desenvolvimento humano e da saúde mental. Há quem acredite que criança não sente ou, pior, que não tem o direito de sentir, por muitas vezes, não ter o conhecimento sobre as fases do desenvolvimento humano, das funções cerebrais e da magnífica capacidade de desenvolvimento e adaptação a situações vividas. A falta de conhecimento sobre as emoções e a importância do sentir desfavorece essa conexão tão necessária ao pleno desenvolvimento das crianças.

Os próprios adultos, referências das crianças, também encontram dificuldades em lidar com as próprias emoções. Reconhecê-las, identificá-las e transformá-las, torna-se necessário, pois encontram dificuldades quando se somam a vida deles à vida emocional da(s) criança(s) que cuidam. O não reconhecimento e a não aceitação da vida emocional humana refletem os muitos conflitos familiares e desajustes sociais, que podem ser evitados quando aprendemos a gerenciar melhor nossas emoções e as das pessoas de nosso convívio. Assim, é preciso compreender que a vida emocional faz parte de todos os seres humanos desde tenra idade.

Um bebê demonstra isso mais espontaneamente pelo choro, que, por sua vez, pode significar muitas coisas, cabendo ao adulto cuidador "adivinhar" e entender o que pode ser. Mas, a princípio, o choro de um bebê traduz-se em um desconforto fisiológico (fome, sede, sono, dor). À medida que essa criança cresce, as manifestações emocionais vão tornando-se mais complexas, em paralelo às demandas e necessidades que vão se ampliando. Sendo importante, então, que ela aprenda a comunicar o que sente, para que possamos "traduzir" corretamente e atuar de acordo.

Parece simples? Na prática, temos a certeza de que não. A cartela de emoções e sentimentos possíveis só aumenta conforme a idade. Quando desconhecemos algo dentro de nós, tendemos a ignorar, a racionalizar, a minimizar. Quantos de nós já não ouviu ou disse esta frase: "Ah, deve ser coisa da minha cabeça"?

A gente provoca o afastamento dos sentimentos, considerando-os invenção desnecessária, e não entramos em contato com eles.

Quando o "sentir" é o primeiro passo para aprender a lidar com as emoções, inclusive auxiliando na superação de algo difícil, você se perguntaria; "como posso aprender a controlar, a lidar com algo que não sei o que é?". Muitos se fazem tais questionamentos, pois eles próprios não conseguem reconhecer como as emoções atuam, a não conexão ao longo da vida desfavorece esse autoconhecimento emocional.

Neste capítulo, queremos trazer a você, pai, mãe, profissional, que, de alguma forma é responsável por uma criança: "sentir" é algo importante e necessário para a educação e regulação emocional, raiz da tão falada inteligência emocional, resiliência e fortalecimento de si, requisitos essenciais para uma vida adulta saudável, eficaz, com maiores possibilidades de realização em todos os campos da vida.

Vamos iniciar esta reflexão abrindo a nossa mente para entendermos que desenvolver a inteligência emocional desde a infância é algo muito rico, que, sem dúvidas, pode ser a maior marca e o maior bem que você pode deixar para os seus filhos, pois é assim que eles estarão aptos a administrar de forma adequada as próprias emoções, além de desenvolver um olhar empático para o outro, podendo construir melhores relações em todos os campos da vida.

Desenvolver a inteligência emocional é atuar em um conjunto de competências (consciência, adequação, autonomia, habilidades de vida e habilidades socioemocionais) que vamos descrever sucintamente para que você entenda o todo:

- consciência emocional é a capacidade de estar consciente das próprias emoções e das emoções do outro;
- adequação emocional é a capacidade de controlar suas emoções de forma adequada;
- autonomia emocional é a capacidade para gerar em si emoções apropriadas para cada momento;
- habilidades para a vida e o bem-estar emocional são comportamentos responsáveis que nos permitem organizar a vida de forma saudável;
- habilidade socioemocional é a capacidade de manter bons relacionamentos.

Consegue imaginar esse conjunto de habilidades sendo desenvolvido desde a infância e como os reflexos disso tudo podem ser positivos na vida adulta? E é possível que isso aconteça, adultos mais conscientes e felizes emocionalmente. Para isso, é fundamental entender e aceitar que o "sentir" é o ponto inicial de toda essa regulação e construção emocional saudável.

As emoções estão presentes em todos nós, mas a consciência de que devemos nos permitir sentir ainda está longe da realidade e da importância de poder sentir uma emoção, da importância de acolher um sentimento.

O sentir é o início de tudo, é o caminho a percorrer que faz parte do processo necessário para aprendermos a lidar bem com as próprias emoções e, então, chegarmos à regulação e ao controle. A raiva, assim como o medo, o nojo e tantas outras emoções que somos capazes de sentir, está em nós, mas não precisamos ser essa raiva, não devemos ser o medo que sentimos, ou seja, precisamos sentir para aprender a lidar com nossas emoções e não nos transformarmos e deixarmos que ela tome conta de nós. Silenciar uma emoção nos distancia de desenvolvermos as habilidades que nos levam a esse aprendizado.

As emoções fazem parte da condição humana, uma reação natural de nosso organismo, como bem pesquisado pelas neurociências. E é condição humana também a nossa racionalidade, a tomada de consciência de nossos processos internos e possibilidade de regulação e controle. Cada emoção provoca uma reação fisiológica, por mínima que seja, o coração que se acelera, uma sudorese, alteração na respiração, descontrole da micção, são alguns dos exemplos. Os filmes e desenhos mostram de forma didática como uma situação de medo extremo da criança faz com que ela faça xixi nas calças, por exemplo.

A emoção aciona no organismo humano alguma reação física natural. Ao conhecermos o nosso corpo e nos contactarmos com tais reações, podemos dizer também qual emoção estaríamos sentindo. Do outro lado, estão os nossos comportamentos. Se uma criança que normalmente é mais falante, ágil, ao retornar da escola, por exemplo, fica quieta em um canto, sem falar muito, isso pode traduzir uma emoção. Não seria importante darmos atenção a essa criança, tentando extrair dela o que estaria sentindo, o que teria ocorrido, sem que esse processo seja ainda mais doloroso para ela?

A você, adulto, que percebeu tal situação, houve também um sentimento, talvez de preocupação e certa ansiedade por não saber o que estaria ocorrendo com a criança. Percebem que são dois "sentires" diferentes frente a mesma situação? A acolhida e a escuta seriam o segundo passo desse processo para que essa emoção/sentimento tenha uma condução positiva.

Muitas das vezes, por não querermos ver a criança triste, forçamos uma brincadeira, ou até ordenamos que ela faça isso ou aquilo na tentativa de mudar o foco, trazer outra emoção para ela, não lhe dando a oportunidade de contactar e conhecer o que estaria ocorrendo consigo e, então, aprender a lidar com a situação que lhe causou tal desconforto emocional. Faz parte do processo de regulação essa "distração", mas ela deve ocorrer após a escuta e o acolhimento, para que a criança possa sentir a emoção envolvida, para que a criança possa identificar o que está sentindo, para que ela possa dar nome a essa emoção. Assim, você está usando uma importante ferramenta para educá-la emocionalmente de forma saudável, sem que ela precise silenciar, sem que ela precise esconder o que está sentindo.

Enquanto adultos, precisamos pensar de forma coerente, reconhecendo os sentimentos envolvidos e ajudando nossas crianças nesse processo. Considerando, inclusive, seus próprios sentimentos que surgem ao longo desse acompanhamento.

Quando dizemos a uma criança que vem chorando contar algo que aconteceu: "pare com isso, que bobagem!", não estamos valorizando a emoção dela naquele momento e é o mesmo que dizer a ela que não deve sentir, que é errado, fazendo com que ela aprenda a silenciar a emoção. Como podemos medir a dor/sofrimento do outro? Ao invalidar aquela manifestação, estamos dizendo à criança que o que ela sente não tem importância alguma.

Acolher o sentimento do outro, mesmo que em um primeiro momento tal sentimento pareça inadequado ou exagerado, é necessário. Precisamos verificar o que aconteceu e como a criança está vivenciando o ocorrido. Conversar, na medida do possível, adequando as linguagens, para que tal vivência possa se tornar um aprendizado de vida. Sabemos que situações geradoras dos mais diversos sentimentos e emoções vão percorrer a vida da criança, não sendo possível ignorar todas elas.

Sugerimos que tente, em uma próxima vez, em primeiro lugar, sentir a necessidade da criança naquele momento. Por exemplo, ela quer falar ou precisa acalmar-se primeiro? E, então, você deve ouvir, acalmar e estimular que ela fale o motivo que a deixou assim, isso é acolher. Somente depois você vai orientar como fazer melhor em uma próxima situação. É um trabalho de formiguinha, dia a dia, um trabalho de paciência e de muito acolhimento e orientação. Não desista, os reflexos não são imediatos, mas eles chegam e são maravilhosos. Lembre-se de que você também não aprendeu uma coisa por terem lhe explicado uma vez só. Por esse motivo, ouça sua criança, acolha-a e ajude-a a entender, a identificar o que ela está sentindo; dar nome a essa emoção vai ajudá-la no processo.

A educação emocional é premente em todos os momentos de nossas vidas. E é na infância e na juventude que essa construção saudável é consolidada.

Estudos atuais da Psicologia Positiva e das Neurociências comprovam que a estruturação das virtudes humanas, como resiliência, inteligência emocional, sabedoria, dentre outras, fazem parte deste construto humano. A sua manifestação ou não, quando necessária, dependerá do quanto nos permitimos contatá-las ao longo de nossa vida e como foi tal condução.

Nesse sentido, contatar e vivenciar as emoções positivas também trazem a construção de recursos internos, principalmente das forças pessoais, para o enfrentamento das adversidades que a vida trará para a criança.

Percebe que o fortalecimento emocional de cada um é que dirá se uma pessoa tem ou não condições de sucesso na vida? Tristeza, decepção e frustração fazem parte da vida de todos, e elas surgem naturalmente, não é preciso forçar nenhuma situação para que ela seja aprendida. Mas como cada um tem vivenciado isso? Percebendo-se, considerando e reavaliando as situações ou mergulhados no processo, sem encontrar saídas, sentindo-se incapaz de superar tal situação? Parece difícil ler estas linhas, mas vale esta reflexão para todos, principalmente para as crianças que estamos cuidando. Como imaginamos a vida emocional adulta delas? Como enfrentarão o mundo daqui a alguns anos?

Nossa intenção aqui é ajudar a entender, a compreender em que constitui o viver emocionalmente saudável e, acima de tudo, que você nos ajude nessa missão de levar inteligência emocional para nossas crianças, propicie esse espaço. Assim, vamos, juntos, contribuir para um mundo melhor, com uma sociedade mais saudável e proativa. Dessa forma, saberemos que todo esforço, dedicação, estudo e tempo investido é algo que vale a pena.

A educação emocional tem sido um tema recente para muitos de vocês, um primeiro contato por meio destes capítulos. E nós, profissionais do desenvolvimento humano, nos vemos na obrigação de falar e debater sobre este tema tão relevante na vida de todos.

Sentir é o primeiro passo para a regulação emocional. Não importa sua idade, permita-se!

Referências

BECK, J. S. *Terapia cognitivo-comportamental: teoria e prática*. Porto Alegre: Artmed, 2013.

GROP. *Atividades para o desenvolvimento da inteligência emocional nas crianças*. Parramón Ediciones, S.A.: Ciranda Cultural, 2009.

LEAHY, R. L. *Regulação emocional em psicoterapia: um guia para o terapeuta cognitivo-comportamental.* Porto Alegre: Artmed, 2013.

NIEMIEC, R. M. *Intervenções com forças de caráter.* São Paulo: Hogrefe, 2019.

SIEGEL, D. J.; BRYSON, T. P. *O cérebro da criança.* São Paulo: nVersos, 2015.

5

FRUSTRAÇÃO X RESILIÊNCIA
COMO DESENVOLVER CRIANÇAS SAUDÁVEIS EMOCIONALMENTE

Neste capítulo, abordarei assuntos relacionados à causa da frustração, sentimento que ocorre quando um desejo não é realizado ou negado por algum motivo e faz com que as crianças se sintam impotentes e desanimadas quando algo falha. Esse estresse causa um desequilíbrio emocional no organismo, provocado por estímulos externos ou internos. De outro lado, existe a resiliência, capacidade de enfrentar as situações adversas da vida, que ajuda o indivíduo a superá-las e transformá-las em situações de aprendizagem e crescimento.

ADRIANA MAZIEIRO

Adriana Mazieiro

Contatos
drimazieiro@hotmail.com
Instagram: @adrimazieiro
Facebook: Adriana Mazieiro

Letróloga graduada pela Universidade Braz Cubas (2011), pedagoga graduada pela Universidade Metropolitana de Santos (2014), com pós-graduação na Arte de Contar Histórias (Universidade de Conchas Facon), especialista em Alfabetização e Letramento, certificada pela Faculdade Metropolitana do Estado de São Paulo. Psicopedagoga, psicomotricista e neuropsicopedagoga certificada pela FAMEESP. Idealizadora da oficina "Emoções em foco" e criadora de conteúdo digital.

Frustração é um sentimento que está associado a algo que falhou ou não ocorreu da maneira que a pessoa esperava, seu desejo não foi atendido ou realizado pelo outro ou por ela mesma. Crianças normalmente se sentem frustradas sempre que um adulto diz "não" a elas, se sentem impotentes ou desanimadas por não terem seus desejos atendidos ou não estarem preparadas para ouvir o "NÃO". Algumas crianças não conseguem superar suas dores e carregam isso ao longo de suas vidas; outras fazem dessa insatisfação uma ponte para a sua travessia, utilizando-se da resiliência.

À medida que pesquisadores americanos e ingleses foram prestando atenção ao comportamento de pessoas que continuavam saudáveis mesmo depois de terem passado por várias adversidades severas, na década de 1970, iniciaram estudos sobre a invulnerabilidade. Mais tarde, o termo foi modificado para "estudo da resiliência". Formaram-se várias correntes de estudos, mas a norte-americana centrou-se mais no ser humano, tomando como avaliação da resiliência dados observáveis e quantificáveis, surgindo como produto do sujeito e do meio o qual está inserido.

Conceito de resiliência

Brasileiros e pesquisadores das línguas latinas entendem a resiliência ora como resistência ao estresse, ora ligada a processos de recuperação e oscilação emocional causados pelo estresse. O dicionário Houaiss traz a definição de resiliência como substantivo feminino:

> propriedade que alguns corpos apresentam de retornar à forma original após terem sido submetidos a uma deformação elástica; capacidade de se recobrar facilmente ou de se adaptar à má sorte ou às mudanças.

Para Barreira e Nakamura (2006), historicamente, o termo resiliência remete à ideia de elasticidade e capacidade rápida de recuperação. Alguns autores concordam que esse termo, muito utilizado na psicologia, origina-se da física.

Apoiada na etimologia do termo, Prince-Embury (2007) sugere que a resiliência seja compreendida como a habilidade de proteger-se diante das situações adversas.

Adversidades da vida

Os padrões de vida impostos pela sociedade atual geram nos indivíduos estresse e desventuras. No entanto, algumas pessoas desenvolvem maior facilidade para se reorganizar e transformar as situações desafiadoras em fortalecedoras. Claro que nem todas as pessoas agem da mesma maneira diante dos infortúnios. Algumas conseguem superar as dificuldades e revertê-las em positividade e melhoria pessoal; outras não têm a mesma superação. Os aspectos sociais, psicossociais, biológicos e espirituais são preditores de um comportamento resiliente.

Diante de adversidades, o indivíduo se utiliza de recursos pessoais, adaptando-se de forma positiva. Ao crescerem, as crianças se tornam adultos conscientes de seus sentimentos e do sentimento de outras pessoas de acordo com os estímulos que receberam durante a infância, todavia, o comportamento é um processo com início, meio e fim. Elas podem regular ou comedir suas emoções e ter conhecimentos das expressões emocionais; aprendem o que as deixam felizes, tristes, com raiva, entre outros sentimentos e emoções e, também aprendem a se comportar de acordo com cada situação.

Quando os adultos respondem com desaprovação, punição ou negação às suas vontades, algumas emoções tornam-se mais intensas. Nesse ensejo, as crianças sentem-se decepcionadas, desencantadas, insatisfeitas e até mesmo rejeitadas, dificultando, assim, seus relacionamentos e aprendizagem, levando-as a desistir de várias oportunidades, criando obstáculos ao encontrar desafios e podendo causar uma desestruturação emocional com consequências mais sérias. Esses estressores podem ser vivenciados durante toda a vida com possíveis impactos negativos ou positivos; as crianças não têm autocontrole e tolerância e estes são desafios que fazem parte do processo de amadurecimento pessoal.

Criando vínculos

Com todas as pressões vividas diariamente, algumas pessoas conseguem adaptar-se ao estresse e seguir, outras apresentam um comportamento prejudicado quanto à questão. Quais são os fatores que contribuem para favorecer a adaptação perante situações de desventura?

Para que aprendam a lidar com situações de frustração, as pessoas devem ser motivadas e terem uma vida social saudável. O vínculo criado desde o nascimento com seus cuidadores é essencial para um desenvolvimento emocional saudável com etapas evolutivas em relação às necessidades de segurança, proteção e afeto das crianças. As experiências infantis e os vínculos criados durante a infância formam a base segura para o crescimento psicológico, emocional e social delas.

As ações e reações do organismo são definidas como resposta quando algo é alterado no ambiente, e estímulos positivos fazem toda a diferença em situações de desconforto. Não há como ocorrer ações no organismo sem ter relação com o ambiente. Tudo o que a criança vive e sente está relacionado ao comportamento, processo que se perpetua ao longo da vida; tem começo, meio e fim. Alguns indivíduos passam por situações frustrantes na infância, maus-tratos, informações ambíguas, situações de sofrimento e angústia, subjugação e autossacrifício, buscando reconhecimento e aprovação, muitas vezes advindos de imposições de trocas afetivas.

Consequências terão, pode ser que passe a não confiar nas pessoas e em si, talvez seja confusa em suas ações. Todos esses fatores conduzem a uma supressão de impulsos e sentimentos cândidos, levando a criança ao pessimismo e à inibição emocional. Isso não quer dizer que ela não se libertará do trauma, claro que pode vir a ter sérios problemas internos, talvez esses problemas passem despercebidos pelos familiares, por isso, os laços de afeto, parceria e segurança com seus pares são tão importantes, podem ajudar na capacidade de se mostrarem fortes e corajosas em situações de esgotamento.

Faz–se necessário que o núcleo familiar reflita sobre a qualidade dos cuidados, permita e estimule a aceitação do espectro das emoções de experiências humanas e o desenvolvimento do agrupamento comportamental e cognitivo, facilitando o gerenciamento das emoções.

A resiliência pode ser compreendida, em termos individuais, como um fator de proteção ao *burnout*, por exemplo (ZUNS, 1998).

Com um olhar significativo, marcado pela flexibilidade à mudança, a resiliência pode resultar em métodos eficazes de enfrentamento positivo à qualidade de vida, à satisfação pessoal, à depressão e ao estresse (LASCHINGER *et al.*, MACLARNON; ROTHSTEIN, 2013).

Considerações finais

A capacidade de ser resiliente mostra-se relevante no que se refere à superação, bem como à compreensão e à resolução de adversidades (NUNES, 2008; YUNES, 2003). Aspectos oriundos da resiliência deixam as pessoas mais resistentes às adversidades; de forma positiva, afeta o bem-estar subjetivo, qualidade de vida e saúde mental. Promover, desde a infância, capacidades internas de fortalecimento para lidar com as situações de forma leve e tranquila contribuíra na formação de adultos centrados, autônomos e felizes.

Referências

ANDERSON, B. What kind of thing is resilience? *Politics*, 35 (1), pp. 60-66.

BARLACH, L. *O que é reiliencia humana? Uma contribuição para a construção do conceito* (Dissertação de Mestrado). Universidade de São Paulo, São Paulo, SP, Brasil, 2005. Disponível em: <http://www.teses.usp.br/teses/disponiveis/47/47134/tde-19062006-101545/pt-br.php>. Acesso em: 09 maio de 2022.

BARREIRA, D. D.; NAKAMURA, A. P. Resiliência e a autoeficácia percebida: articulação entre conceitos. *Revista do curso de Psicologia*. Aletheia, n. 23, pp.75-80, jan./jun. 2006. Disponível em: <http://pepsic.bvsalud.org/pdf/aletheia/n23/n23a08.pdf>. Acesso em: 09 maio de 2022.

BRANDÃO, J. M. *Resiliência: de que se trata?* (dissertação de mestrado). Universidade Federal de Minas Gerais, Belo Horizonte, MG, Brasil, 2009. Disponível em: <www.dominiopublico.gov.br/pesquisa/detalheobraform.do?select_action=7co_obra=156815>. Acesso em: 09 maio de 2022.

LASCHINGER, H. K.; WONG, C.; REGAN, S; YOUNG-RITCHIE, C.; BUSCHELL, P. Workplace incivility and new graduate nurse´s mental health: the productive role of resiliency. *The Journal of Nursing Adminstration*, 42 (7-8), 2013, pp. 415-421.

MCLARNON, M. J. W.; ROTHSTEIN, M. G. Development and initial validation of the workplace resilience inventory. *Journal of personned psychology*, 12, 63-73. Disponível em: <https://doi.org/10.1027/1866-5888/a000084>. Acesso em: 09 maio de 2022.

NUNES, P. (2008). Psicologia Positiva. Disponível em: <http://www.psicologia.pt/artigos/textos/TL0115.pdf>. Acesso em: 09 maio de 2022.

PRINCE-EMBURY, S. (2007). Psychometric properties of the Scales for Resiliency for Children and Adolescents and Use for Youth with Psychiatric Disorders. *Journal of Psychoeducational Assessment*, 28 (4), 291-302. doi:10.1177/0734282910366832.

TODOROV, J. C. Sobre uma definição de comportamento retirado de Revista Perspectivas (2012), vol. 03, n.1, pp. 32-37. Disponível em: <www.revistaperspectivas.com.br>. Acesso em: 10 maio de 2022.

ZUNS, S. J. (1998). Resiliency and burnout. *Administration in Social Work*, 22(3), 39-54. Disponível em: <https://www.tandfonline.com/doi/abs/10.1300/J147v22n03_03>. Acesso em: 13 jul. de 2022.

YUNES, M. A. M. Psicologia positiva e resiliência: o foco no indivíduo e na família. *Psicologia em estudo*, 8 (esp.) 75-84. Disponível em: <https://doi.org/10.1590/S1413-73722003000300010>. Acesso em: 10 maio de 2022.

WAINER, R. P, K.; ERDOS, R.; ANDRIOLA, R. *Terapia cognitiva focada em esquemas: integração em psicoterapia*. Porto Alegre: Artmed, 2015.

6

AS EMOÇÕES BÁSICAS ALIADAS A UMA VIDA MAIS FELIZ

Como você pode utilizar as emoções na busca por dias melhores, pela tão sonhada felicidade? Como sua mente e seu cérebro influenciam na definição de estar feliz ou não? O que ou quais ferramentas podem ajudar você a tomar posse de sua vida e definir sua felicidade? É possível sim fazer escolhas que proporcionam a felicidade, e as técnicas a seguir são capazes de auxiliá-lo.

CRISTINA MONTES DURÕES

Cristina Montes Durões

Contatos
cmontesds@gmail.com
Facebook: Cristina Durões (Cristina Durões coach)
Instagram: @cristinaduroes
32 98414 3946

Palestrante e *trainer* em Inteligência Emocional, hipnoterapeuta, consteladora sistêmica, psicanalista pela Sociedade Brasileira de Psicanálise Clínica – SBPC, *master coach*, *practitioner* em PNL. Graduada em Gestão de Recursos Humanos e MBA em Gestão de Pessoas pela Faculdade Estácio de Sá. Pós-graduada em Psicologia Positiva pela Faculdade Monteiro Lobato, em parceria com o Instituto Brasileiro de Coach. Graduanda em Tecnologia em Práticas Integrativas e Complementares.

A felicidade

Em toda a História, encontramos o termo "felicidade". Uma busca incessante para todos, independente de cor, raça ou poder. Os filósofos, psicólogos, missionários e estudiosos tentam defini-la cada um em sua área de pensamento e atuação. Particularmente, gosto da forma como o pensador Maxwell Maltz entendeu a felicidade, um sentimento a ser compartilhado e integrado: "a felicidade é um bem que se multiplica ao ser dividido". Isso é divino!

O que verdadeiramente queremos? Ser felizes? E o que realmente nos faz felizes? Como conquistar a felicidade? Onde está a felicidade? Como é gerada a felicidade? Qual emoção pode estar diretamente ligada a esse sentimento?

Como trabalhar com crianças e adolescentes e auxiliá-los a perceberem que a felicidade vem de dentro e não de fora e, tampouco, é conquistada pela nossa relação com outros?

O cérebro e a felicidade

A neurociência, por meio do estudo do cérebro, vem se desenvolvendo e trazendo diversas respostas para que haja mais alegrias, risos, brincadeiras, pessoas mais felizes e realizadas. É importante saber que o cérebro é dividido em três partes: o reptiliano é a parte mais antiga; o límbico, que ajuda a se concentrar em sua vida emocional e na formação de memórias; e o neocórtex, responsável pelo raciocínio, planejamento e pensamentos abstratos.

Segundo Hipócrates: "No cérebro, e unicamente no cérebro, surgem prazeres, alegrias, riso e brincadeiras, mas também mágoas, dores e sofrimento". Diante disso, podemos conceituar felicidade como algo subjetivo e singular, sendo particular de cada sujeito. O que funciona para um, não funciona para outro. Então, é preciso assumir que felicidade é uma sensação temporária ou duradoura de bem-estar.

Atualmente, os cientistas reconhecem que a maior parte do cérebro é pré-programada e organizada de modo a processar estímulos sensoriais, o controle psicomotor e as emoções. É interessante compreender como a neuroplasticidade funciona no cérebro e como faz do indivíduo uma pessoa mais feliz.

Pela neuroplasticidade, o cérebro é capaz de reativar circuitos há muito tempo adormecidos; criar novos; religar ou tranquilizar circuitos e conexões anômalas. Dessa forma, uma parte do cérebro é capaz de exercer controle sobre outras e mudar as formas de afetar o humor, a tomada de decisão e os processos de pensamento.

E o mais incrível é que podemos treinar o cérebro para ser feliz, independentemente de idade. O cérebro é incapaz de distinguir uma experiência vivida e uma fantasia interna.

Perceba isso pelo simples fato de você pensar em um limão e ser capaz de sentir a acidez em sua boca ou lembrar-se de um bolo ou algo que goste e sentir o aroma, o gosto, e reviver o prazer de saborear ou a alegria que teve em alguma circunstância.

Treinando o cérebro

Tudo aquilo que você "pedir" ao cérebro, com foco, prática e reforço, ele vai "lutar" para fazer. Quanto mais enviar mensagens positivas e pensamentos felizes ao cérebro, melhor ele responde, forjando novos circuitos neuronais para torná-los felizes ou enfraquecer conexões neurais que afastam pensamentos felizes.

Não estou dizendo que é fácil e banal. Entretanto, existem métodos para atingir a felicidade pelas práticas acessíveis a qualquer pessoa. Um exemplo exequível é a prática da gratidão. Se você criar uma lista de coisas pelas quais é grato durante trinta dias consecutivos, seu cérebro muda a forma como funciona. Comece com uma lista de cinco ou três coisas.

Podemos dizer que a cada minuto temos algo a agradecer. O simples fato de abrirmos os olhos pela manhã e estarmos presentes, vivos, com a oportunidade de fazer diferente ou melhor, amar e ser amado. Não importa ser grande ou pequeno o feito: encontrar um amigo, saborear um alimento, suprir as necessidades biológicas, ter uma casa, ver o pôr do sol, fazer um novo corte de cabelo, ter um lençol de cetim. O que realmente importa é trazer memórias recentes ou antigas daquilo que faz bem, trazer prazer ou felicidade, e agradecer. É uma tarefa que, a princípio, pode parecer difícil, chata ou boba. Entretanto, à medida que você pratica, sente-se mais positivo e percebe os bons momentos.

Lembrando que é fundamental fazer uma lista por trinta dias consecutivos a fim de que o sentimento de gratidão se torne um hábito. Ser grato não te fará imune aos problemas, mas te fortalecerá para lidar com eles.

Pratique todas as noites antes de dormir: escreva, respire profundamente, reviva a experiência, permita-se experimentar os sentimentos de prazer e felicidade novamente. Com certeza, esse pequeno hábito proporcionará um verdadeiro bem-estar em seus dias.

Outra prática que revigora é o perdão. Lembrando que perdoar não significa esquecer, não consiste em apagar o passado. Trata-se de ressignificar ou dar outro sentido à dor emocional.

Segundo Christopher Peterson: "A prática do perdão está fortemente ligada à felicidade". Nesse contexto, fica claro que o perdão ajuda a alma porque você atinge níveis altos de felicidade. Não é exagero afirmar que o perdão liberta.

Se você tem problemas em perdoar, ter empatia ou compaixão, aprenda a dar vazão a sua criança interior. Lembre-se de como era mais fácil na sua infância perdoar e ser feliz rapidamente. Apenas permita sua criança interior atuar e brincar de ser feliz.

As emoções básicas e a felicidade

Você conhece suas emoções? Sabe controlá-las e usá-las a seu favor?

As emoções podem gerar a felicidade. Parece loucura essa informação, não é? Mesmo quando a emoção "tristeza" está presente, traz aprendizado, união, conforto; sendo assim, gera felicidade.

A raiva é resultado da insatisfação pela expectativa não alcançada. Quando fica claro que não é o outro, mas aquilo que queremos; melhor ainda, podemos controlar e trabalhar esse desejo, gera felicidade.

O medo vem para proteger e, no momento que é superado, torna-se possível vencê-lo e isso gera felicidade.

A alegria gera automaticamente a felicidade.

Emoções são um conjunto de respostas químicas que vêm das memórias emocionais que nascem quando ainda estamos no útero. Mas é ao longo da vida que são construídas as formas individuais de se lidar com cada uma delas.

Se você é mãe, professora ou profissional que trabalha diariamente com as crianças e adolescentes, consegue identificar a emoção que eles estão vivenciando e ajudar sem críticas e julgamentos? Consegue identificar suas próprias emoções? Sabe usar todo potencial de seu cérebro para controlar ou mesmo vivenciar as emoções?

É muito importante saber identificar as emoções presentes em cada momento da vida e reconhecer quais são os estímulos atuantes e os gatilhos que proporcionam sua manifestação.

A partir do momento que a emoção é identificada com maior facilidade, a capacidade de controlar sua atuação aumenta. Lidar com os desafios diários passa a ser mais eficaz, o que traz o autocontrole e a inteligência emocional.

Trabalhar a inteligência emocional, conhecer-se cada vez mais e lembrar sempre de estar atento à respiração são práticas que tornam a vida mais produtiva, feliz e com autocontrole diante das suas emoções e dos adolescentes e crianças que estão sob seu cuidado.

A felicidade só depende de você. Não terceirize esse poder, que é seu. Não dê esse direito a ninguém. Cuide de seu cérebro. Conheça e saiba identificar suas emoções. Seja criativo. Sonhe. Seja grato. Tenha pensamentos positivos e aprenda se perdoar e a perdoar os outros.

Não é exigir que seja otimista, espiritual, bondoso ou bem-humorado sempre. É mostrar as consequências que essas características proporcionam em relação à saúde, ao bem-estar e à felicidade. Tudo isso está ao seu alcance, só depende de você. Pratique, busque métodos e ferramentas que o auxiliem.

Ensine isso sempre! Seja feliz porque você merece.

Referências

ANDREWS, S. *A ciência de ser feliz*. 2. ed. São Paulo: Executiva, 2011.

ARAUJO F. *Felicidade interna bruta*. Disponível em: <https://www.infoescola.com/sociedade/felicidade-interna-bruta-fib/amp/>. Acesso em: 19 maio de 2022. AUBELE, T. *Mentes felizes*. São Paulo: Universo dos Livros, 2017.

LAMA, D. *Uma ética para o novo milênio*. 7. ed. Rio de Janeiro: Sextante, 2000.

LUZ, M. *Conheça o verdadeiro significado da gratidão*. 2017. Disponível em: <http://marcialuz.com/o-significado-da-gratidao/>. Acesso em: 11 maio de 2022.

MALTZ, M. *Pensador*. Disponível em: <https://www.pensador.com/frase/MTAw>. Acesso em: 11 maio de 2022.

SELIGMAN, M. *Felicidade autêntica*. Rio de Janeiro: Objetiva, 2002.

SOARES, A. *Minidicionário Soares Amora da língua portuguesa*. 18. ed. São Paulo: Saraiva, 2014, p. 312.

7

A IMPORTÂNCIA DAS EMOÇÕES NO DESENVOLVIMENTO DAS FUNÇÕES EXECUTIVAS

O texto a seguir traz informações sucintas a respeito da importância de permitir que as crianças sintam e deem significado para as suas emoções, contribuindo no desenvolvimento das funções executivas.

ANDRESSA FEITOSA DE LIMA

Andressa Feitosa de Lima

Contatos
andressafl.neuropsi@gmail.com
13 98165 9183

Psicóloga e neuropsicóloga. Atua como psicóloga clínica/avaliação neuropsicológica e é professora universitária. Uma profissional apaixonada pela relação entre as emoções e o funcionamento cerebral. Acredita imensamente na importância de proporcionar, desde a infância, uma saúde emocional, compreendendo a importância da frustração, a intensidade emocional, e que podemos ficar tristes e/ou alegres e está tudo bem, desde que se consiga dar um significado para uma emoção.

Somos máquinas de sentimentos que pensam
e não máquinas racionais que se emocionam.
ANTÓNIO DAMÁSIO

Desde pequenos aprendemos pelo método da repetição a imitar, a falar e a seguir os outros em todos os ambientes nos quais estamos inseridos como, por exemplo, na família, nas instituições de ensino, na comunidade e no ambiente social.

Todavia é na convivência social que nos deparamos com as regras e as leis que, dentro dos padrões de comportamentos, são julgadas como certas e/ou erradas e devem ser respeitadas.

No entanto, muitas vezes não se dá o devido valor às emoções sentidas, quase sempre pelo receio do julgamento alheio e das conveniências sociais. Por isso, desde pequenas, algumas pessoas privam-se da expressão maior que é o sentimento interior, o qual rege e guia os indivíduos por toda a sua existência.

Acredita-se que o processo de repetição é inconsciente ou automático, já que é no meio familiar que se aprende pela interação, pelos costumes e culturas enraizadas neste ambiente, não sendo muito diferente a aprendizagem na comunidade em que se vive.

Desse modo, as emoções também não escapam dos estigmas familiares e comunitários, pois são nesses contextos que elas são comedidas ou até mesmo extrapoladas. Por isso, algumas pessoas quando atingem a vida adulta não conseguem distinguir onde, quando e como aprenderam os comportamentos automatizados.

No ambiente escolar, por sua vez, são ensinados os conteúdos disciplinares e as regras sociais, bases para a aprendizagem pessoal e social. No entanto, muitas vezes, são deixadas de lado a regulação e a manifestação dos sentimentos.

Sabe-se que ainda trazemos impregnados no viver os resquícios do método tradicional, o qual apresentava os conteúdos de maneira que os alunos reproduzissem o que lhes fora apresentado como se as pessoas fossem meros repetidores.

Na família, não era muito diferente, aprendia-se que os mais novos deveriam seguir os mais velhos, pois era o que eles tinham para lhes oferecer, uma educação "conservadora".

Nessa perspectiva, permitia-se que o aprendizado muitas vezes acontecesse descontextualizado e com sérias consequências. As crianças aprendiam símbolos e comportamentos, quase sempre sem qualquer significado para elas.

O papel da criança no processo de aprendizagem era, até então, subestimado pela família e escola, e não se priorizava a individualidade. Tal modo de ensinar não permitia o crescimento individual e intelectual e os aprendizes ficavam à mercê de um regime ditatorial.

É certo que, ainda hoje, muitas vezes somos cobrados a seguir as convenções sociais, sem ao menos questionar o porquê e para quê. E quando há tal questionamento, os "transgressores" são rotulados como "rebeldes" e/ou "sem limites", pelo fato de quererem compreender o funcionamento das regras de convivência, quase sempre, impostas.

Era sugerido que todo este emaranhado de regras familiares e sociais fosse isento de emoções, em vez de utilizá-las na humanização e na tomada de decisões.

Os exemplos até então relacionados referem-se aos meios pelos quais as crianças foram radicadas por muito tempo e, em alguns casos, ainda são.

O viver social ainda se preconiza como um lugar em que não se aprende o desenvolver saudável das emoções, consequentemente prejudicando o desenvolvimento das funções executivas, ocasionando insegurança emocional na interação intrapessoal e interpessoal.

Quando temos o reconhecimento das emoções, conseguimos dar significados de maneira individual, de acordo com as nossas sensações.

> Mas há outras vantagens de "sentir" as próprias reações emocionais. Você pode generalizar o conhecimento acerca delas e decidir, por exemplo, acautelar-se em relação a algo que se assemelha a X (situação). Claro que, se generalizar em excesso e se comportar de forma extremamente cautelosa, poderá cair na fobia – o que não é tão bom (DAMÁSIO, 2014).

Desse modo, pelo panorama descrito até então, é passível de entendimento a influência do meio e a importância das emoções nas funções executivas.

> As funções executivas são um conjunto de habilidades que, de forma integrada, permitem à pessoa direcionar comportamentos e metas, a fim de avaliar a eficiência e a adequação dos comportamentos, abandonando estratégias ineficazes por estratégias mais eficientes para resolver problemas imediatos, de médio e de longo prazos (MALLOY-DINIZ et al., 2010).

Somos todos responsáveis na formulação de planos de ação de maneira apropriada, selecionada e esquematizada para cada habilidade estratégica do desenvolvimento. Descrevemos as habilidades como:

- Planejamento: é uma habilidade de constituir metas, estabelecer estratégias eficazes e selecionar materiais necessários para alcançar o que se deseja.
- Controle inibitório: habilidade de controlar seus impulsos diante de situações que precisam esperar a sua vez de se pronunciar, por exemplo, em um diálogo, cada um deve se proferir a seu tempo.
- Tomada de decisão: habilidade que envolve o processo de escolha entre várias opções, tendo a capacidade de analisar e se responsabilizar por possíveis consequências de sua escolha. Durante o processo da habilidade de tomada de decisão, utilizam-se as habilidades de memória de trabalho, flexibilidade cognitiva, controle inibitório e de planejamento, contribuindo para que haja possibilidade de uma escolha mais assertiva.
- Flexibilidade cognitiva: habilidade de modificar o curso das ações dos pensamentos de acordo com o resultado apresentado.
- Memória operacional: sistema provisório de armazenamento de informações para realização de uma meta de curto prazo. Ela é responsável por manter ativadas as informações durante um determinado período.
- Categorização: esta habilidade está relacionada à formação de conceitos, raciocínio dedutivo, indutivo e abstração.
- Fluência: habilidade de emitir comportamentos (verbais e/ou não verbais) em sequência, obedecendo às regras preestabelecidas, sejam elas explícitas ou implícitas.

Difícil pensar em alguma ação do nosso cotidiano que não envolva alguma das habilidades citadas. Portanto é de extrema importância que tais processos sejam estimulados e ressignificados desde a mais tenra idade e por toda a vida.

Cada indivíduo possui, intrinsecamente, todas as habilidades, umas mais aguçadas, outras, menos, porém, todas devem ser estimuladas a seu tempo e reativadas sempre que houver necessidade de um *upgrade*.

As habilidades possibilitam a criação de um amplo repertório nas ações, nos pensamentos e nos comportamentos assertivos no desenvolvimento cognitivo para que não somente se reproduzam pensamentos e comportamentos automatizados sem a ativação no desenvolver individual e emocional.

> Desde a infância, as pessoas desenvolvem determinadas ideias sobre si mesmas, sobre as outras pessoas e sobre seu mundo. Suas crenças mais centrais ou crenças nucleares são compreensões duradouras tão fundamentais e profundas que muitas vezes não são articuladas nem para elas mesmas.
> (BECK, 2022).

Crenças centrais são definidas pela terapia cognitivo-comportamental como pensamentos disfuncionais que as pessoas têm consigo mesmas e com o mundo. Tais crenças interferem diretamente nas ações do cotidiano, em forma de pensamentos automáticos.

> Esses pensamentos não são característicos apenas de indivíduos em sofrimento psicológico, são uma experiência comum a todos nós. Na maior parte do tempo, quase não temos conhecimento desses pensamentos, embora com apenas um pouco de treinamento possamos facilmente trazê-los à consciência. Quando tomamos consciência de nossos pensamentos, podemos automaticamente fazer uma verificação da realidade para ver se não estamos sofrendo de disfunção psicológica.
> (BECK, 2022)

Pensamentos como: "Eu sempre fui assim, não é agora que vou mudar" ou "Sempre dá tudo errado, nem adianta tentar" estão enraizados nos pensamentos, nas ações e nas atitudes de muitos, que nem sequer ousam questionar o porquê de tanta insatisfação mundana.

Crenças muitas vezes projetadas pelos adultos às crianças, sem ao menos se mensurar o prejuízo que elas causarão nas experiências vivenciais e emocionais delas, não permitindo a abertura para o real SENTIR das emoções.

Todo processo existencial se alimenta de artifícios – químicos, orgânicos e emocionais. Muitas vezes, é necessário desconstruir crenças e estigmas construídos historicamente para formar um ser humano mais livre de pré-conceitos fossilizados por anos a fio para a (re)descoberta de um indivíduo provido de direitos, deveres e emocionalmente satisfeito consigo e com os outros.

Na prática, isso se dá nos seguintes passos:

1º passo: eliminar dos pensamentos e do vocabulário as quatro frases a seguir (estas frases podem interferir nas construções de experiências pessoais e, consequentemente, diminuir o repertório de tomada de decisões, planejamentos, impulsos, flexibilidade cognitiva e identificação das emoções da criança).

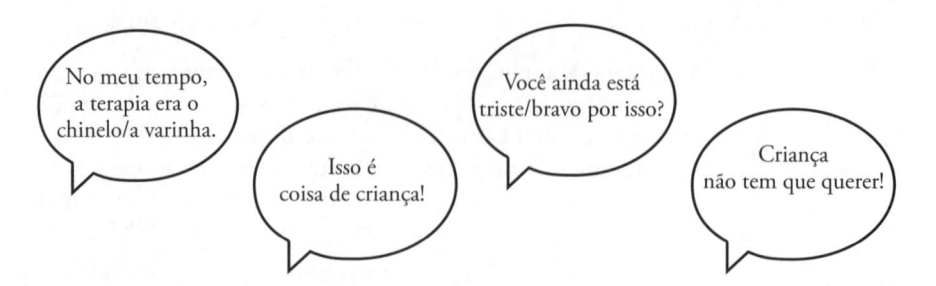

Tais intervenções acarretam insegurança e busca de ambientes e/ou amizades retratadas por ela, já que pode acreditar que não tem escolha, age sem distinguir as emoções, não se importando com os próprios sentimentos.

2° passo: não queira mensurar o quanto a criança pode se alegrar, chorar, ficar triste ou com raiva diante de uma situação de ganhar ou perder algum brinquedo, sem saber como lidar com o sentimento.

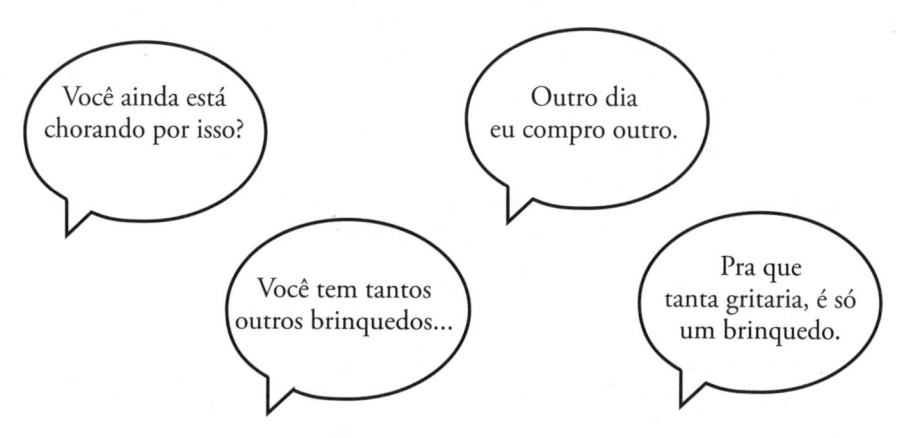

Controlar algo que não conseguimos regular a importância dos sentimentos, das expectativas criadas ou vinculadas a um brinquedo não é fácil. Desse modo, é preciso oportunizar a criança a sentir e a ressignificar as emoções, desenvolvendo a autorregulação emocional dela e, a partir daí, ajudá-la a identificar, a nomear e a agir de acordo com as situações vivenciadas, auxiliando a resolver a habilidade de frustração.

Desse modo, fazer pequenas/grandes mudanças na comunicação com as crianças se faz necessário para a obtenção de resultados satisfatórios. Lembrando que "mude, mas comece devagar, porque a direção é mais importante que a velocidade..." (EDSON MARQUES)

Vamos fazer a troca?

Este	Por este
É este e pronto!	Agora temos este, você quer?
Você ainda está chorando por isso?	Eu não consigo imaginar o quanto você está triste, você pode me explicar o que está sentindo?

Pra que tanta gritaria? É só um brinquedo?	Que bom que você gostou, era do jeito que imaginava?
Ah, agora ficará escolhendo?	Qual você prefere?
Lembra a última vez, né? Não quero ninguém chorando depois.	A última vez não deu certo, você lembra? O que precisa ser feito de diferente?
Vou ter que falar dez vezes agora pra você entender?	O que você entendeu do que eu te falei?
Eu não vou falar de novo.	Você compreendeu o que te falei?
Você se esqueceu de novo?	O que acha de fazermos uma rotina juntos, para você se organizar melhor?

Agora, com a criança, construa uma tabela e pergunte sobre o que você fala que a incomoda e como gostaria que falasse. Faça o inverso também para a criança perceber que as coisas podem ser ditas de outras formas.

O essencial não é o que fala e sim como fala.

Este	Por este

Vimos que o desenvolvimento de uma pessoa está intrinsecamente ligado à sua demanda de aprendizagens durante toda a vida. No entanto, se não houver um direcionamento eficaz das funções executivas de cada ser, elas deixarão de programar o que fazer e agirão mais individual e espontaneamente.

*A mente que se abre a uma nova ideia jamais
volta ao seu tamanho original.*
ALBERT EINSTEIN

Referências

BECK, J. S. *Terapia cognitivo-comportamental: teoria e prática*. 3. ed. Porto Alegre: Artmed, 2022, pp. 78 e 365.

DAMÁSIO, A. R. *O erro de Descartes – emoção, razão e o cérebro humano*. São Paulo: Companhia das Letras, 2012, p. 13.

MALLOY-DINIZ, L. F. *Avaliação neuropsicológica: dados eletrônicos*. Porto Alegre: Artmed, 2010, p. 94.

8

COMO A INTELIGÊNCIA EMOCIONAL DOS PAIS AFETA O DESENVOLVIMENTO DOS FILHOS

Para os filhos, os pais são um mundo de aprendizado. São neles que as crianças vão se espelhar e se guiar nos seus primeiros passos para poderem construir sua base de habilidades sociais e emocionais. É na inteligência emocional dos pais que os filhos são gerados.

ALINE CAMPREGHER

Aline Campregher

Contatos
psicologa@alinecampregher.com.br
Instagram: alinecampregher.psi

Psicóloga formada pela Pontifícia Universidade Católica de Campinas pelo registro profissional número 06/82607; especialista em Neuropsicologia pelo Hospital das Clínicas da Universidade de São Paulo (USP). Realiza atendimentos de crianças, adolescentes e adultos, entendendo que a infância é um chão que pisamos a vida inteira. Além disso, atua levando a psicologia para fora das "paredes do consultório" por meio das redes sociais, atualmente com mais de 30 mil famílias sendo ajudadas diariamente. Criadora do curso on-line "Afetivamente", que ensina o caminho para que os pais eduquem filhos com mais inteligência emocional.

Como é difícil educar um filho

Se você é mãe, pai ou profissional, provavelmente já se deparou com essa frase, certo? A tarefa de educar um filho é sim complexa, e hoje, se torna ainda mais desafiadora.

É um fato que as crianças nunca foram tão bombardeadas com estímulos potencialmente desafiadores como agora, no século XXI: excesso do uso de eletrônicos/telas, ausência diária parcial dos pais por motivo de trabalho, acesso e influência das redes sociais, entre outros.

Em contrapartida, também precisamos concordar que os pais nunca estiveram tão abastecidos de informações sobre a criação de filhos. O que não necessariamente significa que isso resulte em transformação prática, uma vez que a informação só se transforma em conhecimento quando nós a aplicamos e não quando entramos em contato teoricamente. Em resumo, a "era da informação" não é necessariamente a era do conhecimento e da prática.

Segundo Daniel Siegel (2015), no livro *O cérebro da criança*, quando um filho chega em nossas vidas, muito antes do nascimento, na maior parte das vezes, nós nos preparamos absorvendo uma enxurrada de informações. Geralmente, essas informações dizem respeito ao desenvolvimento físico, intelectual ou à preparação das condições físicas de moradia, de alimentação, de recursos acadêmicos, mas e o ambiente emocional que essa criança vai encontrar, qual lugar ele ocupa?

E sabe qual é o ambiente emocional das crianças? Os pais

Parte da complexidade da educação de um filho se concentra exatamente nisso. O quanto os pais estão preparados para construírem uma dinâmica de relacionamento capaz de desenvolver as habilidades sociais e emocionais dos filhos?

Existe uma frase que traduz bem o que eu quero dizer com isso. O amor não basta. É preciso estar preparado emocionalmente para educar filhos emocionalmente saudáveis.

John Gottman (2001), no livro *Inteligência emocional e a arte de educar nossos filhos*, depois de ter trabalhado por mais de 20 anos na área da psicologia do desenvolvimento, confirmou essa afirmação após começar a unir teoria com prática. Ao se tornar pai observou que muitos pais amorosos e presentes nem sempre tinham posturas saudáveis diante das manifestações de emoções de seus filhos; e pais, que tinham uma postura saudável emocionalmente, tinham uma capacidade aumentada de estimular o desenvolvimento de seus filhos.

Ou seja, o amor deles e a intenção eram as mesmas, mas a depender da capacidade de cada mãe ou pai ao reagir diante das emoções dos filhos, estes seriam mais ou menos estimulados a se desenvolverem de forma saudável. O amor era o mesmo, mas a habilidade em agir não.

Se o amor, então, não se basta, o que é preciso para educar crianças que se desenvolvam plenamente? É preciso ensinar sobre autocontrole, sobre resiliência, sobre autoconhecimento, sobre resolução de conflitos, sobre paciência, perseverança, empatia.

A este conjunto de habilidades, dá-se o nome de Inteligência Emocional.

Daniel Goleman descreve a inteligência emocional como sendo a capacidade de uma pessoa reconhecer, nomear e gerenciar suas emoções e sentimentos de modo a contribuir para o seu bem-estar e para o bem-estar dos que a cercam.

Ainda segundo o psicólogo, o controle emocional pode determinar grande parte do sucesso e da felicidade que podemos vivenciar.

As consequências da ausência da inteligência emocional são inúmeras. Quando pensamos em crianças se desenvolvendo com tais fragilidades, podemos destacar: baixo grau de tolerância à frustração, distúrbios relacionados ao humor, à ansiedade, alimentares e, principalmente, uma deficiência nas habilidades de convivência social. Em geral, encontraremos crianças à margem de uma convivência saudável, com poucos vínculos, envolvidas em conflitos constantes, com possíveis dificuldades na aprendizagem.

De acordo com Mayer e Salovey (1999), pesquisas demonstram que pessoas que avaliam e expressam de forma habilidosa suas emoções são mais empáticas, menos depressivas e constroem melhor rede social.

A adolescência geralmente será marcada por abusos de substâncias, quebra de limites e, principalmente, uma constante inadequação social, reflexos da ausência das habilidades básicas de quem tem a inteligência emocional bem desenvolvida.

Na fase adulta, os reflexos podem ser considerados ainda maiores, já que o acúmulo da falta de habilidades vai se tornando cada vez mais evidente e as consequências das escolhas vão se tornando um amontoado de sofrimento e dificuldades. Podemos ressaltar adultos com muitas dificuldades de relacionamento interpessoal, em geral frustrados em suas vidas profissionais e afetivas e com suas noções de autoestima e autoconfiança fragilizadas.

Justamente por isso é que ressalto a importância de entendermos o quanto a educação de crianças emocionalmente inteligentes se faz fundamental. Em suma, a capacidade de inteligência emocional garante ou não um desenvolvimento saudável para o indivíduo ao longo de toda a sua vida.

E qual é o caminho para se fazer isso?

Relembrando que "somente o amor" não consegue ensinar todas as habilidades e conhecimentos que compõem a inteligência emocional, qual será o caminho que os pais que amam seus filhos e desejam educá-los para serem fortes emocionalmente precisam percorrer?

Para responder isso, vamos entender brevemente quais são as duas principais vias de aprendizagem de comportamentos: a modelagem e a modelação. Em linhas gerais, a modelagem é a estratégia de ensinar e ir reforçando (fortalecendo) um comportamento à medida que este vai se aproximando do final desejado. As crianças, portanto, vão aprendendo por essa via quando os pais estimulam e perseveram nos ganhos contínuos de cada habilidade esperada por uma criança. Essa é a via ativa de aprendizagem. A segunda grande maneira de se aprender é a chamada modelação. Este é o processo de aprendizagem baseado na imitação. Dessa forma, as crianças observam os comportamentos habituais aos quais são expostas e, passivamente, têm a tendência de considerar que aquele é o alvo a ser atingido, começando então um ciclo de aprendizagem por imitação.

Entendendo essas duas vias de aprendizagem, podemos deduzir que a habilidade de pais educarem filhos com inteligência emocional e desenvolvimento pleno será um reflexo de dois fatores:

1. a habilidade dos pais em conduzir, reforçar, acolher, ensinar sobre as emoções e as atitudes que seus filhos podem escolher a partir delas;
2. a própria manifestação e exemplo de sua inteligência emocional, estampada nas atitudes que os pais têm não só diretamente com eles mas diante da vida. Ou seja, sua própria inteligência emocional.

Acontece que nem todos os pais estão preparados e equipados com esses dois recursos.

John Gottman (2001), em seu livro *Inteligência emocional e a arte de educar nossos filhos*, descreveu 4 tipos clássicos de parentalidade, sendo 3 deles ineficazes na habilidade de preparar filhos emocionalmente saudáveis e 1 deles altamente capaz.

Os três padrões que desfavorecem o ganho de inteligência emocional para a educação dos filhos são:

1. pais simplistas;
2. pais desaprovadores;
3. pais *laissez-faire*.

Pais simplistas se referem ao estilo parental que enxerga na criança pouca ou nenhuma relevância no seu estado emocional. Tudo é considerado "coisa de criança" e as emoções devem simplesmente ser evitadas ou deixadas de lado. Além disso, este padrão atribui à criança a responsabilidade de estar sempre bem, sentindo somente emoções positivas e que a manifestação de emoções negativas, como raiva, tristeza, contrariedade, são uma afronta aos adultos.

O segundo padrão, os pais desaprovadores, repetem todo o contexto dos pais simplistas, no entanto com um agravante. Eles além de desconsiderarem, punem e criticam as expressões emocionais dos filhos, gerando, além de um ambiente carente de aprendizado, um ambiente coercitivo, invalidante e gerador de ansiedade e medo constantes.

O último padrão de parentalidade prejudicial ao desenvolvimento emocional infantil é o chamado de *laissez-faire*. Este perfil aceita as expressões emocionais infantis e até acolhem as emoções das crianças, no entanto não existe orientação, estabelecimento de limites e direcionamento para que as crianças ganhem a habilidade de resolverem conflitos.

Por último e fundamentalmente o padrão parental desejado para a educação de filhos com inteligência emocional e capazes de se desenvolverem plenamente, está o modelo chamado de preparadores emocionais.

Pais preparadores emocionais são capazes de acolher as emoções das crianças, validando sua legitimidade, impor limites claros sobre o que é ou não permitido, ensinar sobre autoconhecimento, nomeação emocional e, além disso, conduzir seus filhos para que se vejam capazes e aprendam a solucionar os conflitos que a vida certamente trará.

Dentro desse modelo, não existe a punição ou crítica diante da expressão emocional, seja ela positiva ou negativa, mas existe a autoridade necessária para estabelecer um direcionamento quando for preciso também, a orientação sobre formas de lidar com aquelas emoções.

Diante do esclarecimento do melhor conjunto de habilidades para preparar um filho na complexa missão de desenvolver sua inteligência emocional, fica claro que, além de desejar isso, é fundamental que esses pais, preparadores emocionais, estejam emocionalmente saudáveis, ou seja, não se educa crianças inteligentes emocionalmente sem que os pais tenham inteligência emocional suficiente para entender sobre a infância, compreender e aplicar estratégias de orientação, limites, respeito e empatia e, principalmente, não se ensina inteligência emocional sem ser modelo de inteligência emocional.

Segundo Lídia Weber (2005), em *Eduque com carinho: equilíbrio entre amor e limites*, é conhecendo as próprias habilidades, expectativas e condições emocionais que os pais estarão mais preparados para poderem lidar de verdade com uma educação embasada em práticas parentais saudáveis.

Nossos filhos jamais aprenderão a respeitar sendo desrespeitados; jamais aprenderão a se portar com paciência e compreensão se formos pais não compreensivos e impulsivos; não serão seres humanos responsáveis e disciplinados se viverem na desordem e na falta de rotina; e, principalmente, não saberão sobre amor e afeto, se forem educados com rispidez e violência.

É na serenidade e na construção de uma conexão empática que educaremos filhos felizes. Laura Markham (2019), em *Pais e mães serenos, filhos felizes*, explica o quanto a nossa interferência pode ser determinante para evitar a maioria dos desafios enfrentados pelos nossos filhos.

A autora ainda ressalta que proteger em excesso não é o caminho; pelo contrário, estimular, encorajar e acolher seria a tríade ideal para esse fim.

Dessa forma, entendendo o quanto a capacidade de inteligência emocional dos pais afeta o desenvolvimento dos filhos, torna-se necessária a busca e o constante esclarecimento do quanto é necessário que pai e mãe busquem se preparar para este papel.

É sabido que nos preparamos para enfrentar novos desafios na vida, mas também é um fato que, muitas vezes, temos o hábito de atribuir a educação dos filhos às nossas escolhas mais instintivas e imediatas, e nem sempre esse caminho será o melhor.

A clareza e a consciência que devemos, como pais, aprimorar nossas habilidades em lidar com as próprias emoções é um caminho extremamente frutífero para educarmos filhos com mais inteligência emocional e, com isso, preparados para viverem uma vida plena e realizada.

Referências

GOTTMAN, J.; DECLARE, J. *Inteligência emocional e a arte de educar nossos filhos*. Rio de Janeiro: Objetiva, 2001.

MARKHAM, L. *Pais e mães serenos, filhos felizes. Crie uma conexão de empatia*. São Paulo: nVersos, 2019.

MAYER, J.; SALOVEY, P. *O que é inteligência emocional? Inteligência emocional da criança: aplicações na educação e no dia a dia*. Rio de Janeiro: Campus, 1999.

SIEGEL, D.; BRYSON, T. P. *O cérebro da criança*. São Paulo: nVersos, 2015.

WEBER, L. *Eduque com carinho*. Curitiba: Juruá, 2005.

9

COMPREENDENDO AS EMOÇÕES E A ANSIEDADE

Será que ansiedade e emoção possuem relação? Os conceitos de ansiedade e emoção são apresentados neste texto, fundamentados nos princípios descritos pela análise experimental do comportamento, ou seja, pelo Behaviorismo e pela Neurofisiologia, levando-nos a compreender e a refletir como se estabelece uma resposta emocional, incluindo, obviamente, as crianças que atendo e contribuindo com informações relevantes ao que se refere à sua educação, às suas emoções e ao seu comportamento. Em síntese, podemos afirmar que a emoção é uma resposta do organismo às condições do ambiente, e a ansiedade é esta mesma resposta, condicionada às mesmas condições, estabelecendo processos tanto adaptativos como patológicos.

ANA LUÍSA ROSNEL DE MIRANDA MAGALHÃES SANTOS

Ana Luísa Rosnel de Miranda Magalhães Santos
CRP 06/79199

Contatos
analuisarosnel@yahoo.com
Instagram: @analuizarosnel

Graduada no curso de Psicologia e Formação de Psicólogos pela Universidade de Marília – SP – 2004. Abordagem cognitivo-comportamental e behaviorista. Pós-graduada no curso *lato sensu* de Neuropsicopedagogia pela Faculdade Futura – FAVENI – 2019. Atua como psicóloga clínica de crianças, adolescentes e adultos, com enfoque nos distúrbios de ansiedade. Atende on-line e possui experiência em palestras nas áreas da educação, organizacional e em campanhas, como no projeto Se Amar, do Rotaract Assis Norte – Setembro Amarelo. Atua, desde 2009, como psicóloga educacional na Entidade Nosso Lar – Projeto S.E.R. (Serviço Especial de Reabilitação), atendendo crianças e adolescentes com deficiência, dificuldade e distúrbios de aprendizagem, de comportamento e outros transtornos.

As emoções podem se manifestar tão intensamente e de tantas formas diferentes que seria muito bom se tivéssemos como compreendê-las melhor.

Diante da diversidade das emoções que os seres humanos sentem e o quanto cada um responde de maneira diferente ou mesmo singular às condições que a provocam, a psicologia e suas teorias têm apresentado várias formas de identificá-las e analisá-las.

Neste caso, não foi difícil compreendê-las a partir da abordagem behaviorista (do comportamento), que apresenta qualquer tipo de emoção como uma resposta emocional. Por exemplo, João sente muita raiva quando o provocam na escola. A raiva não foi escolhida por João, ela é sentida involuntariamente e foi preciso que uma condição de estímulo ocorresse anteriormente, ou seja, que existisse um antecedente no ambiente escolar. Ao ouvir uma ofensa do colega, João sente-se ameaçado e, imediatamente, uma resposta emocional é ativada em relação ao colega – possuímos essa resposta inata, de adaptação e sobrevivência.

Para compreendermos esse mecanismo, precisamos falar de condicionamento respondente e operante, que são princípios básicos na análise experimental do comportamento. O Condicionamento Respondente Pavloviano diz que uma resposta é eliciada por um estímulo antecedente, em que um único estímulo pode eliciar um conjunto de respostas. Exemplo: suco de limão (estímulo antecedente), salivar (resposta). Na presença de suco de limão, com alto teor de acidez, o organismo ativa as glândulas salivares, liberando certa quantidade de saliva. É um comportamento respondente por não contar com uma história individual de aprendizagem. O outro exemplo é a luz forte (antecedente) que contrai a pupila (resposta) ou lacrimejar os olhos ao estar próximo do sumo da cebola; são comportamentos involuntários.

Respostas condicionadas se dão quando um estímulo incondicionado associa-se a outro estímulo, tornando a resposta condicionada. Exemplo:

quando toca a campainha para o intervalo no qual a criança lanchará, ela responde com salivação a esse estímulo. O processo de condicionamento é muito importante na determinação de nossas emoções.

O comportamento Operante descrito por Skinner não é eliciado por um estímulo antecedente como no respondente (Emocional). Ele opera e modifica o ambiente. Envolve o uso de reforço positivo ou negativo, como na punição, para aumentar ou diminuir a frequência de um comportamento. Por meio desse processo, uma associação é formada entre o comportamento operante e as contingências de reforço para este comportamento. Por exemplo: imagine que um professor pune um aluno por gritar em sala de aula, não o deixando sair para o recreio. Como resultado, o aluno discrimina entre o comportamento (gritar na sala) e a consequência (não poder sair para o recreio), o que faz com que o comportamento inadequado diminua ou cesse com o tempo. Dependendo com que frequência a resposta é reforçada, pode desempenhar um papel importante na rapidez com que o comportamento é aprendido e quão forte a resposta se torna.

O tipo de reforçador usado também pode ter um impacto na resposta. Por exemplo: quando o filho não realiza as tarefas da semana, sua mãe retira o acesso dele ao celular no fim de semana. E o mesmo ocorre quando o reforço positivo é aplicado, como exemplo, a mãe oferece um *gift card* (dinheiro que será convertido em dinheiro gasto no jogo) como recompensa por todas as tarefas cumpridas durante a semana. Se essa criança gosta muito desse presente, a tendência sempre será de cumprir bem suas tarefas e dentro do prazo estabelecido. Esse tipo de treino é usado para modificar ou adquirir novos comportamentos, seja em animais, pessoas com deficiência ou que se enquadram no Transtorno do Espectro Autista (TEA). Discrimina, portanto, um comportamento voluntário e uma consequência.

Quando atende-se uma criança, observa-se que tipos de incentivo existem na vida dela; o ambiente em que vive; como a família a educa; se estabelece limites, associando reforço e punição. Quais queixas apresentam sobre os comportamentos operantes da criança? Ela apresenta comportamento respondente (emocional) na escola? Essas e outras questões são investigadas no atendimento clínico com os responsáveis, com a própria criança e por meio de relatórios de outros profissionais que a atendem.

Quando realizo o atendimento individual, utilizo também a análise das contingências de reforço – situações de relação de dependência entre eventos ambientais ou entre eventos comportamentais e ambientais – e identifico os sintomas da resposta emocional de ansiedade que esta criança possa estar apresentando.

> A ansiedade é um comportamento emocional condicionado que envolve atividades cerebrais subcorticais, de glândulas endócrinas, de músculos lisos que compõem as vísceras e de músculos estriados que, apesar de envolvidos no comportamento voluntário, ficam desorganizados em virtude do componente reflexo da resposta emocional (LUIZ ROSNEL, 1948).

Essas condições podem incapacitar as pessoas durante anos e, às vezes, por toda a vida, se não tratadas adequadamente. O processo de condicionamento da resposta emocional de ansiedade se estabelece em função de determinadas contingências aversivas ou perturbadoras. Essa análise funcional das contingências aversivas primárias procura identificar fatores históricos e circunstâncias, que associados àquelas condições patológicas, geram e mantêm a ansiedade. As contingências aversivas ou causas mais comuns associadas aos distúrbios de ansiedade nas crianças são: falta de afeto da família, rejeição, morte de um ente querido próximo, conflitos familiares frequentes (brigas e violência), medos intensos (pode desencadear crise de pânico), solidão, *bullying* e sofrimento no âmbito escolar (geralmente associado à dificuldade ou ao distúrbio de aprendizagem), abuso sexual e situação de extrema pobreza.

Diferente dos adultos que, na maioria das vezes, verbalizam o que sentem, crianças e alguns adolescentes não conseguem identificar as fontes de suas emoções e se expressar adequadamente quanto a seus problemas e sentimentos, o que é compreensível, pois ainda não terminaram de amadurecer estruturas cognitivas necessárias para a compreensão; falta adquirir conhecimentos, maturidade, psicomotricidade, desenvolvimento da fala e da linguagem, assim como alcançar um bom desenvolvimento global.

Para realizar um atendimento psicológico de qualidade, é preciso ter habilidade com crianças, instrumentos que auxiliem na interação, como recursos lúdicos terapêuticos e jogos que despertem o interesse delas. A relação profissional que tenho tido e observado nesses 17 anos de experiência deve ser afetiva, de confiança e de honestidade. Muitas estratégias para me conectar às crianças e aos adolescentes foram buscadas em cursos de capacitação, alguns me auxiliam muito, mas contribuem mais na observação do que na interação, como, por exemplo, a ludoterapia.

Foi nessa intenção de me capacitar ainda mais para o atendimento infanto-juvenil que me surpreendi com os métodos inovadores de Talita Pupo Cruz, psicóloga que criou e acreditou neste livro tão especial. Realizei um de seus cursos, Oficina das Emoções, do qual muitos recursos utilizados vieram ao encontro com as metodologias com as quais trabalho, fortalecendo meu vínculo com a criança e me possibilitando obter respostas verbais das quais quase sempre tinha dificuldade ou demora em extrair, o que prejudicava ou adiava a minha análise de contingências e, consequentemente, a intervenção clínica.

É incrível o quanto esses recursos me auxiliam de forma eficaz na obtenção de dados importantes sem precisar de muito tempo ou insistência para isso. Sem mencionar que, durante a resposta das crianças a esses recursos utilizados, consigo identificar as contingências aversivas, as quais dessensibilizo brincando, pois a resposta emocional está sendo trabalhada e orientações são dadas em como lidar com o problema naquela ocasião.

As emoções sentidas, como medo, raiva e tristeza, também são vistas nessa abordagem comportamental como sintomas de ansiedade, fazendo parte da resposta emocional, como já foi mencionado. Resposta emocional porque envolve todo o funcionamento do organismo do indivíduo como, por exemplo, o medo: ao sentir medo, a criança também sente sintomas físicos, como tremor, sudorese, extremidades frias, coração acelerado, falta de ar ou respiração curta, agitação ou paralisação motora. Já quando a raiva se manifesta, sintomas como dor de cabeça, tensão muscular, aceleração cardíaca, respiração rápida, impulsividade e tendência à agressividade são comuns.

Uma criança exposta a um ambiente hostil ou de convívio difícil tende a ser mais ansiosa e apresentar mais mudanças no humor, assim como comportamentos extremos, chamando a atenção das pessoas. Os comportamentos emitidos serão dados de acordo com as suas emoções, que estão relacionadas a alguma contingência, como na tristeza, por exemplo: apresentará desânimo, apatia, desinteresse pelo brincar ou em atividades pedagógicas, isolamento, presença de choro ou de birras, acompanhado de angústia e olhar triste; como exemplo de contingência: *bullying* de um ou mais colegas. Essa situação causou essa resposta emocional de tristeza e comportamentos respondentes e operantes descritos acima.

Concluindo, ansiedade não consiste apenas em uma espécie de preocupação com o que pode vir a acontecer, é muito mais do que isso, é uma resposta a uma condição aversiva, como foi descrita anteriormente. É uma resposta emocional condicionada, neuroendócrina, que envolve o funcionamento do cérebro, glândulas, sistema límbico (responsável pelas emoções), memória e até órgãos internos. Quanto maior a ansiedade em uma pessoa, mais sintomas terá com mais frequência.

Quanto mais uma criança possui motivos para sentir-se "ameaçada" ou exposta a situações que ativem seu sistema de defesa, mais emoções intensas e de maior magnitude apresentará. Vários sistemas serão afetados, como, por exemplo, a capacidade de sono, de atenção e de concentração. Em consequência, a irritabilidade e a agitação aumentam, ocasionando, muitas vezes, falsos diagnósticos de TDAH (Transtorno do Déficit de Atenção com Hiperatividade) e/ou outros transtornos.

Precisamos nos atentar que, sempre, as emoções são comportamentos respondentes e a ansiedade é esse comportamento que se estabelece por condicionamento. A criança "fala" com o corpo, também sofre muito com ansiedade e pode apresentar distúrbios devido à alta frequência e magnitude da resposta emocional. É de suma importância que ouça sua criança, tanto você, responsável, como o educador, observe melhor seus sintomas de ansiedade, como e onde ocorrem, na presença de quem, em quais espaços e procure ouvi-la sem criticá-la. Evite a ideia fixa de encontrar um diagnóstico que se encaixe com suas queixas, a fim de se livrar da responsabilidade nesse quadro patológico já instalado – e eu insisto, não é doença, na maioria dos casos, mas disfunções reversíveis sem uso de medicamentos, inclusive.

Que todos nós, profissionais, pais e educadores, possamos aprender, com esse livro, uma nova postura e olhar frente aos problemas atuais enfrentados por nossas crianças e compreender melhor seus comportamentos e as condições em que eles ocorrem, oferecendo mais cuidado, acolhimento e tratamentos menos invasivos, que não comprometam seu desenvolvimento natural.

Referências

MARINO JUNIOR, R. *Fisiologia das emoções*. São Paulo: Sarvier, 1975.

PAVLOV, I. *Reflexos condicionados e inibições*. Rio de Janeiro: Zahar, 1972.

SANTOS, L. R. Ansiometria – Indicador da Magnitude da Ansiedade Registrada na Fundação Biblioteca Nacional – Rio de Janeiro sob número 593.423. Escritório de Direitos Autorais, em 13 de março de 2013. Obra não publicada.

SKINNER, B. F. *Ciência e comportamento humano*. 5. ed. São Paulo: Martins Fontes, 1981.

SKINNER, B. F. *Sobre o Behaviorismo*. São Paulo: Cultrix, 1974.

O DESENVOLVIMENTO EMOCIONAL DA CRIANÇA

O desenvolvimento da criança se inicia na concepção, dado os reflexos repassados pela mãe durante a gestação. De forma sucinta, apresentar-se-ão as etapas: sensório-motor, pré-operatório e período operatório. Mencionar-se-á ainda o desenvolvimento da criança como um conjunto de respostas químicas e neurais baseados nas memórias emocionais, pois acredita-se que as emoções são intrínsecas à pessoa, já que elas passam os limites do desenvolvimento natural.

FRANCINE SALLES DE OLIVEIRA SILVA E LUZIA DE FÁTIMA DAS NEVES FIOREZI

Francine Salles de Oliveira Silva

Contatos
eufransalles@gmail.com
Redes sociais: @eufransalles
15 99731 2836

Graduada em Tecnologia da Saúde pela UNESP, pós-graduada em Neurociência, Psicologia Positiva e *Mindfulness* pela PUC-PR. Consultora em encorajamento pelo Lynn Lott Encouragement Consultant Training (EC/USA), *coach* parental certificada pela Parent Coaching Brasil e educadora parental.

Luzia de Fátima das Neves Fiorezi

Contatos
luziafiorezi@gmail.com
Redes sociais: @fioreziluzia
43 99931 4028

Graduada em Letras (FAFIJAN), mestra em Ciências da Educação pela Universidade Tecnológica Intercontinental (UTIC). Possui pós-graduação em Educação Especial/ TGD/TEA, Psicopedagogia Clínica e Institucional. Especialista em ABA, licenciada em Estimulação Cognitiva para Idosos e Oficina das Emoções. Apaixonada por estudos relacionados à diversidade humana em todos os contextos. A escola da vida foi a que mais a ensinou e a desnudou de todos os pré-conceitos historicamente construídos para aprender, nos encontros e desencontros da vida, que o ser humano tem a capacidade de enxergar o seu semelhante como um "SER" amoroso.

O desenvolvimento de uma criança se inicia na concepção. A partir de então, a pessoa recebe traços característicos de seus genitores e, assim, inicia-se uma caminhada para a vida, isto é, o desenvolvimento, concretizando os sonhos de um homem e de uma mulher que querem formar uma família, pois "o ser humano é um projeto da vida, um projeto do ser e um projeto capaz de autorrealização"[1].

O processo de maturação e crescimento fetal se dá no ventre materno e é nele que o futuro bebê se alimenta, recebe oxigênio e os primeiros estímulos para o seu crescimento físico, mental e emocional.

A mãe perpassa por transformações no corpo e na mente, vivenciando emoções jamais experienciadas, as quais serão assimiladas pela futura criança. As variações emotivas e o bem-estar da genitora são repassados ao feto, e este assimila e registra para que, no futuro, tais emoções sejam base para o seu comportamento e desenvolvimento.

Desse modo, faz-se entender que é na gestação que se desenvolve um ser em detrimento ao outro. O ventre materno nessa fase é o apoio para o feto e a mãe necessita estar bem consigo e com o seu entorno para não repassar ao bebê as suas inquietudes, mas não que ela deva anular-se como pessoa.

Os eventos verificados durante os nove meses de gestação influenciam de modo particular a formação emocional do ser. "O feto é uma colônia; tem somente uma intenção, a autonomia. É decisão ou fato do adulto que a aporta realizar a autonomia que está em possibilidade" (MENEGHETTI, 2014).

Sendo assim, o desenvolvimento do ser humano é a ação ou o efeito relacionado com o processo de crescimento e evolução da pessoa. São etapas a serem transpostas por todos os indivíduos, as quais se iniciam na gestação e se propagam por toda a vida.

---

1 Prefácio da obra: *Uma nova pedagogia para a sociedade futura – princípios práticos*, 2014.

Cada fase do desenvolvimento da criança deve ser considerada para que ocorra o amadurecimento e a aprendizagem conforme a aptidão inata, respeitando o desenvolvimento físico, intelectual e social. "O desenvolvimento se entende: como busca de equilíbrio superior, como um processo de equilibração constante" (PIAGET *apud* PILETTI, 1999).

Após o nascimento, a criança passa por novas fases de evolução. Conforme Haidt citando Piaget (1999, p. 39), as fases são: sensório-motor, pré-operatório e período operatório.

A fase sensório-motor abrange desde o nascimento até os dois anos, aproximadamente. Nesse estágio, a criança se centra em si em relação ao seu corpo, caracterizando-se pela busca em desenvolver o controle motor e aprender sobre os objetos físicos que estão próximos de si.

Nessa etapa, o bebê usa seus reflexos para o conhecimento e, por meio das informações sensoriais, busca o que lhe é intuitivo e instintivo (hereditário).

Nesse período, além de chorar e sugar, o recém-nascido percebe e ouve as coisas à sua volta. Ele busca o controle do corpo e o que é colorido; descobre ainda o que é o prazer e o desprazer. Reclama quando está molhado, com fome ou dor e sorri quando lhe acariciam a barriga, os pés e todo o seu corpinho, interiorizando os primeiros reflexos de afetividade. O adulto precisa compreender que o choro é natural e faz parte do crescimento.

Acredita-se que, a partir de então, inicia-se a formação afetiva e as demais internalizações de aprendizagem. De acordo com Meneghetti (2014, p. 33), a partir do sexto mês, inicia-se a transformação, começa a nascer o homem, a consciência, a capacidade do ato reflexo que o prepara e funda a sua especificidade.

Para tanto, até o segundo ano de vida, a criança se torna mais acessível a reconhecer o mundo que a rodeia com seus prós e contras sentimentais e interindividuais (simpatias e antipatias) e os sentimentos de sucesso ou fracasso em decorrência da própria consciência do eu internalizado.

A fase pré-operatória vai mais ou menos até os sete anos de vida e é caracterizada pelo advento da linguagem. A partir dos dois anos, principia-se a fase da percepção simbólica e semiótica que permite ao indivíduo desenvolver as representações pelo que é simbólico.

"Função simbólica ou semiótica é aquela que possibilita a evocação representativa do objeto ou acontecimento ausente" (HAIDT, 1999, p. 41).

O simbolismo também auxilia na formação da imagem mental, permitindo "à criança evocar situações passadas, reconhecer o que já viu e antecipar situações futuras", distinguindo que algumas atitudes são benéficas e outras não e o que é instintivo focaliza e transfere para o seu crescimento global.

Sendo assim, o responsável pela criança deve antecipar-se e vigiar a fim de que esse futuro adulto se mantenha "puro na própria instintividade e, na busca de afirmação, deve ser ajudado somente para que saiba imprimir sobre si próprio[...]" (MENEGHETTI, 2014, p. 63).

O período operatório se inicia em torno dos sete anos e se estende até os doze, dando início ao desenvolvimento da personalidade e do cognitivo e, às vezes, um comportamento que parece "birra", "desobediência", é apenas a formação das atitudes mentais.

As atitudes mentais, essencialmente nessa etapa da vida das crianças, necessitam de compreensão e orientação dos adultos a fim de que diferenciem o certo do errado. Uma intervenção cognitiva é um ato de pensamento, um ato interno de organização das ações mentais, tanto as ações efetivas como as ações interiorizadas.

Nessa fase, a criança começa a ter comportamentos de interesse social, deparando-se com o diverso, seja no vestir, no portar, no convívio familiar e até mesmo nos estereótipos sociais, pois há uma gama de seres diferenciados, cabendo ao adulto a instrução e indicação do certo e do duvidoso.

Nessa fase, é necessário, por parte do adulto, iniciar uma orientação real para a criança, conforme os preceitos que regem as leis, a moral e as regras sociais vigentes, cuidando e harmonizando os comportamentos.

Elucidar o desenvolvimento físico, social e o emocional da criança não é tarefa ínfima, mas complexa, já que cada ser é único e independente e o outro é o seu modelo orgânico e, o conhecer a si, quase sempre é impactante, pois à sua volta há estímulos e pessoas diversas e a autoafirmação é um processo de aprendizagem.

A criança, quase sempre, escolhe o adulto que vai servir de referência para a sua vida, escolhe o grupo, escolhe as coisas de seu interesse, isso é reproduzir os comportamentos do modelo escolhido. Ela quer crescer na esperança de que os adultos digam e deem a ela os instrumentos para alcançar com seu próprio esforço as suas ambições.

As ambições são construções mentais que favorecem o eu psicológico, no qual circundam as emoções, pois a criança está rodeada por adultos e estes são suas referências.

Os anseios pessoais e sociais que o adulto possui durante sua existência e as suas interações com a criança são comunicadas e colhidas por elas e servirão de referência para o seu agir comportamental, sentimental e intelectual.

Seguindo esse raciocínio, o desenvolvimento da criança é um conjunto de respostas químicas e neurais baseado nas memórias emocionais que surgem quando o cérebro recebe um estímulo externo. Cada ser humano transborda as memórias emocionais de maneira intrínseca, reservada e até mesmo extrapolada.

Conforme relata Roazzi *et al.* (2011, pp. 51-53), "emoção é um fenômeno complexo, um processo que envolve todo o organismo", pois "...as emoções são indispensáveis para mobilizar as pessoas, para criar vínculos e representar o futuro".

Enquanto as emoções são universais, as respostas dadas a elas (os sentimentos) variam de pessoa para pessoa e de situação para situação. Sentimentos são despertados e moldados pelo temperamento e pela experiencia.

As emoções são expressões que o corpo transborda, desenvolve-se e vem à tona quando o pulsar do instinto precisar, promovendo a maturidade emocional, a autoestima, a segurança emocional e ainda abastece as experiências e vivências, auxiliando as demais mudanças orgânicas.

Portanto desvendar as representações emotivas no desenvolvimento da criança torna-se primordial, já que cabe ao adulto cuidar de si, entendendo e respeitando as próprias emoções e as emoções de seus convíveres a fim de compreender e, se necessário, intervir em caso de extrapolação do sentir dos outros, principalmente quando estes forem uma criança ou um adolescente.

A criança não aprende a ler as linguagens do próprio organismo, e até é levada a esquecê-las, sem dar importância e valor para o seu desenvolvimento interior e exterior.

Para tanto, faz-se necessário compreender como o indivíduo reage interna e externamente diante de cada emoção, pois esse processo o ajuda na manutenção do equilíbrio emocional. As emoções, as simpatias, as antipatias, a dor, a dúvida, a amargura, isto é, todo o mundo psicológico humano, que compreende os sentimentos e as percepções, fazendo parte do "eu" como um ser único diferenciado dos demais.

Acredita-se que, quando se trata de uma criança ou de um adolescente, o adulto precisa atuar como coadjuvante, com o objetivo de treinar a mente e o caráter deles, para que se alcance níveis de maturidade e desenvolvimento capazes de agir na sociedade em harmonia entre razão e emoção.

Sendo assim, "[...] quando se tem diante de si o ser humano, é necessário saber vê-lo e tocá-lo dentro [...]" (MENEGHETTI, 2014, pp. 16-17), podendo desvendar os prós e os contras das emoções.

Racionalizando, o desenvolvimento emocional da criança se dá desde a concepção até mais ou menos os 12 anos de idade, ou seja, há uma maturação cognitiva eficaz para o crescimento e o entendimento do que as emoções provocam interna e externamente na forma de compreender as ações e percepções do mundo, todavia, essa compreensão se propaga por toda a vida.

A pessoa que recebe os estímulos e compreensões adequadas desde os primeiros anos de vida aprende, apreende e formaliza o aprender com o expressar de suas atitudes posteriores.

Referências

FUNDAÇÃO ANTÔNIO MENEGHETTI. *Uma nova pedagogia para a sociedade futura: princípios práticos.* Recanto Maestro: Ontopsicológica Editora Universitária, 2014.

HAIDT, R. C. C. *Curso de didática geral,* São Paulo: Ática, 1999.

MENEGHETTI, A. *Pedagogia ontopsicológica.* Ontopsicológica editora universitária, 2014.

PILETTI, N. *Psicologia da Educacional.* São Paulo: Ática, 1999.

ROAZZI, A.; DIAS, M. da G. B. B.; DA SILVA, J. O.; DOS SANTOS, L. B.; ROAZZI, M. M. *O que é emoção? Em busca da organização estrutural do conceito de emoção em crianças.* Disponível em: <https://www.scielo.br/j/prc/a/9HSgPhKSGBrDv6xN3GvrQ5w/?lang=pt>. Acesso em: 12 maio de 2022.

11

A MANIFESTAÇÃO DAS EMOÇÕES NO PROCESSO DE LUTO

O capítulo disserta sobre a manifestação das emoções no processo de luto infantil, observando o novo cotidiano vivenciado por uma pandemia que tem aterrorizado todos com tantas perdas. A proposta é esclarecer questões importantes que surgem nesses momentos difíceis e apresentar estratégias que auxiliem a vivenciar as fases do processo de luto.

RENATA DESTER NEUMANN LIMA
E STEFANY DA SILVA PECCINI

Renata Dester Neumann Lima
CRP 05/41518

Contatos
renataneumannpsico@gmail.com
Facebook: Consultório de Psicologia & Psicopedagogia
Criando e Recriando
Instagram: @renataneumannpsico

Psicóloga formada em 2010 pela Universidade Estácio de Sá (RJ). Pós-graduada em Psicopedagogia clínica e institucional pela UNESA. Pós-graduação em Gestalt-Terapia pela Universidade Celso Lisboa (RJ). Atua em consultório particular com atendimento presencial ou on-line a crianças, adolescentes, adultos e idosos.

Stefany da Silva Peccini
CRP 05/67241

Contatos
stefanysp@gmail.com
Instagram: @psi_stefanypeccini

Psicóloga, formada em 2021 pelo Centro Universitário IBMR - Instituto Brasileiro de Medicina e Reabilitação.

A manifestação das emoções no processo de luto

As manifestações das emoções são importantes na vida humana, mas nem sempre fáceis de lidar, podendo complicar-se no processo de luto, principalmente nessas situações que geram lutos sequenciais, que são vivenciadas de modo distinto do culturalmente esperado (MIYAZAKI *et al.* TEODORO, 2021). É fato que o "novo normal" da pandemia exige proteção e cuidados e, mais do que necessário, tornaram-se vitais os cuidados sanitários e de convívio. Todos esses fatores trouxeram angústias, paranoias, pânico, raiva, ódio, violência e medo, ocasionando recusas e fantasias como mecanismos de defesa.

O aumento exagerado de cuidados ou as emoções por um fio, medo do que "pode ou não estar por vir", misto de sentimentos de ameaça, proteção, cuidados, recusas, defesas e de negação justificam a importância de abordar um tema relacionado às emoções advindas do luto no sentido de que essa pandemia, ao longo de quase dois anos, trouxe uma crise sanitária/humanitária que intensificou diversos acontecimentos, entre eles, a morte. Por isso, é essencial entender o processo do luto e orientar como lidar com as emoções das crianças nessa fase do novo cotidiano vivenciado."[...] começamos a compreender que estamos em meio a uma crise de luto coletivo. Todos nós estamos perdendo alguma coisa" (CORMIER, AMERICAN PSYCHOLOGICAL ASSOCIATION, 2020).

Emoção

As emoções estão implicadas e são vivenciadas a todo momento em nossas vidas. Emocionamo-nos até durante o sono. Quem nunca teve um pesadelo e acordou com o coração disparado, com medo ou até mesmo chorando? Podemos afirmar, então, que, ao acordarmos, o abrir dos olhos pode provocar um sentimento, visto que recebemos estímulos imediatos (imagens, vivências oníricas ou uma emoção) e, ao percebermos, avaliarmos e elaborarmos cognitivamente o fato experienciado, construímos um sentimento relacionado. Ou seja, perceber o ambiente que você acordou e as emoções que sentiu quando acordou pode te gerar sentimentos prazerosos ou desconfortáveis.

Quando falamos em emoções, manifestam-se em nossa mente as emoções mais primárias que conhecemos: alegria, raiva, nojo, medo e tristeza. Quando perguntamos onde as sentimos, a resposta seria: nos acontecimentos do nosso cotidiano. Pensando justamente nesse novo cotidiano que estamos vivendo, em que uma pandemia veio nos aterrorizar com tantas perdas, cabe-nos tratar do tema luto e morte, um acontecimento o qual a nossa cultura não permite que seja tratado ou conversado com tanta naturalidade.

Nos dias atuais, nossas crianças estão o tempo todo envolvidas e integradas às informações sobre o que está acontecendo ao nosso redor. Essas informações vêm via internet, televisão, rádio e até mesmo por nós, que conversamos sobre tudo o que está acontecendo, e a criança participa ativamente dessas conversas. Com isso, o tema da morte virou assunto do nosso cotidiano. É o pai de um amiguinho que morreu, uma tia da escola, um artista de televisão ou alguém da nossa própria família.

Após a perda/morte, temos o processo de luto. Vamos ver então o que significa?

Luto

O luto, do latim *luctu*, é um conjunto de reações à perda significativa de um "objeto" – pessoa, animal, fase da vida. Geralmente, essa perda é a morte de outro ser. Segundo John Bowlby (1982), quanto maior o apego ao objeto perdido, maior o sofrimento do luto. O luto tem diferentes formas de expressão em culturas distintas.

Falar de luto é falar de tristeza, dor, perda, lágrimas, sofrimento humano, mas é também uma maneira de externar todas as nossas frustrações causadas por essa dor, que é a perda de um ente querido. Quando falamos sobre os nossos sentimentos, desprendemo-nos aos poucos das amarras desse sofrimento e sentimos um acalentar na alma.

A vida é arte que leva tempo para continuar a viver, construindo novos laços e guardando na memória os bons momentos e a experiência que a pessoa falecida proporcionou. Repito. Nenhuma morte deve furtar as histórias e as experiências que tivemos com quem partiu.
(KARINA OKAJIMA FUKUMITSU, 2020)

O luto, tema atual do momento em que vivemos uma pandemia, apresenta-se de forma frequente nas mais diversas discussões, pois vivemos uma crise sanitária e social por consequência da pandemia do coronavírus. A distância, o isolamento, a falta e o elevado número de perdas têm resultado em vivências de luto coletivo. E se rotineiramente já é complicado tratar a respeito da morte com um adulto, o que dizer das crianças, que costumam ser excluídas desse assunto, acreditando-se que é melhor para que elas não sofram.

O luto e suas fases

O luto é um conjunto de sentimentos e comportamentos que surgem após uma "perda", que pode ser ou não por consequência de morte. A quebra de vínculo leva ao surgimento de emoções profundas, com um universo de possibilidades que podem vir manifestas ou não (KÜBLER-ROSS, 2020; KOVACS, 2020).

Kübler cita cinco fases no luto:

As 5 fases do luto

- Negação: incapacidade de aceitar a perda e não conseguir imaginar um futuro sem a presença de quem ou do que foi perdido. A dor da perda é tão grande que parece irreal. A criança pequena vai demorar mais a ter essa noção de irreversibilidade e compreensão dos fatos.
- Raiva: revolta com o mundo, sentimento de injustiça e resistência por estar passando por isso. É uma fase delicada, em que os sentimentos variam em intensidade e frequência, a dor, o medo e a culpa farão parte desse estágio.
- Barganha ou negociação: início da aceitação da perda e tentativa de negociar, promessa para ser melhor caso consiga superar o momento. A criança, nesse momento, já tem noção do acontecido, já compreende que é um processo irreversível, mas ainda busca explicação para o acontecido como forma de negociar essa informação.
- Depressão: isolamento, melancolia e sentimento de impotência diante da situação; momento em que entende-se que a perda é inevitável e incontornável. Esta é uma fase de extrema importância para estar atento, principalmente com a criança. É um momento que pode ser confundido com uma tristeza enorme, saudade, uma vontade de ficar só, porém, tem que ser levado em conta esse tempo de tristeza quando torna-se um período longo demais, não permitindo que o enlutado consiga voltar às suas atividades normais. É muito importante que haja um diálogo frequente, com muita compreensão e apoio, e que se procure a ajuda de um profissional.
- Aceitação: depois de todo esse processo, com muita angústia, raiva, dúvidas, medo, chega, enfim, a aceitação da perda com paz e serenidade, sem desespero ou negação; vê-se a realidade como realmente é.

O processo do luto requer um tempo para que haja uma "aceitação": pode ser um processo longo ou não. Provavelmente, teremos dias bons e dias ruins, dias melhores e outros dias piores, o que faz parte de todo esse processo, é o ciclo da vida, viver e morrer.

Manifestação e reação das emoções

No livro *A morte é um dia que vale a pena viver*, Ana Claudia Quintana Arantes, embasada nas descrições de Stroebe e Schut, autores reconhecidos na área sobre o luto, nos fala sobre os dois extremos entre os quais podemos oscilar durante esse processo de busca da cura do luto, conhecido como processo dual do luto. Durante esse processo, é comum que, em alguns momentos do dia, estejamos sofrendo, chorando, lamentando pela perda da pessoa amada e, em outros momentos, acabamos por estar envolvidos nos acontecimentos do dia a dia, podendo ser ou não resolver situações pendentes a respeito da pessoa que morreu. É importante que todos os sentimentos sejam aceitos e experimentados para que se tenha um luto saudável. Muitas pessoas à nossa volta esperam que superemos com mais rapidez essa perda e sempre nos cobram para que não fiquemos tristes. Devemos, então, entender que trata-se de uma maneira de tentar afastar nossa dor por não saberem como ajudar-nos a aliviar o nosso sofrimento.

Durante esse período de extremos, quando estamos voltados para as coisas do cotidiano, podemos deparar-nos com algumas situações de alegria como, por exemplo, um nascimento na família, uma conquista de outra pessoa amada e, por meio de tais acontecimentos, a pessoa enlutada volta a sorrir e não há nada de errado em sentir-se feliz nesse momento.

O problema da nossa sociedade esquizoide é que alegria demais no tempo de luto também não é algo que "pega bem", e é comum que as pessoas enlutadas se sintam culpadas por terem motivos e vontade de sorrir no meio de um processo de luto. Elas me perguntam se é normal dar risada. E eu digo: "Se o tempo é de chorar, pode rir até chorar. Pode morrer de rir, até! É permitido ficar triste até a última lágrima, dar risada até estremecer" (ANA CLAUDIA QUINTANA ARANTES, 2019: 181).

Durante esse processo de luto, em que a pessoa é privada de algo ou alguém de que se tenha muito afeto, é comum que se apresente algumas reações no corpo, que podem ser:

- reações físicas (falta de ar, boca seca, tensão muscular, alteração no sono, enurese noturna);
- reações emocionais (negação, raiva, tristeza, irritação, medo);
- reações comportamentais (choro, falta de concentração, apatia);
- reações sociais (isolamento social, dificuldade em interagir com o outro, perda de interesses externos);
- reações espirituais (perda ou aproximação da fé em Deus, busca pelo conforto espiritual).

É importante entender que o luto não está relacionado apenas com perdas por morte, ele também se apresenta em momentos de mudanças de uma forma geral, tais como: mudar de escola, de cidade, perder um amiguinho, um animalzinho de estimação, perda ou separação de seus pais, entre outros. Portanto, perder gera muita ansiedade, medo e sentimentos dos mais diversos. O luto no adulto ou adolescente será vivenciado da mesma forma que o da criança, levando em consideração que cada ser é individual e seus sentimentos e emoções serão experienciados de maneira própria. A dor, o sofrimento, as etapas do luto, todo esse processo seguirá no tempo e de acordo com a história vivida entre o enlutado e a pessoa que morreu.

Para as crianças, essa experiência pode diferenciar-se quanto ao processo e fases do luto, tornando-se mais rápido de acordo com a sua idade e a sua aproximação com o ente que partiu. A criança pequena, antes dos três ou quatro anos, não compreende muito bem o significado de morte, ela não entende que a pessoa não vai mais voltar. A partir dos cinco anos, a criança começa a ter noção de irreversibilidade.

Assim como com as crianças, faz-se necessário também uma atenção maior com os adolescentes, eles quase não se manifestam nesse momento de perdas, recolhem-se e preferem sofrer sozinhos, acreditando, assim, que não aumentarão o sofrimento dos adultos.

A tristeza é a emoção que mais aparecerá em todo esse processo de luto, mesmo com a presença de outras emoções, o que poderá desencadear dúvidas sobre o que se está sentindo. Qualquer pessoa que esteja envolvida em um processo de luto estará sujeita a sentir e viver emoções diversas, tais como tristeza, raiva, nojo, medo e, por mais que pareça estranho para a nossa sociedade, é possível que, em alguns momentos, sinta-se alegre sim, ninguém precisa ficar triste ou chorando o tempo todo durante esse processo. Além de muito importante, também é muito saudável que recorde-se dos momentos felizes e alegres com esse ente querido, e não se culpe caso sinta vontade de sorrir com tais lembranças, esses momentos vão eternizar a nossa história com essa pessoa tão especial em nossa vida.

Em seu livro *Sobre a morte e o morrer* (1969), Elizabeth Kubler aponta a importância de permitirem a presença e participação das crianças nas conversas e discussões sobre a morte de determinada pessoa. Essa inclusão faz com que essas crianças não só não se sintam sozinhas nesse momento de dor, mas também traz um conforto para esses pequenos."É uma preparação gradual, um incentivo para que encarem a morte como parte da vida, uma experiência que pode ajudá-las a crescer e amadurecer" (ELIZABETH KUBLER, 1969).

Esse luto compartilhado traz mais confiança para as crianças que o experienciam, isso porque as crianças que são afastadas de tais conversas recebem uma "explicação" não convincente, que gera uma desconfiança, e esta aumenta a cada vez que os envolvidos acrescentam novos "detalhes" ao fato, evitam essas crianças e suas dúvidas etc.

Mais cedo ou mais tarde, a criança perceberá que mudou a situação familiar e, dependendo de sua idade e personalidade, sentirá um pesar irreparável, retendo esse incidente como uma experiência pavorosa, misteriosa, muito traumática, com adultos que não merecem sua confiança e com quem não terá mais condição de entender-se (ELIZABETH KUBLER, 1969).

Assim, entende-se que a criança deve vivenciar a experiência do luto de forma clara. Os adultos devem acolher a criança, nomear e explicar as emoções que ela está sentindo, para que ela possa compreender o processo de luto de uma forma mais saudável e natural.

Referências

ARANTES, A. C. Q. *A morte é um dia que vale a pena viver.* Alfragide. Portugal: Oficina do livro, 2019.

BOWLBY J. Attachment and loss: retrospect and prospect. *American Journal of Orthopsychiatry*, 1982, interscience.wiley.com

FUKUMITSU, K. O. *Suicídio e luto: história de filhos sobreviventes.* 2a ed. São Paulo: Lobo, 2020.

HOMEM, M. *Quarentena-revelação: um mergulho em quem somos, como vivemos e o que poderemos criar*, 2013. Disponível em: <https://www.youtube.com/ watch?v=UOv32HZHeiE>. Acesso em: 16 maio de 2022.

KUBLER-ROSS E. *Sobre a morte e o morrer.* 10. ed. São Paulo: Martins Fontes; 2017.

MIYAZAKI, M. C. de O. S.; TEODORO, M. *Luto.* Sociedade Brasileira da Psicologia. 2021. Disponível em: <https://www.sbponline.org.br/enfrentamento-covid19>. Acesso em: 16 maio de 2022.

OAKLANDER, V. *Descobrindo crianças.* São Paulo: Summus, 1980, pp. 231-309.

SOARES, E. G. B.; MAUTONI, M. A. A. G. *Conversando sobre o luto.* São Paulo: Ágora, 2013.

12

O APRENDIZADO DAS EMOÇÕES A PARTIR DA LUDICIDADE

Neste capítulo, vamos dialogar sobre a importância da ludicidade no processo de ensino-aprendizagem na infância, especialmente em relação às emoções, que são descobertas gradualmente pelas crianças. A aprendizagem com base no lúdico estimula a criatividade, a fantasia, a interação social, a exploração de habilidades e o desenvolvimento do seu potencial cognitivo, motor e social.

YASMIN XAVIER

Yasmin Xavier

Contatos
Yasmin.xavierm@gmail.com
Instagram: @yasminxavier_

Pedagoga graduada pela Universidade Federal de Juiz de Fora (2019); pós-graduanda em Neuropsicopedagogia pela rede de ensino Ensin.E.

A infância é o chão que a gente pisa a vida inteira.
ARIANE OSSHIRO

Infância, palavra curta, que traz tantos significados e emoções quando olhamos uma criança desbravar o mundo ao brincar, explorar, aprender e se divertir.

Fase em que um pequeno indivíduo se desenvolve constantemente e se torna, aos poucos, cada vez mais forte para enfrentar os desafios à sua frente.

A infância por si só é uma fase singular, em que as crianças precisam sentir-se seguras para desenvolver as habilidades em cada faixa etária. Por isso, trazer o lúdico e o afeto para os momentos de aprendizagem são essenciais para despertar, nas crianças, a curiosidade e o interesse de forma prazerosa, atingindo, assim, a evolução das áreas físicas, cognitivas, motoras e emocionais.

Segundo Wallon , o desenvolvimento se torna possível a partir da integração e conexão de três dimensões: motora, afetiva e cognitiva, nas quais o indivíduo se constitui entre o biológico e o meio no qual está inserido.

A partir das experiências vivenciadas, as crianças descobrem e começam a expressar suas emoções. Nesse momento, podem surgir algumas dúvidas, por exemplo: como ensinar a criança a lidar com suas emoções?

Como as crianças aprendem? Qual é a relação da ludicidade com a aprendizagem? Por que na infância as brincadeiras e jogos são importantes para as crianças expressarem suas emoções?

Diante dos processos de aquisição das habilidades na infância, especialmente em relação às emoções, falaremos neste capítulo sobre a relevância do lúdico nessa etapa da vida de um indivíduo. Já adianto, porém, que a ludicidade é uma das chaves para ensinar as crianças acerca de suas emoções, pois é experimentando que elas conseguirão se comunicar, discernir e expressar o que sentem com mais clareza, liberdade, fluidez e leveza.

Afinal, o que é a ludicidade? Qual é a sua importância nos processos de aprendizagem? É isso que descobriremos a seguir.

Possivelmente, quando nos referimos à ludicidade, a primeira palavra que vem à sua mente seja o "brincar". Por ora, você está certo(a), no entanto, ela não se limita apenas aos jogos e brincadeiras, mas às atividades que proporcionam momentos de prazer e integração. É uma experiência na qual o indivíduo passa por processos de conhecimento do outro e autoconhecimento; afinal, são em momentos de interação que as crianças entram no mundo particular da imaginação, inventam, reinventam e aprendem.

O lúdico indica a forma como a criança organiza sua realidade e lida com as possibilidades, conflitos, limitações, regras que devem ser cumpridas, dentre outros. Dessa forma, ao brincar, ela também expressa seus sentimentos e conflitos em relação às diversas situações cotidianas do mundo que a cerca.

E a aprendizagem, onde fica?

Já parou para pensar que a criança brinca a maior parte do tempo? Ela monta e desmonta brinquedos, corre, pula, inventa, reinventa, expressa sentimentos e vontades, recebe diferentes estímulos visuais, táteis, sonoros, dentre outros. Além de contribuir para o desenvolvimento de competências e habilidades, as atividades lúdicas são grandes facilitadoras do processo de ensino e aprendizagem.

As práticas que envolvem a ludicidade trazem para esse processo um novo olhar: o da criança. Além de despertar o desejo e a curiosidade de aprender, estimulam o educando às diferentes potencialidades do desenvolvimento a partir do meio em que a criança está inserida e a forma pela qual os conteúdos são passados, promovendo novas aprendizagens nos domínios cognitivo, social e afetivo de forma efetiva.

Segundo Piaget, o lúdico é uma característica fundamental do ser humano, a qual a criança depende para se desenvolver, crescer, brincar e se equilibrar frente ao mundo. Aprender brincando tem mais resultados, pois a assimilação infantil se adapta facilmente à realidade (PIAGET *apud* SANTOS, 2001: 173).

Por meio das atividades lúdicas, torna-se possível trabalhar conceitos essenciais como: cores, contagem, números, noções corporais, aprendizado sobre emoções e sentimentos. Além disso, estimular criatividade, fantasia e imaginação, favorece a socialização, o respeito a regras e proporciona a autoconfiança. Quando estimulamos a curiosidade nas crianças com recursos diferentes do comum, como lápis e papel, propiciamos momentos fantásticos de aprendizagem, em que ela entra no próprio mundo e deslancha sobre a imaginação, local onde ela é livre para criar, inventar e aprender.

Assim, a aprendizagem se dá pela relação recíproca entre um objeto, como um brinquedo, jogo ou atividade lúdica, e o indivíduo.

Para deixar mais claro, vamos a um exemplo: uma criança está brincando com um livro que emite sons de diferentes animais. Não devemos observar o livro ou a criança separadamente, mas a experiência e a troca que ocorre naquele instante. O que aquela troca entre ambos gerou de aprendizagem para ela? O tamanho do livro? Como folhear? A espessura? O barulho que ele faz ao tocar na mesa? Toda essa experiência entre um objeto e um indivíduo gera uma aprendizagem pelo brincar e pelo lúdico.

Ludicidade, aprendizagem e emoção: onde tudo se conecta?

Retomando tudo o que já passamos na leitura deste capítulo, é sabido que as crianças aprendem a partir das experiências ao longo da jornada que envolve o eu e o outro, e que a ludicidade consiste em um dos principais meios para que o desenvolvimento da criança seja saudável. Mas onde as emoções entram nesse processo?

Se pararmos para pensar, as crianças choram, riem, se frustram, aprendem, convivem com outros indivíduos a todo instante. Todas essas experiências causam reações nelas, que podemos chamar de sentimentos e emoções. Não é possível separar a criança de suas emoções, pois elas estão diretamente interligadas.

Na infância, a construção emocional é tão importante quanto as outras habilidades adquiridas. Quando as crianças expressam o que sentem, também geramos a identificação e o gerenciamento das emoções e um aprendizado acerca daquela experiência.

As emoções integram o indivíduo como um todo e, assim como as demais áreas, as emoções vão sendo descobertas aos poucos. Por isso, é de suma importância compreendermos o constante desenvolvimento pelo qual as crianças passam. Certamente, uma criança ficará brava quando perder um jogo ou ao ser contrariada por um adulto e expressará seu sentimento pelo seu corpo, já que é um dos principais recursos utilizados pelas crianças. Ou ficará extremamente feliz ao vivenciar momentos de alegria que lhe causam bem-estar e utilizará seu corpo para expressar isso.

Como podemos ensinar as crianças sobre as emoções? Quais são os recursos que podem ser úteis para que essa criança compreenda a importância de expressar-se, nomear suas emoções e buscar alternativas sadias, construtivas para lidar com os conflitos? Nesse viés, a ludicidade pode contribuir de forma satisfatória para que as crianças aprendam a identificar, reconhecer, nomear e expressar o que estão sentindo diante das diversas situações cotidianas.

Para contribuir com esses momentos de ludicidade, algumas sugestões de atividades que podem ser realizadas em prol do desenvolvimento emocional são: mímica das emoções; olhando para o espelho; jogo da memória; contação de histórias; desenhando as expressões faciais; quebra-cabeça das emoções; dentre outros.

Essas são algumas das inúmeras possibilidades de atividades que podem ser realizadas para trabalhar as emoções utilizando a criatividade, a sensibilidade, a imaginação e a ludicidade.

Dar voz e desenvolver as crianças em um ambiente repleto de acolhimento, respeito, amor, confiança, emoção, afeto, aprendizado e envolvimento permite que tenhamos, no futuro, seres humanos mais corajosos, fortes e prontos para desbravarem o mundo que os espera.

Referências

ALEXANDROFF, M. C. *O papel das emoções na constituição do sujeito: construção psicopedagógica*. Disponível em: <http://pepsic.bvsalud.org/scielo.php?script=sci_arttext&pid=S1415-69542012000100005>. Acesso em: 17 maio de 2022.

CIMELLE, C.; FERREIRA, L.; MARTINS, E. A prática educativa lúdica: uma ferramenta facilitadora na aprendizagem na educação infantil. *Revista eletrônica do curso de pedagogia das faculdades* OPET, 2015 .

CASAGRANDE, A. P.; PRETTE, A.; APARECIDA, Z. *Brincando e aprendendo habilidades sociais*. Jundiaí: Paco Editorial, 2013.

ETELVINA, M. J. *Ludicidade e educação emocional na escola: limites e possibilidades*. UCSAL , 2005.

OLIVEIRA, J. *Educação emocional na escola: a emoção na sala de aula*. 2. ed. Salvador, 2000.

SILVA, E. Os significados das emoções na educação das crianças. *Revista científica multidisciplinar núcleo do conhecimento*. Edição 09, ano 02, vol. 02, 2017.

WINNICOTT, D. W. *O brincar e a realidade*. Rio Janeiro: Imago, 1975.

13

EMPATIA
O SEGREDO PARA RELACIONAMENTOS E EMOÇÕES SAUDÁVEIS

Empatia é a capacidade de colocar-se no lugar no outro. É uma habilidade adquirida, predizendo o sucesso emocional, social e profissional de nossas crianças e, possibilitando a construção de vínculos emocionais, afetivos e sociais de qualidade. Por ser uma habilidade adquirida, o papel dos adultos é extremamente importante. Entenda como nossas crianças podem ser mais empáticas e felizes.

ANA PAULA A. SAVAGNAGO E
LAURA MARIA S. B. DE CARVALHO

Ana Paula A. Savagnago

Contatos
anapaulaantunes@yahoo.com.br
Instagram: @psicologainfantilanasavagnago

Graduada em Psicologia pela Universidade Comunitária da Região de Chapecó. Pós-graduada em Psicologia Organizacional e do Trabalho e em Terapia Cognitivo-comportamental. Formação em Psicoterapia Infantil e Orientação de Pais. Psicóloga clínica infantil.

Laura Maria S. B. de Carvalho
CRP 15/6843

Contatos
lauracarvalho.ir.alem.psi@gmail.com
Instagram: @laura.carvalho.psi
@ir.alem.psi

Graduada em Psicologia pelo Centro Universitário Cesmac. Formação em Abordagem Centrada na Pessoa (ACP), em andamento. Ex-membro da empresa Júnior de Consultoria Organizacional Sapiência. Vivência nas áreas organizacional, escolar e educacional. Admiradora de Carl Rogers, educação e aprendizagem.

Para iniciar, consideramos ser importante nos situarmos quanto aos conceitos do termo "empatia" sob a ótica da psicologia.

Em 1909, a palavra alemã *Einfühlung*, que significa "sentir-se em", foi traduzida para o inglês como *empathy*, por Titchener, sob o conceito de descrever a capacidade de conhecer a consciência de outra pessoa e de raciocinar de maneira análoga a ela por meio de um processo de imitação interna, sendo que, por meio dessa capacidade, pessoas com o mesmo nível intelectual e moral poderiam compreender umas às outras (WISPÉ, 1986).

Já na década de 1950, Carl Rogers, psicólogo americano, passou a investigar e aplicar a empatia na prática psicoterapêutica, sendo de importância vital ao afirmar ser necessário que o terapeuta desenvolvesse uma compreensão empática pelo cliente (ou paciente). Assim, a empatia passou a ser vista não apenas como uma resposta reflexa ao comportamento do outro, mas também como uma habilidade aprendida e desenvolvida para envolver o estabelecimento de vínculos cognitivo-afetivos entre duas ou mais pessoas, durante os quais alguém se permite, deliberadamente, sensibilizar-se e envolver-se com a vida privada do outro (ROGERS, 1985/2001b).

Pelo olhar da Psicologia do Desenvolvimento, destaca-se a pesquisa de Feshbach e Roe (1968), na qual desenvolveram um teste para crianças, o *Feshbach Affective Situation Test for Empathy* (FASTE), que resultou na comprovação de que crianças de 6 e 7 anos de idade reconheciam mais facilmente as emoções do outro do que as sentiam e que as respostas empáticas das crianças eram influenciadas pela similaridade entre o seu gênero e o da pessoa observada, não parecendo haver diferença de gênero relacionada à reatividade afetiva em situações que envolviam medo, alegria, tristeza e raiva.

Em uma conceituação mais atual, temos a visão de Daniel Goleman, o "pai da Inteligência Emocional" (GOLEMAN *et al*, 2019), trazendo-nos que a atenção tem tudo a ver com a empatia e com a habilidade de construir relações sociais, e estes são dois dos pilares da inteligência emocional.

Assim, podemos perceber o quanto a empatia é importante para a construção de vínculos emocionais, afetivos e sociais de qualidade. Quando estes vínculos acontecem ainda na infância, a sua importância se torna maior, considerando que a criança está desenvolvendo a sua psique e sua construção de mundo.

Dessa forma, a empatia deve ser desenvolvida desde a infância, em casa e na escola. A escola pode contribuir, tendo em vista que as competências socioemocionais, entre elas a empatia, também estão presentes no currículo escolar, sendo desenvolvidas no ambiente de interação social, trabalhos em grupo e rodas de conversa. Em casa, no seio familiar, também se desenvolvem competências essenciais para o desenvolvimento saudável da criança e, posteriormente, do adulto.

O olhar que os adultos têm pela criança interfere diretamente na forma como ela reage nos mais variados contextos. Como é o caso da relação sob o enfoque dos estilos parentais daqueles que as educam.

O estilo parental é o conjunto de atitudes dos pais que representa a estratégia padrão utilizada na educação dos filhos. Os três principais estilos parentais (ou estratégias) utilizados pelos pais para guiar o comportamento dos filhos tendem a ser:

- Rígido ou autoritário: consiste em impor a vontade dos pais sobre a criança, estimando a obediência como uma virtude, mesmo que seja a partir de medidas punitivas. Algumas crianças obedecem, porém, na maior parte do tempo, por medo. O perigo nessa estratégia está no impasse que pode gerar, incluindo a humilhação e a raiva, além do exemplo que os pais estão dando de sempre terem razão, serem inflexíveis e intolerantes.
- Permissivo: neste caso, os pais não transmitem normas ou expectativas para os filhos. É comum acontecer quando os pais estão determinados a não repetir a criação autoritária que tiveram, porém, oscilam para o sentido oposto, não dando limites às crianças. O risco desta estratégia está em criar uma criança vulnerável e insegura.
- Colaborativo ou autoritativo: estratégia na qual pais e filhos encontram juntos uma solução para os problemas, em que os pais agem como conselheiros, sem julgamentos, mas com empatia. Nesta prática, os pais tendem a direcionar as atividades dos filhos de maneira racional e orientada, incentivando o diálogo, compartilhando o raciocínio por detrás da ação, colocando sua perspectiva (como adulto), mas sem basear sua decisão na própria opinião, nem no puro desejo da criança.

Estudos revelam relação entre o estilo parental dos pais e seus filhos adolescentes, como: no desempenho escolar; no desenvolvimento psicológico e comportamental; nas habilidades sociais; na capacidade de autorregulação;

nos índices de estresse, depressão e uso de álcool/drogas; além de determinar o estilo parental que os filhos vão adotar futuramente, trazendo consequências em longo prazo.

Os estilos parentais não se limitam ao relacionamento entre pais e filhos. Professores e outras autoridades (não confunda com autoritarismo) que fazem parte da vida das crianças também devem desenvolver um estilo parental adequado para um relacionamento saudável. É a partir das experiências vividas, do exemplo que recebe dos adultos, que a criança se desenvolve.

O olhar empático para suas emoções começa desde que ela é um bebezinho, vejamos: você conhece algum bebê que fez ou faz birra?, temos certeza de que sua resposta é positiva. Pois bem, a birra é um descontrole emocional que pode ter início aos seis meses de idade do bebê e durar até os seus seis anos, é uma resposta emocional intensa à frustração, que faz parte da maturação emocional e neuronal. Ela acontece porque a criança tem recursos limitados para se comunicar, então se descontrola, ela não sabe demonstrar de outra maneira e acontece essa explosão emocional.

A birra tende a ser evitada a partir do momento em que os pais e demais cuidadores olham a situação de forma empática, tentando entender qual a necessidade da criança, o que ela quer comunicar, qual o real motivo daquele comportamento. A empatia perpassa por você acolher o que a criança está sentindo e nomear aquela emoção, assim, ela será capaz de expressar o que estiver sentindo em outros momentos e evitar que ocorra a explosão emocional.

A empatia fortalece o vínculo saudável entre pais e filhos. O vínculo é a convivência, a dedicação à criança. Quando há este vínculo, os pais podem antever e até evitar a birra. Estando atento às necessidades básicas da criança, como o sono, a fome, o cansaço e a impaciência, os pais podem evitar o seu descontrole emocional.

A comunicação também se faz muito importante no processo empático. Rosenberg (2006) conceitua a comunicação não violenta como aquela "que nos leva a nos entregarmos de coração, ligando-nos a nós mesmos e aos outros de maneira tal que permite que nossa compaixão natural floresça" (p. 21), ou seja, sendo empáticos. Como nos traz o autor, a maneira como falamos pode não ser considerada violenta, mas as palavras podem induzir à dor e à mágoa.

A comunicação, que é uma das bases da relação humana, sendo colocada em prática de maneira empática, assertiva e não violenta, contribui para o desenvolvimento de relações saudáveis, seja no contexto familiar, entre amigos, em relacionamentos amorosos ou no mundo corporativo. Ouvir com empatia e expressar-se de forma honesta aumentam o vínculo nas relações, fazendo com que o outro fale sobre seus problemas e incômodos. Pode ser um processo que "toma tempo", mas o resultado positivo advindo desse processo compensa e pode ser praticado por pais, professores, colegas, amigos ou qualquer outra relação interpessoal.

Praticar o autoconhecimento auxilia no processo de entendimento a respeito dos nossos sentimentos e, consequentemente, a respeito dos sentimentos do outro. Escute ativamente a fala do outro e a compreenda sem julgamentos. Utilize a comunicação não violenta. Empatia é um exercício diário, é prática.

Revisitando a nossa infância

O caminho da empatia com nossas crianças perpassa a nossa própria infância, a acolhida de nossos sentimentos e a forma como aprendemos a empatia. Não é fácil nos colocarmos no lugar das crianças quando o olhar que temos de nós mesmos, lá atrás, na nossa infância, foi contaminado pelo discurso dos adultos da época. Precisamos olhar nossa própria história com mais empatia e compaixão. Nossos cuidadores erraram, mas também acertaram.

Não precisamos repetir tudo da nossa criação. Relembrar a nossa infância e entender como nos sentíamos na época pode ser um bom exercício. O mais importante dessa experiência é percebermos o que reproduzimos. Quantas vezes nos vemos tendo a postura ou a fala de nossa mãe? E esse comportamento faz nos sentirmos amados ou inseguros? Tomar consciência de nosso próprio sentimento faz com que iniciemos o processo empático com as nossas crianças. Perceber como nos sentíamos quando tínhamos a idade da nossa criança vai ajudar a entender e sentir o que elas sentem.

A maneira como reagimos aos sentimentos das crianças é de suma importância. Ter os sentimentos reconhecidos é uma necessidade fundamental do ser humano. Uma resposta adequada aos sentimentos das crianças faz com que elas tenham uma relação saudável com os próprios sentimentos. Afirmar que todos os sentimentos são saudáveis e necessários é a base para uma boa saúde mental. O inadequado, talvez, seja a forma como esses sentimentos, e as emoções advindas deles, são expressos.

Negar ou ignorar o sentimento de uma criança pode prejudicar a sua saúde mental. O adequado é acolher esse sentimento junto a ela, ensiná-la a nomear o que está sentindo e, então, expressá-lo e manejá-lo de forma adequada, saudável.

Quando seus sentimentos são acolhidos, as crianças aprendem que, embora algumas situações pareçam ruins, com o manejo correto (sem expressar de forma inadequada, atingindo ou magoando outras pessoas), tudo tende a melhorar. Aprendem a ser resilientes e aprazes.

E por que nossas crianças precisam ser empáticas?

A empatia é uma habilidade adquirida, aprendida, ou seja assim como um adulto as ensinou a ler, precisam ser ensinadas a serem empáticas. Mais uma vez os pais e cuidadores são "professores" e ensinam mais pelo exemplo do que por palavras. Empatia é ir além do que se vê, além do que o outro diz, enxergar nas entrelinhas. É saber que cada ser é único e sente de uma forma diferente da sua. É um sentimento necessário para que as pessoas ajam de forma ética e compassiva. No que diz respeito às crianças, a empatia previne o *bullying* e outros tipos de crueldade. Além disso, é essencial para o desenvolvimento de habilidades sociais e a diminuição de comportamentos agressivos.

Crianças empáticas tendem a se sair melhores na escola, em situações sociais e, no futuro, em suas carreiras. São mais gentis, resilientes e felizes, buscando viver uma "vida com significado".

É por tudo isso que devemos priorizar a empatia no desenvolvimento de nossas crianças. Pouco adianta falarem inglês, serem excelentes no futebol ou no *ballet* e esnobarem ou agredirem outras pessoas. Ao trabalharmos algumas habilidades, não precisamos esquecer-nos de outras. Pelo contrário, é a habilidade técnica, juntando com a comportamental, que predirão o sucesso futuro e, assim, um dos nossos maiores desejos pode se realizar: ver nossas crianças como adultos felizes e bem-sucedidos.

Referências

FESHBACH, N. D.; ROE, K. Empathy in six-and sevenyear-olds. *Child development*, 39, 133-145. Disponível em: <https://www.scielo.br/j/pcp/a/NKFMxtzhbKtMbYHWnW63pPc/?lang=pt#:~:text=O%20termo%20empatia%20deriva%20da,Enz%20%26%20Zoll%2C%202006>. Acesso em: 08 jul. de 2021.

GOLEMAN, D. *et al.* Empatia. *Harvard business review*. Tradução de Rachel Agavino. Rio de Janeiro: Sextante, 2019.

ROGERS, C. R. *Tornar-se pessoa*. 5. ed. São Paulo: Martins Fontes, 2001.

ROSENBERG, M. B. *Comunicação não violenta: técnicas para aprimorar relacionamentos pessoais e profissionais.* São Paulo: Ágora, 2006.

WISPÉ, L. The distinction between sympathy and empathy: to call forth a concept, a word is needed. *Journal of personality and social psychology,* 50(2), pp. 314-321.

14

CRIANÇAS PLENAS
REFORÇAR, ENCORAJAR E ELOGIAR

O mundo caminhou a passos largos, trazendo nesta trajetória mudanças que nos cabe acompanhar e considerar! Crianças só serão plenas quando consideradas e vistas, tendo suas necessidades atendidas, sem que, sobre seus frágeis ombros, pesem quaisquer resquícios de um comportamento casmurro de outrora. Ouvir quem era mutado, dar a devida voz ou evidenciar quem tinha sua vez negada e distorcida, faz, hoje, parte de uma era de mudanças e grandes transformações. Ao longo da história, tudo mudou! Compete a nós sacudir a poeira desse processo e dar novas vestes a esse elenco e, em um novo cenário, conjugar novos verbos que alavanquem o frescor da singela infância, que, quando estimulada, encontrará dentro de si a devida motivação para vivê-la em plenitude!

ÉRICA GASPAR E VALDIRENE ROCHA

Érica Gaspar

Contatos
ericagaspar_reis@hotmail.com
Instagram: ericagaspar7
13 99683 1130

Pedagoga graduada pela UNIMES (2008), com pós-graduação em Psicopedagogia Clínica e Institucional pela UNINTER (2012). Segunda licenciatura em Artes Visuais (2016). Pós-graduação em Psicologia. Pós-graduada em Psicologia e *Coach* pelo Estude sem Fronteiras (2018). Facilitadora em Justiça Restaurativa pela UNISANTA (2018). Pós-graduada em Formação de Facilitadores da Justiça Restaurativa pelo Instituto Educacional Cristal Santista (2021). Pós-graduanda em Psicanálise pela Academia Paulista de Psicanálise (término em 2023).

Valdirene Rocha

Contatos
valdirene.roch@gmail.com
Instagram: @val.rch
13 99757 7272

Pedagoga graduada pela UNIMES (2005). Pós-graduada em Psicopedagogia Institucional pela Faculdade São Luís – Jabuticabal (2014). Direito Educacional e DI pelo Centro Educacional de Qualificação PRO (2017). Facilitadora em Justiça Restaurativa pela UNISANTA (2018). Pós-graduada em Formação de Facilitadores da Justiça Restaurativa pelo Instituto Educacional Cristal Santista (2021). Pós-graduanda em Psicologia e *Coaching* pela Faculdade Metropolitana.

Todas as pessoas grandes foram um dia crianças.
PEQUENO PRÍNCIPE

Crianças plenas... O que falar sobre elas? De acordo com o dicionário on-line, a etimologia da palavra "pleno" tem sua origem no latim *plenus*, que significa "cheio" e também está relacionada com plenitude. Pleno é um adjetivo que é atribuído a algo ou a alguém que se apresenta completo, preenchido, repleto.

Após este conceito, pensar em criança plena nos remete à seguinte questão: o que faria ou deixaria uma criança plena? O que ela precisa para ser plena, cheia, feliz?

— "Não preciso de nada pra ser feliz! Já sou feliz com a minha família inteira! Comida e a família!" Esta foi a resposta da pequena Ana Beatriz, de 6 anos, ao perguntarmos o que ela precisava para ser feliz e o que a deixava feliz. Arteira e traquina, com seus cachinhos ao vento, cresce forte e determinada, educada com o cultivo de bons ensinamentos, respeitando o próximo e sendo obediente, o que não a impede de, por vezes, ao querer impor sua vontade, armar um bico de causar espanto, podem acreditar! Mas também vi o quanto os incentivos e elogios maternos vão fortalecendo-a, gerando autoconfiança e elevando a sua autoestima.

Conhecemos também a pequena Anna Julia, 9 anos, inteligente, descolada, de uma genialidade e criatividade incríveis!

Certa vez, disse:

— "Eu inventei covid-19! Sabem por que fiz isso? Para minha mãe ficar comigo em casa!" Talvez observar e ter ao seu lado a mãe, professora habilidosa e dedicada, formada em Artes, tenha a inspirado em suas invenções mirabolantes e máquinas curiosas. Sem contar seus figurinos e de seu cáozinho, Thor, com postagens de fotos que nos faziam gargalhar! Apesar do constante incentivo e estímulo, Anna Julia de personalidade forte e desafiadora, é bastante resistente e opositora, relutando como pode na realização das tarefas escolares, pois argumenta que já sabe o que está sendo ensinado e não aceita o modo proposto por discordar, uma vez que tem ao seu alcance as novas tecnologias.

Cada uma com sua peculiaridade, ambas incentivadas, estimuladas e acolhidas! Por que, então, apesar dos incentivos e de todo o suporte dedicado, ainda ocorrem birras, relutâncias e bicos? Onde está a falha?

Parece-me que agora é aquele momento em que iremos apresentar uma fórmula mágica de "como educar crianças para que cresçam plenas e felizes", certo?

Não, meus caros leitores! Surge agora a oportunidade de refletirmos juntos, enquanto pais e educadores, sobre o quanto é preciso repousarmos nosso olhar sobre esses pequenos e enxergá-los! Sim! Eles precisam ser vistos, encorajados, ouvidos e acolhidos em suas fragilidades e vulnerabilidades. Mas isso ainda não basta! É preciso ação!

Queremos lembrá-los de que, na História Antiga, a criança era submetida à autoridade do pai, por ser considerada como inoperante e incapaz de ter autonomia. Na Idade Média, seu papel continuava sendo mínimo e era vista como um adulto em miniatura, chegando a usar roupas parecidas com as de adultos, até trabalhando nos mesmos locais. Santo Agostinho chegou a dizer que "a infância era um mal necessário", por outro lado, o cristianismo via a infância envolta por sua ingenuidade e que carecia de cuidados.

Na Idade Moderna, até o século XVII, a Infância era desconhecida pela ciência e, com o Iluminismo endossando a aquisição do conhecimento, a criança sai do anonimato, obtendo importância nas relações familiares e na sociedade. Ela recebe mais atenção dos adultos, sendo tratada com um pouco mais de cuidado e, durante esse processo, coube à ação pedagógica reconhecer e colaborar na construção da identidade, enfatizando o lúdico, a imaginação e criatividade da criança.

Jean Piaget, psicólogo, biólogo e pensador suíço, ao nos apresentar as fases de desenvolvimento da criança, permite-nos compreender um pouco melhor a capacidade cognitiva, chegando até a construção do conhecimento, na qual a criança já pensa em soluções por meio de hipóteses. Em uma de suas frases, Piaget afirma: "A infância é o tempo de maior criatividade na vida de um ser humano". Alicerçadas nesta frase, podemos, então, enfatizar que um dos momentos mais plenos de uma criança é quando pode rechear sua imaginação e criatividade, sentindo que, nesse seu mundo, ela pode! Pode brincar, extravasar suas emoções, voar como um super herói, morar em um castelo de princesa, mergulhar como um peixinho e se teletransportar com seus carrinhos, bonecas e panelinhas, experienciando momentos que são enriquecedores para sua vida, uma vez que os benefícios do brincar são inúmeros, pois desenvolvem habilidades motora, cognitiva, ampliando também o convívio social e o socioemocional.

Na idade contemporânea, a partir do século XIX começam a surgir traços de reconhecimento das necessidades da criança, embora ainda no sentido assistencialista. Esta ideia perdura até meados do século XX, quando a criança passa a ter direitos, ou melhor, a ser vista como ser que necessita dos cuidados do Estado. É neste sentido que leis começam a vigorar, sendo os direitos assegurados, por exemplo, pela Lei de Diretrizes e Bases (LDB), pelo Estatuto da Criança e do Adolescente (ECA), pela Base Nacional Comum Curricular (BNCC), tendo como premissa o desenvolvimento de habilidades e competências, bem como a ênfase nos direitos de aprendizagem.

Percorremos toda essa trajetória para compreendermos que levou muito tempo para a criança ser vista como criança. Foi um processo longo até que essas necessidades fossem percebidas e atendidas, ressaltando a compreensão de que, por trás de todo comportamento inadequado, há uma necessidade não atendida, fazendo-nos despertar para o entendimento de que também somos responsáveis pela forma como tratamos e lidamos com o seu comportamento e desenvolvimento.

Hoje, no século XXI, sobeja a tecnologia desenfreada, a geração Y, o mundo VUCA, mundo BANI, doenças do presente século. Incorremos agora no excesso de zelo, paparicação ou redoma para evitar o "sofrer", porém, ao mesmo tempo que também falamos de acolhimento, empatia e apregoamos o tecer delicado na construção e desenvolvimento das competências socioemocionais, por diversas vezes e sem nos darmos conta, produzimos e alimentamos uma geração ensimesmada e frágil, despreparada para vivenciar frustrações, ouvir alguns "NÃOS" e experienciar as decepções e derrotas, ainda que pequenas, arcando com a dificuldade de lidar com futuras feridas emocionais.

Então, como lidar com a questão sobre crianças plenas? Já cantava Cassia Eller: "... palavras apenas, palavras pequenas palavras..." Certamente falamos de palavras, pois elas, de fato, são alimento para nossa alma. A língua, pequeno órgão de apenas 8,0 cm, pode fazer um estrago grandioso, assim como pode também realizar maravilhas; mas, certamente, atitudes e gestos contam significativamente nesse processo, que exige de nós, pais e educadores, um olhar mais atencioso.

Podemos, então, começar a praticar, exercitando as boas falas, alimentando a mente de nossas crianças com boas informações, boas escolhas e elogios! Não usar de falsa bajulação, mas com sinceridade reconhecer os pequenos esforços, elogiá-las e encorajá-las. Mas sigamos com calma, entendendo que elogiar, estimular e encorajar possuem conceitos completamente diferentes, apesar de serem parecidos ou semelhantes em sua essência. Vejamos!

Fazer elogios, exaltar as qualidades, bem dizer, falar bem, são sinônimos atribuídos ao termo "elogiar". Já "encorajar" se refere a dar ou tomar coragem, ânimo, estímulo, incentivar. Temos ainda o "reforçar", e desculpe-nos a redundância do "mais", todavia, é esta a ideia, reforçar! De tornar-se mais forte, mais robusto, mais sólido, mais resistente! Ainda que não obedeçamos a suposta ordem de nosso título, podemos dizer que o elogio se faz necessário para que, por meio dele, a criança possa sentir-se encorajada em seus empreendimentos, conquistas e desafios. E, se ainda diante desses obstáculos, recebendo os elogios e sendo por nós encorajadas, ela se sentir fraca ou incapaz, é importante não desprezarmos ou minimizarmos essa dor, pois é justamente aí onde entra o reforço.

Apoiar a criança em seus sonhos, projetos ou atividades escolares é fundamental, seja qual for a etapa em que ela se encontre. Ser felicitada por suas conquistas, irá motivá-la a continuar e persistir. Até mesmo as críticas quando algo não sair bem, desde que contribuam e colaborem para uma melhora, serão bem-vindas. Elas se sentirão mais seguras e confiantes.

Alguns dos antigos conceitos podem ter respingado em nossa infância por meio de nossos pais ou avós, fazendo-nos repetir os mesmos erros... Mas podemos fazer diferente! Em uma geração que já clama em alta voz por seus direitos, que já diz não suportar formatos obsoletos de ensino, que já se prepara para profissões que sequer sonhávamos que existiriam, nos compete então a parte do bom direcionamento, das lentes trocadas, como diria Howard Zehr, ou das lentes limpas, como diz nossa amada Mestra Debora Marreiro!

Cremos que um dos exemplos mais conhecidos sobre reforçar, incentivar e estimular, pode se resumir à atitude desta mãe, que, com admirável sabedoria, talvez até mesmo por instinto materno, fez de uma carta o estímulo que seu filho necessitava.

Carta do Professor de Thomas Edison para sua Mãe:

Seu filho é confuso e tem problemas mentais.
Não vamos deixá-lo vir mais à escola!

Certo dia, Thomas Edison chegou em casa com um bilhete para sua mãe. Ele disse: "meu professor me deu este papel para entregar apenas a você."

Os olhos da mãe lacrimejavam ao ler a carta e ela resolveu ler em voz alta para seu filho: "Seu filho é um gênio. Esta escola é muito pequena para ele e não tem professores em seu nível para treiná-lo. Por favor, ensine-o você mesma!". Depois de muitos anos, Thomas Edison veio a se tornar um dos maiores inventores do século.

Após o falecimento de sua mãe, resolveu arrumar a casa quando viu um papel dobrado no canto de uma gaveta. Ele pegou o papel e o abriu. Para sua surpresa, era a antiga carta que seu professor havia mandado a sua mãe, porém, o conteúdo era diferente do lido pela sua mãe anos atrás.

"Seu filho é confuso e tem problemas mentais. Não vamos deixá-lo vir mais à escola!"

Edison chorou durante horas e, então, escreveu em seu diário: "Thomas Edison era uma criança confusa, mas, graças a uma mãe heroína e dedicada, tornou-se o gênio do século."

> *Declare a seus filhos que eles não estão no rodapé da sua vida, mas nas páginas centrais da sua história.*
> AUGUSTO CURY

Reforçar, elogiar, encorajar... Que esses verbos sejam acrescidos em vossas cartas e que nas páginas de sua história eles possam ser conjugados em todos os tempos e modos.

Referências

CURY, A. *Pais brilhantes, professores fascinantes*. Rio de Janeiro: Sextante, 2013.

NÓBREGA, E. A. *Carta do professor de Thomas Edison para sua mãe*. Disponível em: <https://www.ovaledoribeira.com.br/2015/11/carta-do-professor-de-thomas-edison-para-sua-mae.html>. Acesso em: 12 maio de 2022.

OLIVEIRA, E. *Conceito de infância*. Disponível em: <https://www.infoescola.com/sociologia/conceito-de-infancia/>. Acesso em: 12 maio de 2022.

PRIMEIROS 1000 DIAS. *O que é ser criança hoje e ao longo da história*. Disponível em: <https://www.primeiros1000dias.com.br/ser-crianca-hoje-historia>. Acesso em: 18 maio de 2022.

TIBA, I. *Pais e educadores de alta performance*. 2 ed. São Paulo: Integrare, 2012.

15

EU FICO TRISTE, E VOCÊ? ACOLHENDO A TRISTEZA

UM OLHAR COGNITIVO-COMPORTAMENTAL NA FASE DA INFÂNCIA

Neste capítulo, abordaremos a emoção "tristeza" durante a infância e como acolher e ajudar a criança a identificar esse sentimento nessa fase tão importante da vida. A terapia cognitivo-comportamental é um modo de terapia que ajuda as crianças a significarem os seus sentimentos diante dos estímulos recebidos durante todo o seu desenvolvimento. Essa abordagem tem técnicas e linguagens não verbais que fazem parte de um ambiente lúdico para ter melhor vínculo com os pequenos e pode ser fundamental, em alguns casos, para o desenvolvimento emocional da criança.

BRENDA G. PECLY E
BRUNA NERES S. CASADO

Brenda G. Pecly

Contato
brenda.psicopedagoga@gmail.com
Instagram: @brenda_gorni
21 99267 1646

Graduada em Licenciatura Plena em Educação Física (UNIG – Universidade Iguaçu, 2010), pós-graduada nas áreas de Administração, Orientação Educacional, Supervisão Escolar e Pedagógica (UNIG, 2016), Psicopedagogia Institucional e Clínica com especialização em Neuropsicopedagogia (UNIG, 2017/2021). Educadora Emocional formada pela *master coach* Grace Bezerra (2021) e facilitadora da Oficina das Emoções, Emoções em Contos, Clubinho Lego e da Matemática e Estimulação Cognitiva com Idosos.

Bruna Neres S. Casado

Contato
psico.brunac@gmail.com
Instagram: @psicobrunacasado
11 98425 9250

Graduada em Psicologia (Universidade Nove de Julho, 2019) e pós-graduada em Neuropsicologia (Universidade Anhembi Morumbi, 2022). Atende crianças, adolescentes e adultos, utilizando a abordagem TCC – Terapia Cognitivo-comportamental.

No dicionário Michaelis, o significado da palavra "tristeza" é estado ou qualidade de triste. Ausência do sentimento "alegria". Mesmo não sendo um sentimento agradável, é importante compreender esse grande adversário emocional.

Quando nos sentimos tristes à frente de uma situação real, isso se faz natural e necessário em nossa vida, compreendendo que somos capazes de alcançarmos níveis menos acentuados, como a decepção, até o mais intenso, a angústia.

Mas o que se esconde atrás da tristeza? Qual é a origem desse sentimento? Por que alguns indivíduos se sentem mais tristes do que outros? É importante ressaltar que a tristeza leve é algo comum e breve, e vai surgir em diferentes momentos durante a vida. Mas quando a tristeza é excessiva e permanente, ela toma formas mais graves e traz desequilíbrio, acarretando em dificuldades até para desempenhar atividades comuns como trabalhar e estudar, gerando problemas nos relacionamentos sociais com amigos e família.

E quando essa "simples" tristeza vem de forma prematura, permanente e na fase da infância? É o que abordaremos neste capítulo.

Muitas são as angústias dos pais quando percebem melancolia na vida dos filhos. Quando ocorre essa mudança comportamental, faz-se necessário pensar com muito cuidado sobre o assunto para não criar novos problemas em vez de dar tratamento certo ao que está acontecendo. Chorar, ficar cabisbaixo ou quieto, distanciar-se, ficar irritado, entre outras mudanças, são notáveis nesses casos. É necessário identificar o que acomete esse sentimento desconfortável, porém, em alguns casos, não se consegue identificar a causa exata.

> O processo **emocional** tem três passos. No primeiro, sentimos algo, mas ainda não sabemos identificar o que é. Depois, atribuímos um significado e um nome ao que estamos experimentando – como ‹tristeza›, por exemplo. Por último, vem o reflexo no comportamento. Ficamos mais quietos, com uma expressão triste, choramos. E a partir disso, conseguimos avaliar e encontrar uma solução para resolver e sair daquela situação que nos incomoda.
> (TEFIGLIO, 2015)

O desenvolvimento infantil e a tristeza. O que fazer para auxiliar a criança nessa fase importante da vida?

Durante o desenvolvimento infantil, a criança está aprendendo a lidar com suas emoções e, por mais difícil que seja ver os pequenos tristinhos, devemos deixá-los vivenciar aquele momento e aprender da forma deles a lidarem com esse sentimento. Muitos pais ou cuidadores oferecem objetos em troca como doces, brinquedos e presentes. Essa ação não é indicada, pois não podemos "comprar" a felicidade de uma criança.

E como podemos ajudar a criança a entender o que está sentindo? Não mascarando as emoções dela, pois, camuflando aquele sentimento, ela pode desenvolver problemas mais graves no futuro por não ter aprendido a lidar ou encarar aquele sentimento.

O que fazer quando esse quadro de tristeza insiste em continuar? A tristeza passa a não ser normal quando a criança apresenta alguns comportamentos que nunca teve antes, perdendo a vontade de fazer atividades que lhe davam prazer, choro sem motivos, alteração no sono ou alimentação, diminuição no rendimento escolar e perda de energia física e mental. Com todas essas respostas, o ideal é procurar um profissional para fazer uma avaliação e entender o que vem acontecendo com ela.

O acompanhamento psicoterapêutico se torna importante para que o profissional ajude a criança a significar os sentimentos. Esse acompanhamento não é feito apenas com as crianças, a participação dos pais é essencial para a evolução dela, pois é no ambiente familiar que ela se constrói.

Vamos ajudar os nossos pequenos? Dicas para sua criança quando estiver triste:

- **converse:** falar sobre os sentimentos pode fazê-la sentir-se melhor pois, por meio da verbalização, a criança consegue externalizar o pensamento que surgiu diante da situação vivida;
- **faça carinho no seu pet:** bichos de estimação ajudam a acalmar e também farão a criança se sentir bem;
- **veja o lado bom:** oriente a criança a ver o lado positivo das situações que surgirem;
- **desenhar sobre o que sente:** é uma forma de colocar "pra fora" o que está sentindo.

A melhor maneira de ensinar a criança a lidar com suas emoções é no dia a dia, durante sua rotina, não sendo necessário tirar um momento para dizer "hoje falaremos sobre a tristeza". Desde o início do desenvolvimento da criança, podemos dialogar, ajudando-as a identificar uma emoção frente à situação vivida. Um outro detalhe importante é os pais ou cuidadores sempre praticarem a honestidade emocional, dizendo para a criança como se sentem, assim ela aprende a entender e respeitar as emoções das outras pessoas.

Um olhar cognitivo-comportamental na fase da infância

A terapia cognitivo-comportamental é um modo de terapia que ajuda as crianças a significarem os seus sentimentos diante dos estímulos recebidos durante todo o seu desenvolvimento. Essa abordagem tem técnicas e linguagens não verbais que fazem parte de um ambiente lúdico para ter melhor vínculo com os pequenos.

A base dessa teoria é que o terapeuta não deve observar apenas a criança, mas encorajá-la a ser mais ativa em seu processo de elaboração psíquica. Toda criança precisa identificar as suas emoções e as das pessoas que convivem com ela.

As consultas de TCC são estruturadas e o psicólogo utiliza ferramentas lúdicas como desenhos, brincadeiras e jogos, que auxiliam a acessar o imaginário da criança. A abordagem é uma forma educativa com os pais, tornando-se a parte mais importante do tratamento.

O psicólogo busca entender os comportamentos cognitivos da criança que podem gerar transtornos emocionais e comportamentais, identificando as dificuldades vivenciadas pela criança e eventos importantes da sua infância. Durante esse processo, é muito importante a participação dos pais. Quando eles estão dispostos à terapia, os resultados clínicos são mais rápidos e positivos.

Após um processo com intervenções e auxílio para a criança significar os seus sentimentos, ela se torna mais segura, conseguindo falar sobre suas emoções, temores e é estimulada a ter autoconhecimento.

Quando falamos de emoções, é preciso acolher os sentimentos da criança para que ela consiga encontrar o equilíbrio. Respeitar o tempo dos pequenos é um grande passo para encontrarmos essa estabilidade. Diga que entende o momento de tristeza dela e que estará ali, pronto para conversar quando ela se sentir confortável. O diálogo se faz necessário em todas as situações da vida da criança; esteja aberto à verdadeira escuta e, se possível, compartilhe suas histórias de um momento em que sentiu a tristeza e como fez para lidar com essa emoção. Quando mostramos que também temos momentos difíceis e conseguimos superar, a criança percebe que também é capaz. É valioso que os pais ou cuidadores estejam sempre perto para dar segurança afetiva e, assim, instruir o filho para a vida cheia de momentos bons e ruins.

Por fim, nunca se deve esquecer que a melhor prevenção contra a tristeza continua sendo o amor. Jamais seremos capazes de evitar que as crianças vivenciem situações de tristeza. A dica é sempre manter um ambiente harmônico e amoroso, que sirva de abrigo para esses momentos, assim, a criança saberá onde terá felicidade para que possa retornar sempre que preciso.

Sugestão de dinâmica

Pote das emoções

Esta dinâmica é excelente para ser aplicada na educação infantil, de modo que as crianças aprendam a reconhecer e expressar emoções.

Recursos para a dinâmica:

- potes de cristal (é possível reciclar garrafas de plástico ou potes de azeitonas ou compotas);
- lã com cinco cores diferentes (também podem ser usados outros materiais, como pompom, bolas de algodão, bolinhas coloridas, papéis coloridos);
- etiquetas;
- rotulador.

Execução da dinâmica

1. Sugerimos, inicialmente, apresentar contos às crianças. Sempre ajudam a assimilar melhor a relação entre cores e emoções. Assim, amarelo-alegria, azul-tristeza, medo-preto, verde-calma e vermelho-raiva.
2. Após relacionar cor e emoção, trabalhe o pote das emoções. Uma possibilidade é, inicialmente, deixar os cinco potes das emoções sempre visíveis. No fim do dia, você pode conversar com a criança e perguntar-lhe por duas ou três situações que tenha vivido no dia e que considere importantes.
3. Para cada situação, peça que defina que emoção sentiu e que coloque no pote das emoções correspondente o conteúdo. O objetivo é que, no fim do mês ou da semana, você possa observar quais emoções a criança viveu com mais intensidade e quais não. Isso pode ser um termômetro importante para que você possa ajudá-la a reconhecer outras emoções.

Referências

ALLEN, V. G. *Eu e meus sentimentos*. Tradução de Rafaella Lemos. Rio de Janeiro: Sextante, 2020.

COGNITIVO. *Como aplicar a terapia cognitivo-comportamental em crianças?* Disponível em: <https://blog.cognitivo.com/como-aplicar-a-terapia-cogniti-vo-comportamental-em-criancas/>. Acesso em: 24 jul. de 2021.

FERREIRA, G. da S. *A eficácia da terapia cognitivo-comportamental no tratamento da depressão infantil*. Monografias Brasil Escola [online] 2016. Disponível em: <https://monografias.brasilescola.uol.com.br/saude/eficacia--da-terapia-cognitivo-comportamental-no-tratamento-da-depressao-infantil.htm>. Acesso em: 24 jul. de 2021.

LIMA, V. Criança triste: como lidar? *Revista Crescer* [online] 2015. Disponível em: <https://revistacrescer.globo.com/Criancas/Comportamento/noticia/2015/08/crianca-triste-como-lidar.html>. Acesso em: 12 jul. de 2021.

MICHAELIS moderno dicionário da língua portuguesa. São Paulo: Melhoramentos. Disponível em: <https://michaelis.uol.com.br/palavra/KPppN/tristeza/>. Acesso em: 12 jul. de 2021.

MINHAS ATIVIDADES. *Dinâmicas para vencer a tristeza*. 2021. Disponível em: <https://minhasatividades.com/dinamicas-para-vencer-a-tristeza/>. Acesso em: 26 nov. de 2021

RIBEIRO, M. V.; MACUGLIA, G. C. R.; DUTRA, M. M. Terapia cognitivo-comportamental na depressão infantil: uma proposta de intervenção. *Rev. bras. ter. cogn.*, Rio de Janeiro, v. 9, n. 2, pp. 81-92, dez. 2013. Disponível em <http://pepsic.bvsalud.org/scielo.php?script=sci_arttext&pid=S1808-56872013000200003&lng=pt&nrm=iso>. Acesso em: 19 nov. de 2021.

EMOCIONAL INFANTIL

Às vezes, não é fácil enfrentar as emoções, mas elas são necessárias e nos trazem informações. Quando elas baterem à porta, a regulação emocional conforta. Vamos adquirir habilidade emocional e, assim, garantir nossa saúde mental!

REGILÂINE RODRIGUES

Regilâine Rodrigues

Contatos
regilainerosa@gmail.com
regilaine_psicopedagoga
31 99813 9305

Graduada em Pedagogia com especialização em Atendimento Educacional Especializado. Psicopedagoga clínica/institucional, neuropsicopedagoga e graduanda em Psicologia.

Quem nunca se viu agoniado com a curiosidade de saber quem está do outro lado da porta quando ouve a campainha, o bater de palmas ou mesmo a batida no portão? Por muitas vezes, deparamo-nos com esta situação e decidimos se vamos abrir a porta ou não. Mesmo sabendo que do outro lado alguma situação nos espera, enquanto adultos, utilizamos a nossa capacidade de decisão inerente de resolver, sentenciar, deliberar ou determinar o que deve ser feito, distanciando-nos ou aproximando-nos do que experienciaremos. Mas não é assim que ocorre no universo dos pensamentos das crianças: elas precisam de auxílio para abrir a porta de suas decisões, escolhas, ajustes e emoções.

As crianças não contam com mecanismos internos consolidados para lidar efetivamente com seus sentimentos, não tendo condições de entender sozinhas as mensagens emocionais. Isso se dá devido à própria fase infantil, em que os desenvolvimentos cognitivo, afetivo e social ainda estão em processo de formação e amadurecimento. Segundo os estudos de Piaget (1973), a criança passa por variadas fases na lógica do pensamento, assimilando, acomodando e equilibrando diferentes formas de pensar em cada etapa de sua vida. Logo após o nascimento, pode-se dizer que cada sujeito ganha o papel de protagonista na busca do desenvolvimento de seu pensamento mais lógico, pois as formas mais simples da mente humana formada biologicamente vão reorganizando-se e transformando-se devido à maturação cognitiva e emocional, e às experiências com os meios físico e social. Podemos, assim, fazer uma comparação do engatinhar do bebê, do ficar de pé, do andar, do crescer e do desenvolver-se como um paralelo do que acontece com as bases cognitivas de uma criança que se desenvolve aos poucos à medida que recebe estímulos externos associados à maturação do cérebro, composições neuronais e todo o conjunto que compõe os marcos do desenvolvimento infantil.

A forma de percepção de mundo, do outro e de si vai evoluindo, passando de conceitos concretos para uma visão mais abstrata, alcançando uma forma mais lógica e palpável, capaz de raciocinar mais logicamente os conceitos abstratos como o amor, a raiva, a alegria, a felicidade, o tédio, enfim, todo o repertório emotivo. Diante desse crescimento psíquico, há uma lacuna necessária, onde nós, adultos, entramos em cena, não como espectadores, mas como atuantes e mediadores que precisam saber o momento certo de agir. A regulação emocional na infância passará por diferentes períodos de regulação externa (mediada) para uma regulação interna (mediada por ela mesma), que terá como resultado estratégias mais complexas de autorregulação. É preciso apoiar as crianças nesse caminho em construção, ajudá-las a reconhecer, identificar e nomear suas emoções, orientando-as e encorajando-as a abrir suas portas no aspecto emocional. A intenção é formarmos um time preparado que reconheça que está em nossas mãos e em nossa responsabilidade ajudar nossas crianças a decifrarem as emoções. Às vezes, deixar a emoção entrar não é fácil, principalmente quando sentimos emoções negativas. Sendo positivas ou negativas, as emoções sempre nos trazem alguma mensagem. Pensemos em uma carta: ao percebermos que o destinatário somos nós, logo queremos saber o remetente e, ao descobrirmos o responsável pelo envio, o cérebro já aciona a curiosidade do conteúdo. Por isso, lemos e revelamos o desconhecido que, posteriormente, é julgado em nosso crivo da crítica e do questionamento. Fazer uso do conteúdo é nossa escolha, e as crianças precisam de suporte neste quesito, uma vez que a habilidade emocional ainda está em processo de elaboração.

Segundo Davis *et al.* (2010), "aprender a regular as emoções tem sido identificada como uma das tarefas mais importantes a desenvolver durante a infância" (p. 498). Gross e Thompson (2007) nos advertem sobre a regulação das emoções, algo caracterizado como essencial para o bem-estar de cada indivíduo, pois é pelas emoções que as informações do mundo que nos cerca nos envolvem, levando-nos a avaliar e tomar decisões diante de situações com as quais somos confrontados, desempenhando, assim, um papel de proteção e defesa de como (re)agir perante certos eventos.

Analisemos de forma prática. Uma criança de três anos, por exemplo, deixada na escola pela primeira vez, não conhece seus cuidadores, o espaço físico nem a nova rotina que experimentará. Ao ser entregue ao profissional, o choro se inicia, fruto de um sentimento de abandono, medo e uma possível tristeza. Com a emoção instalada e diante da porta aberta (e é preciso deixá-la aberta), qual será nossa contribuição? A chave para este segredo é saber regular-se emocionalmente, tornar a emoção negativa ou positiva mais adaptativa, reduzindo a intensidade de exacerbação. No caso da criança em adaptação à escola, que apesar de pequena é capaz de responder a uma psicoeducação de regulação emocional, os cuidadores podem utilizar instrumentos concretos para explicar para a criança o abstrato: jogar a bola e reportar que o movimento que a bola faz de ir e vir será o mesmo que acontecerá com a mãe, demonstrando que ela irá, mas voltará em breve; montar uma rotina de acontecimentos do dia e frisar com imagens e fotos que o último acontecimento será a chegada da mãe: também com imagens ou objetos, validar com a criança que o choro é porque ela está triste e que é totalmente normal ficarmos tristes quando nos separamos de uma pessoa que amamos e confiamos. É interessante pedir que os pais tragam algo significativo da criança como um brinquedo, para, assim, sentir-se próxima de seus pertences afetivos e significativos. Quando a mãe chegar, reforçar para a criança que o combinado foi realizado, com o retorno da mãe conforme o prometido. Este exemplo ilustra o nosso objetivo: que a porta da emoção foi aberta, foi vivida, foi experimentada de forma clara e com suporte adequado e que, a partir do momento em que a criança reviver a situação, seu repertório de regulação emocional com certeza estará mais consolidado. Nesse sentido, quando a emoção bater à porta na vida de uma criança, a influência de uma boa mediação e um bom ensinamento por parte dos pais, educadores, cuidadores e profissionais será essencial e a chave primordial deste processo, pois o propósito é proporcionar apoio e experiências agradáveis para o desenvolvimento de competências de regulação emocional. As crianças podem ter dificuldades em nomear suas emoções, mas quando são mediadas por figuras de vínculo significativo que transferem confiança e segurança, são capazes de recorrer às experiências e exemplos aprendidos, confrontando de forma mais autônoma possíveis sobrecargas emocionais vigentes e futuras.

A pretensão deste capítulo é fazer com que o leitor se empodere do domínio e da capacidade de ser um agente facilitador e mediador na vida de suas crianças. Pais poderão ser apoio para os filhos, profissionais poderão ser mediadores aos seus atendidos e cuidadores cooperadores para aqueles que recebem os seus cuidados. Quando a emoção bater à porta dos pequenos, ofereça sua escuta, tente entendê-los; leve-os a identificar o motivo daquele pensamento; identifique as causas daquela emoção e levante, com eles, novas estratégias e mudanças de pensamentos que trazem prejuízos. Não menospreze comportamentos e sintomas, acolha o que a criança está sentindo. Ajude-a a encontrar o equilíbrio para o autocontrole; utilize a criatividade nesse momento com instrumentos lúdicos, como contação de histórias sobre sentimentos, confecção de termômetros das emoções, jogos como baralhos dos pensamentos, comportamentos e emoções. O segredo é sermos ponte de intervenção quando as crianças apresentarem comportamentos disfuncionais ou consequências negativas por não saberem lidar com os seus sentimentos; brinque com o relógio das emoções, trilhas, dominós, bingos, caça ao tesouro, caça-palavras, mímicas, cartas, calendário das emoções ou dados das emoções, pescaria, diário, emoções no pote ou no espelho, detetive, máquina do tempo, retrato falado, cruzadinha, hora do filme, dentre outros recursos voltados para essa temática, confeccionando e criando até mesmo juntos. Para tanto, mediar a regulação emocional das crianças não é algo formal que precisa de sermões e correções vexatórias. É preciso aproveitarmos o que temos em nossas mãos para dar um exemplo, praticar um ensinamento e dar instruções de maneira leve, criativa, saudável e construtiva.

E para reafirmar o objetivo deste capítulo, vale lembrar que:

Em um reino encantado chamado reino "eu"
Existia uma criança que assim escreveu:

De onde vem? Qual a intenção?
Disto que eu sinto no coração?

Sou apenas uma criança a resolver tal situação!
Quem pode me ajudar a desvendar esta indecisão?

Os pais e profissionais ajudaram rapidamente
E a criança muito esperta entendeu
respectivamente.

O nome da sua dúvida são as suas emoções
Você verá que cada uma delas tem as suas funções.
O segredo é deixá-las entrar e você irá desvendar

Que todas trazem uma mensagem que é
preciso experimentar. Às vezes não é fácil
enfrentar às suas emoções
Mas elas são necessárias e trazem informações.

Quando elas baterem à porta, a regulação
emocional conforta. Vamos te ajudar a adquirir
habilidade emocional
E assim garantir sua saúde mental.

Referências

FRIEDBERG, R. D.; McCLURE, J. M.; GARCIA. J. H. *Técnicas de terapia cognitiva para crianças e adolescentes: ferramentas para aprimorar a prática.* Porto Alegre: Artmed, 2011.

PAPALIA, D. E.; FELDMAN, R. D. (Colab.). *Desenvolvimento humano.* 12. ed. Porto Alegre: AMGH Editora, 2013.

PIAGET, J. *O nascimento da inteligência na criança.* 4. ed. Rio de Janeiro: Zahar, 1973.

REI, S. L. *Sou o que sinto! A relação entre a regulação emocional e o ajustamento psicológico em crianças e jovens.* Universidade de Lisboa, Núcleo de Psicoterapia Clínica Cognitivo-comportamental e Integrativa, 2012.

SIEGEL J. D.; TINA P. B. *O cérebro da criança : 12 estratégias revolucionárias para nutrir a mente em desenvolvimento do seu filho e ajudar sua família a prosperar.* São Paulo: nVersos, 2015.

STALLARD, P. *Guia de terapeuta para os bons pensamentos - bons sentimentos.* Porto Alegre: Artmed.

17

CRIANÇAS SUPERDOTADAS SENTEM SUPEREMOÇÕES? ENTENDENDO AS ALTAS HABILIDADES/ SUPERDOTAÇÃO

As crianças superdotadas apresentam características inerentes à sua condição, como capacidade intelectual acima da média, senso de justiça social, vocabulário amplo e incomum para a idade, alto nível de sensibilidade e empatia, senso de humor, perfeccionismo e intensidade emocional. Por se tratar de uma condição complexa e peculiar, existe a necessidade de um olhar diferenciado para compreendê-las.

ÁUREA E OM SPRICIGO SIQUEIRA E GLAUCE THAIS B. S. B. BACELLAR

Áurea E Om Spricigo Siqueira
CPR 08/24265

Contatos
psicoaurea.wixsite.com/psicologia
aurea.spricigo@gmail.com
Instagram: @psicologa.aureaspricigo
www.facebook.com/psicologa.aureaspricigo

Psicóloga e mestre pela Pontifícia Universidade Católica do Paraná, possui formação em Terapia Cognitivo-comportamental, professora de pós-graduação, experiência em avaliação neuropsicológica, orientação de pais, atendimento psicológico para pacientes com altas habilidades/superdotação e Transtorno do Espectro Autista.

Glauce Thais B. S. B. Bacellar
CRP 08/22208

Contatos
www.glaucethais.com.br
glaucethais@gmail.com
Instagram: @psi.glaucethaisbacellar
www.facebook.com/glaucethaisbacellar

Psicóloga e mestre em Ensino nas Ciências da Saúde pela Faculdade Pequeno Príncipe. Especialista em Psicologia Clínica na abordagem Gestalt-Terapia e especialista em Altas Habilidades/Superdotação. Realiza pesquisa na área da Educação Inclusiva. Experiência em atendimento clínico, avaliação psicológica e avaliação de potencial intelectual para altas habilidades/superdotação.

Na escola, um aluno chamado João senta na primeira cadeira, responde corretamente a todas as perguntas dos professores, lê milhares de livros em tempo recorde, alcança os melhores resultados nas provas, aprende com muita rapidez, gosta de perguntar para compreender melhor sobre os temas que mais interessam, fala palavras incomuns à sua idade, o que causa espanto a todo mundo que está no mesmo ambiente que ele, aceita prontamente desafios, fica inquieto quando a professora repete a mesma informação, tem memória excelente, então, fica a pergunta: ele é uma criança superdotada? Sim, existe essa possibilidade.

Na mesma escola, José tem ouvido absoluto, consegue identificar ou recriar uma nota musical, desenha e pinta divinamente, brilha no palco como um artista formado, ganha inúmeras medalhas nos esportes, em tudo que faz usa a imaginação, procura diferentes maneiras de realizar as tarefas, é detalhista e resistente a rotinas, encontra ordem no caos, também pode ser uma criança superdotada? Sim, também é uma possibilidade.

Mas, afinal, quem são esses indivíduos?

De modo geral, considera-se o indivíduo com altas habilidades/superdotação como aquele que apresenta desempenho acima da média em determinadas áreas do conhecimento: acadêmico, artístico ou psicomotor (ARANTES-BRERO, 2020).

Nos estudos que se debruçaram a compreender a superdotação, destaca-se a concepção dos Três Anéis, criada por Joseph Renzulli, que propõe que o comportamento dos superdotados é estabelecido na inter-relação de três traços: habilidade intelectual acima da média, comprometimento com a tarefa e criatividade. Assim, a superdotação se subdivide em: acadêmico e produtivo-criativo. Podemos pensar que o primeiro tipo se refere às características do João, e o segundo tipo ao José. Vocês podem perceber que existem inúmeras particularidades inerentes a essa condição e uma delas é a grande questão da nossa discussão: será que essas crianças sentem superemoções?

Mapeando características emocionais

Embora seja um grupo altamente heterogêneo, em que as características emocionais são manifestadas de maneira individual, variando em diferentes contextos e níveis de intensidade, há consenso de que esses indivíduos apresentam alto nível de energia envolvido na realização das atividades, por isso, toda essa intensidade foi carinhosamente intitulada por nós, as autoras, de "superemoções".

Se formos analisar o perfeccionismo, que se refere a uma "combinação de pensamentos e comportamentos associados a altos padrões ou expectativas com relação ao próprio desempenho" (SCHULER, 2002, p. 71), as crianças acabam desenvolvendo uma autocobrança que permite que desempenhem com excelência os seus objetivos, o que demonstra uma postura de disciplina, comprometimento, organização e bom rendimento.

Por outro lado, o perfeccionismo pode culminar em condutas rígidas a respeito do seu comportamento e dos outros, de modo que há excessivo medo de errar, justamente porque criou alta expectativa sobre a sua performance. Diante disso, é papel da escola, da família e dos profissionais auxiliar a criança a lidar com situações que não saíram como ela tinha idealizado. Agora que você já conhece sobre como as pessoas superdotadas se relacionam com os outros, vamos contar como elas lidam com as emoções.

Você já ouviu falar sobre hipersensibilidade?

Ao longo das pesquisas que se debruçaram a estudar os indivíduos que apresentam alta capacidade intelectual, identificou-se que eles também possuem elevado nível de sensibilidade e intensidade.

Assim, a hipersensibilidade, que também é conhecida por sobre-excitabilidade (*overexcitability*), refere-se a uma elevada energia que o indivíduo destina para realizar algo. Esse tema tem sido explorado por diversos pesquisadores, dentre os quais Dabrowski, que teve como ponto de partida os atendimentos clínicos que realizava com pacientes superdotados de todas as idades e sua correlação com a literatura (DABROWSKI; PIECHOWSKI, 1977).

Podemos entender sobre-excitabilidade como uma tendência a reagir de forma intensa e sensível aos estímulos internos e externos, por isso a criança responde de maneira diferente a um estímulo que passou despercebido por outros indivíduos ou que é imperceptível para eles. Assim, a sobre-excitabilidade pode ser subdividida em cinco áreas: psicomotora, sensorial, intelectual, imaginativa e emocional, como serão apresentadas a seguir.

A sobre-excitabilidade psicomotora é evidenciada em crianças que apresentam demasiada agitação motora, revelando dificuldade para se manterem sentadas e quietas. O entusiasmo, a comunicação rápida e a vontade por compartilhar acompanham os movimentos acelerados do corpo. Por isso, crianças com esse perfil podem apresentar prazer e determinação na prática de esportes e atividades motoras em geral (FALK *et al.*, 2008).

Crianças que apresentam sobre-excitabilidade sensorial demonstram aguçada percepção dos sentidos, sendo excessivamente reativas a determinados sons, aromas, sabores, texturas e ao toque, em decorrência da apreensão acurada de detalhes sutis no ambiente (PIECHOWSKI, 1979).

A sobre-excitabilidade imaginativa é revelada por crianças que têm a criatividade como grande aliada de suas ações porque relacionam temas de maneira pouco usual, tornando o raciocínio cada vez mais elaborado e complexo. A facilidade para elaborar contextos, cenários, enredos inimagináveis, encenar um papel, fazer trocadilhos e piadas está associada a essa habilidade imaginativa e em alguns casos essa capacidade se torna um hábito da criança para sair do que é conhecido e rotineiro, criando um universo particular (SABATELLA, 2013).

A sobre-excitabilidade emocional seria vivenciar e identificar sentimentos em si e nos outros indivíduos com facilidade e precisão. Por exemplo, aquela criança que apresenta memória afetiva por um objeto ou lugar e, ao se lembrar dele, emociona-se, chora, dá gargalhadas, de tão intenso que é o afeto que está envolvido. Assim, as crianças com essa característica podem revelar apego a pessoas, animais, objetos e histórias. Também é comum chorarem excessivamente em filmes que esboçam situações de injustiça. O fato é que, para quem está de fora, as reações emocionais podem parecer desproporcionais ou exageradas para a situação, mas, analisando mais a fundo, sabemos que para aquela pessoa faz sentido e que esse sentimento precisa ser validado e acolhido.

Por fim, a sobre-excitabilidade intelectual é fortemente associada à capacidade de concentração e memorização, dessa forma, as crianças com esse perfil acabam sendo leitores vorazes e ágeis para observar, ponderar, refletir, analisar e assimilar um novo conhecimento. O pensar sobre o próprio pensamento é um elemento bastante presente, o que possibilita que a criança resolva problemas ou enigmas de maneira espontânea e autêntica, justamente por conta da sua inclinação natural de buscar entender o "como" e o "porquê" das coisas do mundo (TILLIER, 2018).

A sobre-excitabilidade representa uma reação intensa e sensível aos estímulos internos e do ambiente. As crianças superdotadas podem apresentar mais de uma e sua manifestação é particular, por isso a família e os professores precisam ter um olhar atento às respostas emocionais delas e entender cada fator desencadeador como algo único e complexo, que afeta seu comportamento.

Aprendendo sobre o desenvolvimento socioemocional

Vocês sabiam que as emoções exercem a função de sinalizar o que sentimos? É como se elas fossem o termômetro que permite perceber o que está se passando dentro de nós. Justamente porque "as emoções nos lembram de nossas necessidades, nossas frustrações e nossos direitos – nos levam a fazer mudanças, fugir de situações difíceis ou saber quando estamos satisfeitos" (LEAHY *et al.*, 2013, p. 13).

Manejar as emoções, embora seja uma tarefa difícil, é fundamental para uma vida saudável. Desde a infância, devemos ensinar as crianças a identificá-las, dando nome ao que estão sentindo, a fim de proporcionar um ambiente acolhedor para que expressem o que aconteceu. Assim, com o tempo, vão aprendendo a resolver seus conflitos, desenvolvendo empatia, sem gerar sofrimento excessivo, porque, quando as crianças reconhecem em si, estão prontas para reconhecer no outro também.

Como as crianças com altas habilidades/superdotação "têm uma capacidade cognitiva superior que as diferencia dos seus pares etários, suas necessidades afetivas e sociais são diferentes" (PALUDO; LOOS-SANT'ANA; SANT'ANA--LOOS, 2014, p. 32), então, o entendimento das suas emoções necessita de uma visão individualizada e cautelosa.

Outro elemento que precisa ser considerado é o assincronismo, que pode ou não se manifestar na criança superdotada por meio do desenvolvimento intelectual altamente avançado, quando o aspecto emocional se desenrola dentro do esperado para sua idade ou até mesmo aquém (ARANTES-BRERO, 2020). Ou seja, a mesma criança que, aos 7 anos consegue fazer equações matemáticas do segundo grau, acaba fazendo birras homéricas no supermercado quando a mãe se recusa a comprar um chocolate. Isso acontece porque "essa sensibilidade pode ultrapassar sua capacidade de absorver, processar e nomear o que é sentido" (ARANTES-BRERO, 2020, p. 16).

Destacamos que o termo "superemoções" se remete à intensidade emocional e à alta sensibilidade, que são características normalmente associadas à superdotação. Assim, é possível perceber que um superdotado tem sentimentos profundos, que fazem com que as emoções sejam vivenciadas com grande intensidade.

Quer um exemplo? Um garoto de 7 anos, autor do livro *Diário de um astronauta*, que comenta sobre uma aventura interplanetária, envolvendo os mistérios do Universo, informações sobre o buraco-negro, a relação entre espaço-tempo e, claro, as aventuras de um astronauta brasileiro que precisa salvar o Planeta (FIORESE, 2021). Vale salientar que essa mesma criança já havia publicado outro livro, aos 6 anos de idade, que comentava sobre percepções da sua própria vida. Diante desse contexto, questionamos: será que essa criança teria a oportunidade de debater sobre esses temas com outras crianças da mesma faixa etária? Será que outras crianças teriam o mesmo interesse em conversar durante horas com o mesmo nível de entusiasmo que esse garoto?

Esses questionamentos nos fazem pensar que há a possibilidade de ele não encontrar outras crianças que compartilham das mesmas habilidades e interesses, o que pode levá-lo a situações de isolamento social e, outras vezes, de rejeição por parte dos colegas, o que consequentemente afetará a expressão da sua espontaneidade e o processamento das suas emoções. Assim, algumas crianças tendem a se sabotar na tentativa de se adequarem aos diversos ambientes, mascarando sua condição intelectual para se sentirem minimamente aceitas e ajustadas. No entanto, essa prática pode ocasionar prejuízos emocionais significativos, que afetam inclusive a vida adulta.

Situações como essas são comumente vivenciadas no ambiente escolar. Por isso, a atuação da escola é indispensável para prevenir e conduzir a dinâmica interpessoal dos alunos superdotados. Isso pode ser realizado a partir do processo de identificação das altas habilidades/superdotação, para que, posteriormente, a escola possa oferecer oportunidades adequadas no que se refere às práticas pedagógicas diferenciadas no seu processo de ensino-aprendizagem e suporte socioemocional.

Além da escola, a família exerce papel fundamental no desenvolvimento socioemocional da criança, tendo em vista que os cuidadores são um modelo de comportamento para os filhos e os primeiros incentivadores de seus feitos. Portanto, cabe a eles proporcionar um espaço de escuta e validação dos sentimentos dos filhos, bem como de reconhecimento de suas habilidades e do seu potencial. Os pais são a força propulsora para que as crianças se desenvolvam de maneira equilibrada e possam cometer erros, sem se sentirem julgadas ou retaliadas.

Algumas práticas podem ser contempladas na rotina da família, que favorecerão os relacionamentos do superdotado com pares da mesma idade, como: comemorar aniversários/batizados de bonecas, o que servirá de combustível para o desabrochar da criatividade; participar de exposição de carrinhos ou de outros objetos do interesse do filho; fazer sessões de videogames ou de cinema, com vistas a instigar a criança a escolher e valorizar suas áreas de interesse; permitir que o filho traga amigos para casa e promova pequenos eventos com eles (DELOU, 2007). Então, a escola e a família precisam estabelecer uma relação de confiança e ajuda mútua, em prol do pleno desenvolvimento da criança.

O que podemos concluir após esta discussão é que: as crianças superdotadas sentem superemoções e essas emoções precisam ser compreendidas, considerando a história de vida, características individuais, interesses e habilidades da criança. Assim, torna-se possível que as emoções sejam nomeadas, entendidas e elaboradas pela criança, e validadas pelos adultos com compaixão e respeito, rumo a uma vida feliz, na qual ela se sentirá segura para expressar suas emoções e o seu potencial.

Referências

ALENCAR, E. M. L. S. Ajustamento emocional e social do superdotado: fatores correlatos. *In*: PISKE, F. H. R. *Altas habilidades/superdotação (AH/SD): criatividade e emoção*. Curitiba: Juruá, 2014.

ARANTES-BRERO, D. R. B. *Altas habilidades/superdotação na vida adulta*. Curitiba: Juruá, 2020.

DABROWSKI, K.; PIECHOWSKI, M. *Theory of levels of emotional development.*Oceanside, NY: Dabor Science, 1977.

DELOU, C. M. C. O papel da família no desenvolvimento de altas habilidades e talentos. *In*: FLEITH, D. S.; ALENCAR, E. M. L. S. *Desenvolvimento de talentos e altas habilidades: orientação a pais e professores*. Porto Alegre: Artmed, 2007. pp. 41-50.

FALK, R. F.; YAKMACI-GUZEL, B.; CHANG, A. H.; SANZ, R. P. S.; CHAVEZ-EAKLE, R. A. Measuring overexcitability: replication across five countries. *In:* MENDAGLI, S. (ed.). *Dabrowski's theory of positive disintegration*. Scottsdale AZ: Great Potential Press, 2008. pp. 183-199.

FIORESE, A. A. *Diário de um astronauta: dez aventuras e um planeta para salvar*. Curitiba: CRV, 2021. pp. 41-52.

FLEITH, D. de S. Altas Habilidades e desenvolvimento emocional. *In*: FLEITH, D. S.; ALENCAR, E. M. L. S. *Desenvolvimento de talentos e altas habilidades: orientação a pais e professores.* Porto Alegre: Artmed, 2007. pp. 41-50.

LEAHY, R. L.; TIRCH, D.; NAPOLITANO, L.A. *Regulação emocional em psicoterapia: um guia para o terapeuta cognitivo-comportamental.* Porto Alegre: Artmed Editora, 2013.

PALUDO, K. I.; LOOS-SANT'ANA, H.; SANT'ANA-LOOS, R. S. *Altas habilidades/superdotação: identidade e resiliência.* Curitiba: Juruá, 2014.

PIECHOWSKI, M. M. Developmental potential. *In*: COLANGELO, N.; ZAFFRANN, R. T. (ed.), *New voices in counseling the gifted.* Dubuque, IA: Kendall, 1979. pp. 25-67.

SABATELLA, M. L. P. *Talento e superdotação: problema ou solução?* Curitiba: Intersaberes, 2013.

SCHULER, P. Perfectionism in gifted children and adolescents. *In*: NEIHART, M.; REIS, S. M.; ROBINSON, N. M.; MOON, S. M. *The social and emotional development of gifted children.* Waco, TX: Prufrock Press, 2002.

TILLIER, W. *Personality development through positive disintegration.* Anna Maria: Maurice Basset, 2018.

18

OS FILHOS SÃO REFLEXOS DOS PAIS

Espelho, espelho meu! Existe alguém mais parecido comigo do que esse filho meu? Entender o comportamento dos filhos está entre os maiores mistérios da humanidade. Embarque comigo nesta aventura, desvende seu filho e seja ouvido e respeitado com ações simples. Se os filhos são reflexo dos pais, você pode influenciar para ter o melhor reflexo possível.

KAROL MEZZY

Karol Mezzy

Contatos
www.karolmezzy.com
contato@karolmezzy.com
31 99379 3157

Especialista em Neurociências pelo MIT, com pós-graduação em Neurociências e Comunicação na Pós-Modernidade. Bacharel em Comunicação Social. Tecnóloga em Segurança Pública APM-MG. Formação em *Coaching* Integral Sistêmico, *Master Coaching, Coaching for Money, Executive Coaching*, Analista de Perfil Comportamental, Oradores e Palestrantes, *Team Coaching Business*, Fábrica de Vendedores, Leitura Corporal, Aromaterapia, Terapia Integrativa. Comunicativa, sociável, dinâmica e com iniciativa própria. Atua melhor em funções em que haja relacionamento com pessoas. Já atuou em empresas como Google, Polícia Militar de Minas Gerais, Saúde pública de São Paulo e de Minas Gerais, Seara alimentos, escolas de Minas Gerais, entre outras. Criativa e influenciadora, acredita nas pessoas e, principalmente, que todos podem viver uma vida abundante. Sua missão é levar paz e amor.

Espero que você esteja tão empolgado quanto eu para desvendar os segredos por trás do misterioso comportamento dos nossos filhos porque, em algum momento, já deve ter passado pela sua cabeça pensamentos como: "Será que ele está me imitando?", "Está fazendo isso só para me irritar", "Mas eu acabei de falar que não era para fazer. Por que está fazendo?", "Por que faz isso comigo e com a professora não faz?", "Quantas vezes já falei para fazer assim e não faz?", "Eu jurei que não iria gritar com minha filha como minha mãe fez comigo, mas quando vi já havia gritado".

Esses pensamentos são bem recorrentes entre os pais e, sim, a ciência pode ajudar a encontrar respostas para esses questionamentos. Eu sei que há bem pouco tempo não existiam muitas informações sobre educação, comportamento e desenvolvimento de crianças e jovens. Fato é que a psicologia e as neurociências são áreas de estudo recentes. Por isso, com todo carinho, trago a você fatos que ajudarão a desvendar o seu filho, disciplinar, educar e ser respeitado sem precisar gritar, castigar, dar palmadas ou deixá-lo fazer tudo o que quer. Eu sei que pode parecer mágica, e é mágico mesmo, já que receber uma vida para cuidar e conduzir pelo melhor caminho é extremamente importante para o desenvolvimento da espécie. Mágico para mim é tudo o que a ciência ainda não consegue explicar. De agora em diante, é possível que você desvende seu filho com os segredos revelados pelas ciências do comportamento. Mais especificamente, vamos falar sobre como os filhos são reflexo dos pais.

Eu sei que pode parecer que determinados comportamentos do seu filho não refletem em nada o seu comportamento. Acontece que existem algumas explicações para a sensação.

Pode ser que você esteja passando por um momento de negação dos fatos. Isso mesmo, você jura que não grita nem fala em tom ríspido com ninguém, mas pode fazer isso em casa sem sequer notar. Afinal, em casa é o lugar onde podemos relaxar das pressões sociais e sermos nós mesmos. Isso significa que você não precisa "fingir" que é uma pessoa calma porque todos já conhecem seu jeito de ser.

Dessa maneira, você pode elevar o tom de voz ou dar uma resposta seca para algum membro da família e a criança, sempre atenta e observadora, pode guardar no inconsciente o padrão de comportamento. Mais tarde, quando uma situação semelhante se apresentar a ela, esse padrão será acionado e entrará em ação.

Em 2009, o Dr. João Augusto Figueiró, médico clínico e psicoterapeuta do Instituto Zero a Seis - Primeira Infância e Cultura de Paz, apresentou estudos que evidenciam que experiências vividas na infância ficam impressas nas sinapses neurais, conexões entre os neurônios, por toda a existência humana. Ou seja, por mais que pareça que a situação tenha passado despercebida por esse ser tão pequenino, ficará guardada para o momento em que será desencadeada e utilizada.

Os cientistas chamam a capacidade de formar novas conexões entre os neurônios de plasticidade neural, o que começa desde a concepção e não para de acontecer até o fim da vida. E é justo essa capacidade que faz o aprendizado acontecer. Como isso ocorre desde a concepção e quem está ali presente são os pais, claro que eles influenciarão diretamente o aprendizado e o comportamento dos filhos.

Para Jung (1972:129), há uma identificação entre o inconsciente dos pais e dos filhos desde antes do nascimento até a adolescência. Assim, tudo é transmitido e assimilado de forma inconsciente e fica guardado para ser utilizado no momento mais adequado. Então, aquelas pequenas ações do dia a dia são as que mais fazem o filho refletir sobre quem são os pais.

O autor Renate Jost de Moraes (2007: 96) afirma que "as crianças costumam expressar a sua dor por meio de comportamentos simbólicos, doenças, acidentes, bloqueios de aprendizagem, agressividade...". Além das dores, entendo que o ser em desenvolvimento, ainda desprovido de recursos comunicativos compreensíveis ao adulto, expressa o que se passa em seu mundo interior com o que possui de possibilidade . Essa expressão pode ser chorar, contorcer-se, gritar, calar, retrair-se, agredir, ir mal na escola, não socializar e até adoecer.

É notável que a influência dos pais sobre os filhos reduz enquanto estes crescem, por isso existem fases de extrema importância na formação do indivíduo. Para comprovar essa percepção geral, Moraes quantificou com qual intensidade o inconsciente dos pais influencia os filhos em cada fase e chegou à seguinte conclusão:

> Em proporção estimativa, não estatística, eu diria que a influência dos pais na fase do útero materno é de 90%, restringindo-se gradativamente a 75% até cinco anos de idade, a 65% dos cinco aos dez anos, e a 50% na adolescência, sendo que após essa idade o jovem a censura e se defende dessa influência conscientemente. (MORAES, 2008: 96)

Observando estes números, podemos perceber que, da fase da concepção até os dez anos de idade, abre-se a grande possibilidade de chegar até a adolescência com os valores da família muito mais solidificados no inconsciente dos filhos. Por isso, se você entende que organização é um valor para você, é ideal que, além de falar sobre a organização, que o lar esteja organizado e que a rotina seja bem estabelecida. Além de mostrar, no dia a dia, essa organização para a criança. O mesmo acontece se falar baixo é um valor para você. É importante que você fale dessa forma com a criança e com as pessoas com quem convive. Acontece que os fones de ouvido podem distorcer o volume da voz. Nesse caso, lembre-se de tirar seus fones de ouvido ao falar com as outras pessoas, o que vai criar um padrão para seu filho e, se necessário, dizer a ele para tirar os dele também. Assim, o volume será percebido e mantido conforme você entende ser o melhor.

Agora, se ler e estudar são ações fundamentais para a sua família, já entendeu, não é? É preciso ler na frente do seu filho. Ele vai perceber se há mais livros ou eletrônicos em casa, se você fica mais tempo no celular ou lendo, tudo, absolutamente tudo, está influenciando de forma inconsciente o comportamento do seu filho. Porque ele vai assimilar muito mais de forma inconsciente. Também é vital ter um tempo para ler com seu filho enquanto ele ainda não sabe ler para potencializar esse hábito.

E por falar em ler e reflexo, lembrei-me de uma pesquisa realizada pela Universidade de Berkeley, publicada em 2019, a qual revelou que ler ou ouvir palavras ativa regiões cognitivas e emocionais semelhantes em quem lê e em quem ouve. Isso permite entender que está ocorrendo um espelhamento neural entre o cérebro de quem lê e o cérebro de quem ouve. Quer dizer que seu cérebro e do seu filho estão sincronizados e ativando as mesmas áreas.

Isso nos leva a outra explicação do porquê os filhos são reflexo dos pais. Nesse momento, entram em ação os chamados neurônios-espelho, um conjunto de neurônios no cérebro acionado não apenas quando você faz alguma coisa, mas também quando observa alguém fazendo algo.

Basta vermos alguém bocejar de sono, por exemplo, os mesmos neurônios-espelho disparam em nosso cérebro como se estivéssemos com sono e, em geral, bocejamos, o que também vale para diversas ações. É assim que as crianças aprendem a andar, falar e se comportar.

Você pode pensar: mas eu não grito e meu filho grita, já falei um pouco antes que pode ser algo inconsciente. E pode acontecer também de seu filho ainda estar aprendendo a lidar com o volume da voz. Da mesma forma que ele não sai da barriga andando, ele vai aprender observando, caindo e levantando. Chegará o momento de ele entender o tom de voz dos que o cercam. Seu filho vai absorver e reproduzir muito mais do que você imagina, afinal, já aprendemos como grande parte da percepção é inconsciente.

Há quem acredite que somente os fatores genéticos podem influenciar os comportamentos dos filhos. Mas preciso contar uma coisa: a genética vem dos pais. Brincadeiras à parte, o que Bruce Lipton argumenta muito antes do estabelecimento da epigenética, ciência que estuda a influência do ambiente nos genes, é que as experiências vividas pela pessoa podem alterar os seus genes. Assim, a genética pode influenciar o comportamento e as experiências vividas podem alterar a genética.

Está ficando clara a importância de que os pais estejam bem para que possam ser a melhor referência a ser refletida pelos filhos? Em 2007, a Universidade de Cambridge, na Inglaterra, publicou um estudo afirmando que o cérebro da mãe e do bebê trabalham em conjunto ao sincronizar as ondas cerebrais enquanto interagem. "As emoções positivas ajudam-nos a comunicar de uma forma muito mais eficiente" (Dra. Vicky Leong, do Departamento de Psicologia da Universidade de Cambridge, líder do estudo). Este estudo de Leong aponta que as interações positivas atuam de maneira a potencializar o aprendizado e o desenvolvimento.

Somos seres sociais e, por isso, acabamos sincronizando ondas cerebrais e batimentos cardíacos durante o desenvolvimento. A autorregulação emocional possui um padrão que foi proposto por Kopp e Neufeld (2003) e mapeado com base no padrão de desenvolvimento de sincronia comportamental pais e filhos por Feldman (2012b).

A cada idade, Feldman (2012a, 2012b) vai mapeando como as interações e sincronizações acontecem entre pais e filhos. Alguns dos primeiros padrões começam a ser percebidos aos 03, 06 e 12 meses. A sincronia da mãe com o bebê acontece com a codificação comportamental e o reflexo de comportamentos adequados ao desenvolvimento.

A sincronia do desenvolvimento

Período sensível

Nascimento
Comportamento parental específico da espécie

3 meses
Coordenação não verbal

9 meses
Reciprocidade não verbal

18 meses
Coexploração

24 meses
Jogo simbólico conjunto

4 anos
Coconstrução da narrativa

6 anos
Imaginação elaborada

10 anos
Empatia

14 anos
Diálogo de múltiplas perspectivas

22 anos
Intimidade, auto-observação, argumentação, representação de base segura

Baseado em: Feldman *et al.*, Journal of Child Psychology and Psychiatry, 2007.

É importante lembrar que cada interação afeta diretamente a regulação da emoção da criança a partir dos dois anos, também a capacidade de expressão iniciada aos cinco anos, bem como a empatia demonstrada desde os 10 anos. Não apenas nessas idades esse reflexo é importante, mas durante toda a vida do seu filho.

Que tal aprendermos algumas formas de tornar essas sincronizações, esse reflexo vindo naturalmente dos filhos, mais benéficas para todos? Vejamos algumas práticas.

1. Desvende seu filho

É isso mesmo. Desvendar os mistérios do desenvolvimento do seu filho é fundamental para que você saiba o que virá a seguir. Não se pode ir por um território desconhecido sem um guia que conheça o local ou um mapa, um GPS. O desenvolvimento do sistema nervoso central (SNC) das crianças e jovens possui uma série de peculiaridades e especificidades altamente distintas do SNC dos adultos.

Entender cada etapa desse desenvolvimento te deixará muito mais tranquilo e seguro do que é ou não parte natural do desenvolvimento do seu filho. Isso porque muitas coisas que parecem normais aos adultos estão completamente fora da esfera de entendimento de crianças e jovens. E o contrário também, várias coisas naturais para crianças e jovens parecem verdadeiras loucuras para os adultos.

Por isso, é essencial saber como é o desenvolvimento da criança e do adolescente. Aproveite que estamos em um momento da humanidade com muitas informações de qualidade e de fácil acesso. Até bem pouco tempo, nossos pais e avós não dispunham de acesso a tantos conhecimentos valiosos. Hoje, mais do que nunca, podemos seguir pelo caminho mais amoroso, respeitoso e leve, tanto para a criança quanto para os pais.

O conhecimento sobre o desenvolvimento do seu filho vai permitir uma conexão muito mais rápida, real e eficaz. E você pode se perguntar a finalidade de querer a conexão. É bem simples. Se você quer ser ouvido e respeitado, é preciso conexão. O que você quiser do seu filho conquista com conexão. Então, vamos seguir criando conexão com nossos filhos.

2. Cuide das próprias emoções e dos sentimentos

Os estudos apresentados anteriormente neste capítulo mostram como os cérebros de pais e filhos se sincronizam. Por isso, mesmo que você minta dizendo que está tudo bem, seu filho reflete com alguma questão de saúde ou, quando já consegue expressar em palavras, pergunta o que está acontecendo.

É fato: os filhos são reflexo dos pais. E é uma decisão o que você quer que seus filhos reflitam de você. Seriam emoções e sentimentos descompassados ou alguém equilibrado e sensato? Pode parecer que é a vida que nos leva para determinadas situações, mas a verdade é que criamos cada pequeno detalhe das nossas relações.

Tive uma cliente que, ao saber por mim os motivos emocionais que desencadeiam doenças respiratórias, muito comuns na infância, disse que estava chocada e que entendia o que estava provocando, de forma inconsciente, graves crises no filho mais velho. Bastou que cuidássemos de algumas das questões emocionais para que as crises respiratórias do filho e dela acabassem. É simples assim: cuidando das emoções e dos sentimentos, tudo o que é reflexo de algum descompasso interno deixa de acontecer e de ser refletido nos filhos.

3. Demonstre vulnerabilidade

Somos humanos e sabemos que podemos cometer falhas, mas nossos filhos não sabem. Errar é parte da experiência humana, contudo, muitas vezes somos educados para não cometer erros e, se cometermos, não podemos mostrar que o fizemos.

Isso gera um distanciamento entre pais e filhos porque o erro vai acontecer de qualquer forma, porém, como, geralmente, a nossa sociedade pune erros, tendemos a deixá-los bem escondidinhos por temer as punições.

Quando nos mostramos humanos e vulneráveis, deixamos claro aos nossos filhos duas coisas: a primeira é que ninguém é perfeito, nem mesmo os pais; a segunda é que confiamos neles. Esse ato de vulnerabilidade nos aproxima e ajuda os filhos a refletirem essa confiança. Afinal, quem confia é influenciado, e ser a referência dos filhos facilita ser respeitado e ter as solicitações atendidas.

4. Respire

Quando alguém sugere que você respire, pode pensar que, se não respirar, morre. Esse pensamento faz sentido, contudo, o que te proponho aqui é: respire, mas não de qualquer jeito, respire com consciência. Respirar fundo te ajuda a restabelecer o equilíbrio emocional.

Nossas hipóteses preveem que uma mudança conscientemente controlada no comportamento respiratório causará uma mudança nos estados cognitivos e emocionais, o que é uma observação comum na respiração yogue (JELLA & SHANNAHOFF-KHALSA, 1993; STANCÁK & KUNA, 1994; BROWN & GERBARG, 2005).

Respirar fundo e de forma consciente vai te ajudar a passar com mais tranquilidade por diversas situações. Além de treinar seu olhar para compreender que, em cada desafio, esconde-se um aprendizado. Se você tiver tranquilidade e equilíbrio para ver, conseguirá evoluir a cada conflito, seja com seu filho ou com qualquer pessoa.

Aqui concluímos que os filhos são reflexos dos pais e que podemos, por meio dos conhecimentos aplicados das ciências do comportamento, conduzir esse reflexo da melhor forma para todos os envolvidos. Quero te parabenizar por chegar até aqui e agradecer a companhia para desvendar um pouco mais os mistérios do comportamento infantil. Conhecimento aplicado é poder, poder de te conduzir a uma vida muito mais amorosa, leve, respeitosa e feliz. Vamos, juntos, viver o extraordinário.

Referências

FIGUEIRÓ, J. A. A primeira infância e a inviabilização do possível. *Revista Ser Médico*. São Paulo: Publicações Cremesp, 2009.

LIPTON, B. H. *A biologia da crença; ciência e espiritualidade na mesma sintonia: o poder da consciência sobre a matéria e os milagres*. São Paulo: Butterfly Editora, 2007.

19

COMO INCENTIVAR A RESPONSABILIDADE E A AUTONOMIA INFANTIL?

Este capítulo está recheado de informações valiosas que auxiliarão pais, cuidadores e educadores a desenvolverem a autonomia das crianças. Com essa autonomia bem orientada, é possível surgir a responsabilidade que tanto sonhamos.

TATIANA MATOS

Tatiana Matos

Contatos
www.ensinarpravaler.com.br
tatianamatos.neuropp@gmail.com.br
Instagram: @tatianamatos_neuropp
Facebook: tatianamatos_neuropp

Pedagoga pela UNIDERP (2013), com pós-graduação em Neuropsicopedagogia (UNINTER). Concluiu o Magistério em 1998 e, desde então, vem trabalhando com alunos com dificuldade de aprendizagem. É alfabetizadora de crianças e adultos. Hoje compartilha conteúdo nas redes sociais e orienta pais por meio de consultorias e mentorias. Idealizadora do *Ensinar pra valer*, um espaço de aprendizagem focado no atendimento de crianças e adolescentes com transtorno de aprendizagem. Seu diferencial é ser mãe de três (a maior escola de parentalidade) e ser uma apaixonada pelo desenvolvimento humano.

É claro que o lugar mais seguro que o navio pode estar é o porto.
Mas ele não foi feito para permanecer ali. Se os filhos foram
destinados a partir, temos que perceber que ninguém pode traçar
o seu destino, mas deve estar consciente de que na bagagem devem
levar valores herdados, como: humildade, honestidade, disciplina,
gratidão e generosidade.
IÇAMI TIBA

Parece que foi ontem que dei à luz ao meu primeiro filho. A sensação foi indescritível. Tive o privilégio de repetir essa sensação mais duas vezes. Se você é mãe, possivelmente vai entender o que digo. Mas, logo após esse momento, vem uma avalanche de emoções: medo, angústia, alegria... Uma loucura só. Isso tudo passa e enfrentamos nossa nova jornada: sermos mães, com ou sem companheiro no papel de pai. Graças a Deus, tenho um companheiro maravilhoso. E para as mães e pais solo, sempre tirarei meu chapéu!

Essa jornada traz muitos desafios, mas o maior deles é ensinar uma pessoa a viver. Não é só viver, ter qualidade de vida e saber conviver com outros para conseguir repetir esse ciclo da vida. A jornada é longa.

Exercer a parentalidade (o papel de pai ou de mãe) não é tão natural assim em nossa sociedade. Com a disseminação de informação, até ficamos perdidos em como exercer nosso papel. A configuração familiar também passou por muitas mudanças. Surgindo muitos questionamentos sobre qual a melhor forma de orientar nossos filhos: "Uso o modelo dos meus pais?", "Faço do meu jeito?", "Vou proteger o máximo possível?". A questão principal é: "Como desenvolver autonomia e responsabilidade nas crianças?"

Um grupo de pais que oriento foi questionado: "Ter filhos responsáveis e autônomos é uma realidade ou um sonho?". Nada mais nada menos do que 80% responderam que era um sonho. E você? Como responderia?

Espero que tenha mais esperança do que os pais daquele grupo e venha conhecer um caminho que poderá trilhar. Se já é uma realidade para você ter filhos responsáveis e autônomos, com certeza gostará das estratégias que serão apresentadas aqui.

A primeira coisa que precisamos conceituar é: o que é autonomia? Várias são as definições. Consideraremos um conceito mais amplo: autonomia é ser capaz de fazer as coisas por si mesmo, ser livre em tomar as decisões. Mas devemos arcar com as consequências de nossas ações, sendo responsáveis por elas. Observou a relação entre ser autônomo e responsável?

Ensinar isso se torna mais complexo quando percebemos que, embora adultos, não sabemos ser realmente autônomos nem responsáveis em nossas próprias escolhas, pois não nos ensinaram. A boa notícia é que não precisamos continuar esse ciclo. Temos bastante informação para montar estratégias a fim de aprendermos, se necessário, e ensinarmos nossos filhos.

Para prosseguir, precisamos analisar onde estamos, o que sabemos sobre nós mesmos e quais estratégias já usamos, se usamos, para desenvolver autonomia e responsabilidade nas crianças, sejam elas nossos filhos, netos ou até alunos. Depois dessa autoanálise, vale a pena conhecer o que alguns autores sobre o desenvolvimento infantil e as descobertas da neurociência têm para nos dizer sobre a importância e como desenvolver essas habilidades. Mas é você que deve escolher e adaptar suas estratégias.

Vamos começar pela italiana Maria Montessori. Ela foi médica e pedagoga que, em 1920, revolucionou a educação por considerar a criança como criança. Seu método de ensinar pode ser adaptado às crianças com ou sem transtornos de aprendizagem, até porque seus pacientes foram os primeiros a usar o método dela, respeitando a individualidade deles, estimulando a autonomia, a autoestima e a autoconfiança. Agora a ciência começa a comprovar muitas informações deixadas por ela em seu legado.

No método montessoriano, é possível sintetizar seus três pilares: a criança, o adulto consciente e o ambiente. Estes precisam estar preparados e conectados. Caso queira utilizar esse método, deve oferecer à criança um ambiente emocionalmente calmo, tranquilo, paciente, acolhedor, harmonioso e respeitoso (para as crianças e para os adultos). O adulto que a acompanha precisa conhecer o desenvolvimento infantil. A criança deve sentir que está no comando do próprio desenvolvimento, pode manipular o ambiente e aprender com ele. Por isso, o ambiente deve ser seguro e estimulador para ela. E o adulto seria mais observador do que protagonista. O sentimento gerado por essa interação favorece o desenvolvimento do controle interno, conquistando a autonomia que já está presente dentro dela. E se ela errar? Ela mesma deve perceber e corrigir o erro. Esse automonitoramento será natural para ela e importante no decorrer do seu desenvolvimento.

Se decidiu adequar seu ambiente a fim de promover a autonomia da criança, procure a ajuda dela, se possível. Por quê? É a criança que explorará o ambiente. Se ela for bebê, é claro que você terá que pesquisar mais sobre ambientes montessorianos. Hoje existem profissionais da decoração especialistas nesse assunto. Cantinhos da calma e para leitura, teatrinho e hortinha são exemplos de ambientes adaptados na casa ou na escola. Lembre-se de que o ambiente deve ser o mais natural e seguro possível para que ela tenha a maior liberdade para se movimentar, manipular objetos, cores, texturas e sons. Não precisa se preocupar em altos investimentos. Caixas de papelão, embalagens PET, massas de farinha de trigo e tintas caseiras são os melhores materiais para estimular a criatividade e a autonomia. De acordo com a idade, dê à criança a responsabilidade de cuidar desse ambiente que é dela. Essas dicas podem ser aplicadas em qualquer idade e, se a criança tem ou não algum transtorno de desenvolvimento, de acordo com suas limitações.

Agora vale a pena conhecer o que Jean Piaget tem a dizer. Quem foi ele? Um biólogo suíço que desenvolveu um estudo profundo do pensamento humano conhecido como Epistemologia Genética. Seus estudos resultaram na descoberta das fases do desenvolvimento. Ele aponta que todos nós passamos por essas quatro fases sequenciais desde que nascemos, quer dizer que não podemos pular de uma fase para outra. Entendendo isso, respeitaremos a fase em que a criança se encontra, sabendo o que podemos ou não esperar que ela consiga fazer sozinha e em que ainda precisa de auxílio.

Piaget concorda com Montessori quanto ao desenvolvimento infantil necessitar de estímulo à autonomia. Não fazer pela criança o que já consegue ou pode fazer sozinha. Devemos permitir que ela realize atividades em que possa assumir algum tipo de responsabilidade. Dar todo o suporte e ajuda de acordo com o nível real de necessidade. Retirar essa ajuda progressivamente à medida que assuma autonomia e independência no final do processo.

Até o próprio MEC (Ministério da Educação) se interessa no desenvolvimento da autonomia, orientando algumas atividades e preparação do ambiente escolar baseado no método montessoriano. Os estudos de Piaget sobre as fases de desenvolvimento guiam a maior parte do planejamento escolar da educação infantil e do ensino fundamental da maioria das escolas brasileiras.

As descobertas da neurociência nos últimos anos ajudaram a educação escolar em planejar atividades que visam ao desenvolvimento integral do aluno. Veja alguns pontos interessantes da neurociência a considerar ao planejarmos atividades para desenvolver autonomia e responsabilidade.

Um bebezinho depende do cuidado de seus responsáveis. Nascemos com um potencial genético que necessita de interações sociais adequadas e saudáveis para ser desenvolvido. O ambiente deve ser favorável ao desenvolvimento das funções executivas já na primeira infância. Mas o que são funções executivas? Há um consenso de que elas sejam um conjunto de habilidades fundamentais para o controle consciente das ações, pensamentos e emoções, possibilitando ao indivíduo gerenciar diferentes aspectos da vida com autonomia e responsabilidade. As funções mais reconhecidas são: a memória de trabalho, o controle inibitório e a flexibilidade cognitiva. Existem outras, mas estas estão interligadas. Concentraremo-nos nelas.

Observe a importância dessas habilidades:

- memória de trabalho é usadas para lembrar, relacionar e armazenar informações a curto prazo;
- controle inibitório nos possibilita filtrar e controlar o que pensamos, dominar a atenção e o comportamento;
- flexibilidade cognitiva nos permite ter diferentes perspectivas e ângulos ao tomar decisões.

Sabendo que podemos contar também com a escola na promoção da autonomia de nossos filhos, agora sente-se seguro em traçar estratégias para aplicar o quanto antes?

Vamos conhecer alguns pontos a considerar para desenvolvermos a autonomia e a responsabilidade nas crianças. Primeiramente, queremos que nossas crianças sejam independentes de nós para continuarem seu desenvolvimento natural. Segundo Piaget e Montessori, as crianças são como navios que precisam estar ancorados no porto somente como apoio, pois precisam navegar pelos mares livres, seguros e sabendo tomar decisões de maneira responsável.

Em cada fase da vida, precisamos oferecer oportunidades para as crianças se desenvolverem, sabendo até onde precisam de nós. Ter consciência de que erraremos, mas também acertaremos se reconhecermos que nossas crianças crescem e podem se tornar seguras e responsáveis para cuidar de si e de outros.

Referências

COMITÊ CIENTÍFICO DO NÚCLEO CIÊNCIA PELA AL. *Funções executivas e desenvolvimento infantil: habilidades necessárias para a autonomia* – estudo III. São Paulo: Fundação Maria Cecilia Souto Vidigal – FMCSV, 2016, pp. 5,6.

DA SILVA, W.; MOCELIN, M. R. *Epistemologia genética*. Intersaberes, 2019.

MONTESSORI, M. *Mente absorvente*. Nórdica, 1987.

BIRRA X IRRITAÇÃO
COMO MANEJAR O
COMPORTAMENTO INFANTIL

O capítulo discorre sobre os mecanismos fisiológicos e comportamentais da birra, diferenciando-os da irritação, além de instruir sobre as condutas efetivas no manejo desses comportamentos com dicas práticas, modelos de possíveis verbalizações e instruções para a regulação emocional também do adulto nesses episódios.

BEATRIZ AZEM

Beatriz Azem

Contatos
beatrizazem@gmail.com
Instagram: @beatrizazem
43 99802 2524

Psicóloga graduada pela Universidade Estadual de Londrina (2010); mestre em Análise do Comportamento pela Universidade Estadual de Londrina (2014); especialista em Terapia Comportamental Infantil pela Pontifícia Universidade Católica de São Paulo (2012) e em Terapia Cognitivo-comportamental de Crianças e Adolescentes pelo Child Behavior Institute of Miami (2020). Atua com atendimento psicológico de crianças e adolescentes em consultório particular e com orientação parental presencial e on-line. É professora da Especialização em Terapia Analítico-comportamental da UniFil e da Especialização em Terapia Comportamental Infantil na mesma instituição.

O relacionamento entre pais e filhos mudou nas últimas décadas. Por meio de uma relação mais democrática, a expectativa de que os filhos devem obedecer cegamente aos pais se tornou menos relevante do que oferecer à criança um ambiente que favoreça seu desenvolvimento emocional e social (ZAGURY, 2018).

A mudança de paradigma é positiva e necessária, porém, muitas famílias se sentem perdidas ao educar os filhos, pois não querem recorrer ao conhecido modelo que tiveram em sua própria infância (punições, "engolir o choro" e ser ignorado). Uma das principais dificuldades atuais é como estabelecer limites de forma respeitosa e lidar com a famosa birra. A birra é entendida como uma resistência da criança ao "não" e às situações de frustrações no geral, manifestada pelo choro, pelos gritos e pelas chantagens, bem como agressões verbais e físicas. A falta de habilidade para lidar com as birras pode trazer consequências significativas para o desenvolvimento infantil, como dificuldades para respeitar limites, seguir regras, demonstrar empatia, conviver em grupo e lidar com as frustrações do cotidiano (NELSEN, 2015).

A neurociência da birra

Muitos pressupõem que o cérebro de uma criança é como o de um adulto, só que em miniatura; afinal, o que enxergamos por fora é isso: uma mini pessoa. No entanto o cérebro infantil tem diferenças significativas principalmente nas "funções executivas", que são um conjunto de habilidades necessário para o controle de nossa saúde mental e nossa vida funcional. As funções executivas incluem atenção, percepção, capacidade de planejamento, tomada de decisão, flexibilização e execução. Com a imaturidade de tais habilidades, o autocontrole fica prejudicado e é justamente isso que exigimos das crianças nos momentos de birra por meio de frases como "controle-se e pare de chorar". Estudos recentes da neurociência indicam que esse amadurecimento cognitivo dura até os 25 anos de idade (SIEGEL & BRYSON, 2015).

Para saber manejar esses episódios, precisamos aprofundar o conhecimento sobre neurociência. O cérebro possui diferentes áreas, responsáveis por diferentes tarefas, porém, o funcionamento cerebral necessita de uma boa integração entre todos os setores. Por exemplo, para que eu consiga olhar para um macaco e o reconhecer como tal, preciso da integração de diferentes áreas do meu cérebro. De forma resumida, são necessários o processamento sensorial (cor, tamanho, movimento), a informação visual (formação da imagem vista), a linguagem (nomeação do objetivo) e a memória (nome da espécie e classificações como "mamífero", por exemplo). Caso exista alguma intercorrência nessa integração de funções, a minha capacidade de olhar, perceber, reconhecer e nomear um animal estará prejudicada. No cérebro em desenvolvimento, a integração de diferentes funções cerebrais não está totalmente desenvolvida. Principalmente, a integração entre o que os autores chamam de "cérebro primitivo" e "cérebro desenvolvido".

O cérebro primitivo, localizado em andares fisicamente mais baixos do encéfalo, é responsável pela nossa capacidade de agir instintivamente, antes mesmo de interpretar ou compreender a situação. Caso você esteja dirigindo e perceba subitamente um veículo parado na via, o seu cérebro primitivo permite que freie ou desvie o carro com a agilidade necessária para se proteger.

O cérebro "desenvolvido", localizado em andares fisicamente mais altos do encéfalo, nos permite analisar e planejar situações de forma minuciosa e detalhada, sendo responsável pela nossa tomada de decisão e planejamento de qualidade, controle sobre as emoções e o corpo, autocompreensão, empatia e moralidade. Habilidades humanas que nos trouxeram muitas vantagens, certo? Porém, no exemplo do carro parado na via, se dependêssemos de uma análise cuidadosa de nossas ações, não teríamos como reagir a tempo. Podemos perceber o quanto a integração entre esses dois cérebros é importante para a organização de uma vida funcional. É fácil perceber quando nossos filhos não estão integrados, ficam imersos nas próprias emoções, confusos e caóticos. Não conseguem reagir de maneira tranquila e competente à situação em que se encontram (SIEGEL & BRYSON, 2015).

Cabe aos cuidadores distinguir quando a criança está com o cérebro primitivo ativado, incapaz de controlar seu próprio corpo, de quando está integrada e disponível ao aprendizado. Saber diferenciar é essencial, pois crianças apresentam comportamentos de birra nestes dois estados, o que exige diferentes condutas.

Aprendendo a manejar os diferentes tipos de birras

Quando a criança está com uma reação emocional desintegrada, ela não consegue ativar suas funções superiores, pois seu cérebro recebeu uma quantidade enorme de neurotransmissores relacionados ao estresse. Nesse momento, tentar educar a criança sobre o que é certo/errado não será efetivo porque a capacidade de aprendizado está temporariamente paralisada. É como se você fosse solicitado a aprender uma nova língua enquanto pula de um paraquedas. Missão quase impossível, certo? Seja pelo diálogo, pelas ameaças ou introdução de consequências, a criança não vai aprender durante a crise.

O papel do educador nesse momento é fornecer à criança condições de se autorregular em segurança até que seu corpo reestabeleça o equilíbrio. O primeiro passo é afastá-la fisicamente do contexto estressor. Caso a crise tenha se iniciado no parquinho, por exemplo, conduza-a para um lugar mais afastado. Em seguida, ofereça contato físico, pois o abraço e o cheiro dos familiares liberam o neurotransmissor oxitocina, que acelera o processo de estabilização. A criança pode aceitar ou não ser abraçada, respeite o que ela escolher. Fique próximo da criança em atitude calma e tranquila até que ela se acalme novamente (NELSEN, 2015).

Esse momento pode ser muito desafiador, pois existem grandes chances de que você também esteja em desregulação emocional, desencadeada pelos comportamentos da criança. Se for esse o caso, lembre-se do que aprendeu até agora: a) a birra é uma etapa do desenvolvimento neurológico da criança e não um ataque pessoal; b) tentar educar a criança nesse momento será ineficaz. Aproveite a oportunidade e desenvolva as próprias habilidades de regulação emocional pela respiração, fechar os olhos, beber água, ou contar até vinte. Assim, você estará ainda mais apto para ensinar a seu(sua) filho(a) a autocontrolar-se em situações estressantes (ZAGURY, 2018).

Quando a criança se acalmar, retorne ao contexto original e, assim que estiverem em ambiente privado e sem distrações, converse sobre o ocorrido. É importante que você valide os sentimentos da criança e ensine outras opções de comportamento para as atitudes que não foram válidas. Por exemplo: sentir-se frustrado por ter que ir embora do parquinho enquanto todas as outras crianças continuarão brincando é bastante válido. É uma frustração compreensível e neurocompatível com a maturidade emocional de uma criança. É direito dela sentir-se dessa forma, assim como nós adultos nos sentimos desanimados quando o fim de semana termina. No entanto, debater-se, gritar, agredir ou jogar-se no chão não são comportamentos válidos para regular essa frustração.

Pergunte à criança se ela sabe quais comportamentos alternativos poderia apresentar nesses momentos. Ouça as ideias que ela dividirá com você e avaliem, juntos, se são boas opções. Contribua com ideias, apresentando-as da seguinte forma: "Te ajudaria pedir colo ou um abraço?" ou "Te ajudaria ir para um lugar mais isolado e dar um tempo até se acalmar?" (NELSEN, 2015).

Aqui, faz-se necessário um ajuste de expectativas, pois essa técnica compõe um processo de aprendizado longo e repetitivo de uma das habilidades mais difíceis que os seres humanos precisam aprender: autocontrole. Habilidade esta que muitos adultos também ainda não desenvolveram. Esse ritual de regulação e diálogo deverá se repetir muitas vezes para que os primeiros resultados sejam observados no comportamento da criança. Aplicar as técnicas por duas ou três vezes e esperar que a criança não faça mais birra vai gerar frustração e um possível retrocesso aos métodos excessivamente autoritários. Eventualmente, a criança pode aprender, após algumas experiências, que os comportamentos de birra funcionam como uma maneira efetiva de conquistar o que deseja. Nesses casos, você perceberá que a birra cessa quando a criança tem sua vontade atendida ou é ameaçada de alguma forma. Diferentemente de quando está com o modo primitivo ativado, que continua chorando e instável mesmo após ameaças ou o problema estar solucionado. Aqui, nota-se que o cérebro desenvolvido está funcionando corretamente, pois a criança compreende as ameaças ou negociações do adulto e responde a elas (SIEGEL & BRYSON, 2015).

A conduta mais efetiva que o adulto pode assumir é não ceder aos apelos da criança (mesmo que já esteja cansado e constrangido na situação) e estabelecer um limite claro de que as chantagens, agressões verbais e puxões de cabelo não são formas efetivas de relacionar-se no mundo. Esse limite pode ser colocado olhando nos olhos da criança e dizendo, em tom baixo e firme: "Eu disse que você precisa colocar seu cinto de segurança porque é minha função te manter seguro, mesmo quando você não quer. "Você pode sentir-se chateado, mas não pode me agredir" ou "Quando você grita comigo, está sendo agressivo, e a agressividade não é uma forma aceitável de relacionar-se" (FABER & MAZLISH, 2003).

Caso essa postura gentil e firme seja adotada de forma consistente, sem ceder aos desejos da criança ou aos nossos impulsos de "perder a cabeça", os episódios de birra tendem a ser cada vez menos frequentes, sem que você precise recorrer a estratégias autoritárias como ameaças, castigos e punição física.

Diferenciando birra de irritação

A manifestação de sentimentos de irritação pode ser facilmente confundida com episódios de birra. Muitas vezes a criança está apenas se sentindo irritada e, sem saber se autorregular, não está fazendo birra de nenhum dos tipos discutidos no capítulo.

A irritação é um estado emocional ocasionado pela presença de estímulos que geram desconforto, incômodo ou raiva. Principalmente se a presença desses estímulos for prolongada, por exemplo: trabalhar com o som de uma furadeira na sala ao lado ou permanecer em ambiente muito quente. Em todas essas situações, nosso corpo responde de forma irritável e aumenta a chance de agirmos com rispidez ou grosseria (FABER & MAZLISH, 2003).

Quando perceber um estado de irritabilidade, revise as condições que podem estar desencadeando isso: a) a criança está com fome; b) ela está com sono; c) ela está há muito tempo fora de casa; d) ela saiu muito da rotina; e) ela está doente; f) está há muitas horas em um lugar barulhento e cheio de pessoas; g) ela não teve uma boa noite de sono? Identifique o fator estressor e o elimine.

Algumas condutas podem ajudar a reduzir o aparecimento da irritabilidade. A primeira é garantir previsibilidade, crianças funcionam melhor quando sabem quantas horas durarão uma atividade, quanto tempo têm de brincadeira e quantas páginas de tarefa terão que fazer. A segunda é manter uma rotina e incluir combinados sobre tempo de uso de tela e tempo de qualidade em família. Isso é importante porque, quando esses itens não entram no planejamento familiar, corremos o risco de exceder um tempo aceitável nas telas (o que sobrecarrega o cérebro, facilitando a irritabilidade) e não garantir tempo para brincar com a criança ou ler uma história. O tempo de qualidade entre pais e filhos é essencial na construção e fortalecimento do vínculo e para suprir a necessidade de atenção que as crianças naturalmente apresentam (ZAGURY, 2018).

É importante garantir que a criança tenha tempo livre para brincar e para o ócio. A tecnologia fornece tantas possibilidades de diversão, distração e entretenimento que dificilmente estamos sem fazer nada. A sobrecarga de distrações produz cansaço mental, que aumenta a suscetibilidade à irritação (NELSEN, 2015).

Todas as informações deste capítulo pretendem auxiliar pais e cuidadores em alguns dos desafios diários da educação dos filhos. É importante que as mudanças que forem aplicadas após a leitura sejam consistentes, para isso sugere-se que inicie um passo de cada vez. Priorize a constância da mudança à velocidade em que se muda.

Referências

FABER, A.; MAZLISH, E. *Como falar para seu filho ouvir e como ouvir para seu filho falar.* 4. ed. São Paulo: Summus Editorial, 2003, 312p.

NELSEN, J. *Disciplina positiva.* 3. ed. São Paulo: Manole, 2015, 308p.

SIEGEL, D. J.; BRYSON, T. P. *O cérebro da criança: 12 estratégias revolucionárias para nutrir a mente em desenvolvimento do seu filho e ajudar sua família a prosperar.* São Paulo: nVersos, 2015, 323p.

ZAGURY, T. *Limites sem trauma: construindo cidadãos para pais do século XXI.* 99. ed. São Paulo: BestSeller, 2018, 145p.

21

DECIFRANDO A EDUCAÇÃO EMOCIONAL

O QUE É EDUCAÇÃO EMOCIONAL?

Educação emocional é uma estratégia que contribui com o melhor desenvolvimento dos processos cognitivos e executivos de um indivíduo. Além disso, também permite um aprimoramento da autonomia do sujeito, bem como de sua autoconfiança e, por meio de técnicas, ensina a pessoa a se comportar de forma funcional diante de situações conflituosas.

REBECA RINALDI FAVATO

Rebeca Rinaldi Favato
CRP-PR 08/35624

Contatos
rebeca.favato@hotmail.com
Instagram: @psi.rebecafavato

Psicóloga infantojuvenil recém-formada pela Pontifícia Universidade Católica do Paraná, aplicador ABA pelo Child Behavior Institute of Miami. Realiza atendimentos em Análise Aplicada do Comportamento (terapia ABA) para pessoas com Distúrbios do Desenvolvimento, em maioria, aquelas diagnosticadas com autismo; também atua como psicóloga clínica, atendendo crianças, adolescentes e adultos. Por meio do Instituto Neuro, está realizando cursos de capacitação em Transtorno Opositor Desafiador, capacitação em Avaliação do Desenho Infantil e curso de Aprofundamento em Neurodesenvolvimento. Também realizou o curso profissionalizante de Aplicador ABA pelo Child Behavior Institute of Miami.

Sentir as emoções é o que torna nossa vida rica.
DANIEL GOLEMAN

A o referir-se à educação, devem ser considerados outros aspectos além do ato de ensinar a ler e escrever, posto que a formação de um indivíduo engloba os aspectos intelectual, físico, cognitivo, social e emocional. Já dizia Goleman (2001): "ser emocionalmente alfabetizado é tão importante na aprendizagem quanto a matemática e a leitura" (p. 312). Assim sendo, educar também é preparar a pessoa para os diversos conflitos da vida, contribuindo para o desenvolvimento de uma visão sistêmica amplificada, que culmina em um ser humano mais flexível e criativo diante de conflitos cotidianos e com mais autonomia.

Educação emocional é definida como uma estratégia ou um processo educativo que visa aprimorar as habilidades cognitivas, isto é, ensinar as pessoas a nomearem as emoções que estão sentindo, reconhecer quando elas aparecem, identificar quais gatilhos influenciam no aparecimento das mesmas e, por fim, compreender o porquê tal emoção se manifestou. Quando um indivíduo é emocionalmente educado, ele desenvolve maior autonomia, aprende a se comportar de forma funcional diante de dificuldades, aumenta sua autoconfiança e possui maior poder de decisão. Todos esses aspectos contribuem com o desenvolvimento saudável dos processos cognitivos e executivos (GOLEMAN, 2001).

Desde os três anos de idade, as crianças já são maduras o suficiente para conseguirem identificar a necessidade dos sentimentos dos outros e também os seus. Em vista disso, destaca-se a importância de introduzir a educação emocional logo nos primeiros anos de vida, visto que, ao possuir conhecimento e consciência das próprias emoções, o indivíduo consegue identificar o que lhe faz bem e o que lhe faz mal, influenciando diretamente no aperfeiçoamento do seu processo de autoconhecimento (HOHMANN & WEIKART, 2007).

Além desse aspecto, a educação emocional também provoca uma melhoria no rendimento escolar das crianças, desenvolve a habilidade de criar relacionamentos interpessoais e aprimora as relações já existentes.

A prática da educação emocional pode ser aplicada tanto nas escolas como também em casa. A seguir, serão listadas algumas técnicas que podem ser utilizadas para auxiliar as crianças na regulação emocional.

Sabendo-se que algumas emoções, principalmente o medo e a raiva, podem desencadear diversas reações como, por exemplo, sudorese, taquicardia, respiração acelerada, tremores, entre outros, as técnicas de respiração são muito utilizadas para auxiliar na regulação emocional. Ao normalizar o ritmo da respiração, é enviada ao cérebro a informação de que a situação está controlada e, consequentemente, o indivíduo se acalma. Pode ser utilizada com as crianças a técnica denominada de "cheira florzinha e assopra velinha", a qual consiste em inspirar pelo nariz (como se estivesse cheirando uma flor) e expirar pela boca (imitando o comportamento de apagar uma vela).

É importante orientar a criança a realizar a respiração com calma, movimentando a barriga e não o peito quantas vezes forem necessárias para que ela se acalme. Também é válido utilizar uma flor artificial ou natural e uma vela de verdade, para tornar este momento mais concreto, ou até mesmo pedir para a criança confeccionar os objetos utilizados no exercício, aproveitando para trabalhar também habilidades de criatividade.

A caixa do conforto é outra estratégia que pode ser utilizada para quando a criança apresentar raiva, medo ou tristeza diante de algo ou alguém. Deve ser colocado dentro de uma caixinha objetos da preferência da criança que auxiliem na regulação emocional da mesma. Itens como massinha de modelar, *slime*, *pop-it*, ursinhos de pelúcia e bolha de sabão são alguns exemplos de materiais que auxiliam no controle das emoções.

Além dos exemplos citados acima, também é importante validar todas as emoções expressas e proporcionar momentos de reflexão acerca da maneira com que o indivíduo se comportou diante de determinadas situações do cotidiano, ajudando-o a ter consciência de seus sentimentos e aceitá-los.

A aceitação da emoção não implica acreditar que ela seja uma experiência boa ou ruim, mas simplesmente reconhecer que é uma experiência sendo vivenciada naquele momento.

Quando o indivíduo consegue nomear e reconhecer suas emoções, identificar os estímulos que influenciam na manifestação destas e compreender o que cada emoção quer ensinar, então está em processo de desenvolvimento de outra habilidade chamada inteligência emocional. Tal conceito é definido como a capacidade de a pessoa conseguir tomar consciência de suas emoções e sentimentos no momento exato em que ocorrem.

Referências

CAMINHA, R. M.; CAMINHA, M. G. *Baralho da regulação e proficiência emocional*. Novo Hamburgo: Synopsys Editora, 2016.

EKMAN, P. *A linguagem das emoções: revolucione sua comunicação e seus relacionamentos reconhecendo todas as expressões das pessoas ao redor*. São Paulo: Lua de Papel, 2011.

GOLEMAN, D. *Inteligência emocional: a teoria revolucionária que define o que é ser inteligente*. 45. ed. Rio de Janeiro: Objetiva, 2001.

HOLMANN, M.; WEIKART, D. *Educar a criança*. 4. ed. Lisboa: Fundação Calouste Gulbenkian, 2007.

LEAHY, R. L.; TIRCH, D.; NAPOLITANO, L. A. *Regulação emocional em psicoterapia: um guia para o terapeuta cognitivo-comportamental*. Porto Alegre: Artmed, 2013.

22

CRIANDO FILHOS EMOCIONALMENTE SAUDÁVEIS

Este capítulo não contém fórmulas mágicas ou verdades absolutas. Não teria tal pretensão, pois participar da formação de outro ser humano é uma tarefa muito mais rica e complexa do que algumas linhas no papel ousariam ensinar. Trata-se de um capítulo destinado a pais e cuidadores que partilham de um diligente objetivo: educar os filhos em um ambiente de amor e respeito mútuos.

MÔNICA AMENDOLA

Mônica Amendola

Contatos

Instagram: @monica.amendolap
@educarmaisleve.monica

17 99204 1553

Pedagoga; pós-graduação em Neuropsicopedagogia; graduanda em Psicologia; graduada em Administração; MBA em Gestão de Pessoas; certificação em Neurociências; certificação em Inteligência Emocional, com Daniel Goleman; estudante de Formação em Psicanálise; pós-graduanda em Neurociências, Educação e Desenvolvimento Infantil.

Para dar início à nossa reflexão, vamos introduzir um breve panorama sobre o desenvolvimento socioafetivo da criança.

Era uma vez...

Um bebê, um vínculo

Até os seis meses de vida, a principal função do vínculo materno com o bebê é biológica e está relacionada à necessidade de proteção e segurança (BOWLBY, 1973). Com o desenvolvimento cognitivo e emocional do bebê, à medida em que ele percebe o cuidado da mãe, o vínculo passa a ser afetivo.

Por outro lado, o zelo insuficiente traz implicações ao desenvolvimento cognitivo e emocional na primeira infância (AINSWORTH & BOWLBY, 1991).

Dos 02 aos 06 anos

A rede de relacionamentos da criança é ampliada, não se limitando apenas ao núcleo familiar.

Segundo Kaplan, Sadock & Grebb (1997), a criança aprende que existem limites para seu comportamento, começando a entender que alguns são bem aceitos, enquanto outros são reprováveis.

Dos 07 aos 12 anos

O egocentrismo, típico da primeira infância e ainda bastante presente na segunda, entra em declínio à medida que a criança se torna capaz de enxergar melhor o ponto de vista do outro. A fantasia também vai sendo deixada de lado e a criança passa a se relacionar com a realidade de forma mais objetiva. As amizades duradouras ganham espaço e as demonstrações públicas de intenso afeto com os pais diminuem. No entanto, ainda é em casa que os principais valores continuam sendo internalizados e podem até tornar-se pontos de pequenos conflitos com amigos que receberam formação diferente em seu núcleo familiar.

Sendo exemplo: faça o que eu digo e também o que eu faço

O meio onde a criança vivencia suas experiências sociais é um dos elementos determinantes da sua formação. Considerando que a família é seu primeiro modelo social, o cuidado dos pais com as próprias atitudes é imprescindível. A criança "lê" aquilo que fazemos muito mais do que aquilo que falamos, e ainda não dispõe de repertório emocional e comportamental para analisar o que fazemos de forma crítica. Ela tende a reproduzir nossa forma de ser e agir. Não quer que a criança grite? Não grite em casa. Não quer que minta? Não minta.

Segundo a Teoria da Aprendizagem Social do psicólogo canadense Albert Bandura (1925-2021), o ser humano aprende pela observação e imitação.

Seus experimentos sobre comportamento violento concluíram que a criança tende a reproduzir atitudes agressivas do adulto que está sendo observado por ela (BANDURA, ROSS & ROSS, 1961).

Nossos filhos, portanto, observam nossos traços de personalidade e procuram imitá-los.

Por último, há algo que vale ser lembrado: ainda que sejamos modelo para nossos filhos, eles são seres únicos. Darmos exemplo não tem nada a ver com traçar um ideal e querer que sigam. Temos que educar, apoiar e sinalizar o caminho, mas eles não calçarão nossos sapatos para repetir nossos passos. A caminhada será deles. Por isso, uma formação sólida e amorosa se faz tão importante na infância. Cabe a nós construirmos esse alicerce, confiarmos no fundamento de valores que utilizamos nessa construção e apreciarmos todo o processo.

O que acontece na infância fica na infância?

As pessoas com baixa autoconfiança acham que suas realizações são devido a fatores externos, e não a suas próprias habilidades.
ALBERT BANDURA

Como pais e cuidadores, nosso papel é fazer com que nossos filhos se sintam protegidos e acolhidos. Eles esperam que validemos o que estão sentindo, por menor que pareça o motivo. Buscam nossa aprovação quando realizam alguma tarefa. Anseiam pelo nosso colo quando dizemos que "tudo vai dar certo" e deixamos que saibam que podem contar conosco.

O período da infância e adolescência é quando grande parte do nosso repertório emocional é formada, baseada em nossas interações sociais.

Sabe aquela pessoa que acha que seu projeto nunca será aprovado, que se conseguir aquela vaga de emprego será por sorte, que acredita que será traída em seus relacionamentos e aquilo acaba até acontecendo? O psicólogo norte-americano Jeffrey Young (2008) deu a isso o nome de esquemas disfuncionais: compreensão distorcida que a pessoa desenvolve a respeito de si e dos acontecimentos de sua vida. São gerados em decorrência de necessidades emocionais negligenciadas nas relações interpessoais durante a infância e a adolescência, principalmente em seu núcleo familiar, causando prejuízos na vida adulta. Ou seja, o que acontece na infância ecoa por toda a vida adulta.

Adultos autônomos e felizes

As pessoas que acreditam ter o poder de exercer algum grau de controle sobre suas vidas são mais saudáveis, mais eficazes e mais bem-sucedidas do que aquelas que não têm fé em sua capacidade (...).
ALBERT BANDURA

Todos concordamos que queremos ver nossos filhos se tornarem adultos felizes.

Para isso, é desde a infância que precisamos auxiliar no desenvolvimento de autonomia, responsabilidade, capacidade de planejamento e tomada de decisões.

Podemos dizer que grande parte dessa tarefa depende do aprimoramento das funções executivas.

Você deve estar se perguntando o que essas tais funções têm a ver com filhos felizes.

Tudo. Ou quase. As funções executivas são habilidades do nosso cérebro que dizem respeito à regulação das emoções, flexibilidade cognitiva, tomada de decisões, atenção, planejamento e habilidades sociais.

São, portanto, essenciais para a realização pessoal, profissional, afetiva e social da pessoa.

Você deve estar pensando: "entendi, mas qual será meu papel?".

Separei algumas dicas, muitas delas inspiradas nos ensinamentos de Maria Montessori (1870-1952), médica e pedagoga, que revolucionou a educação infantil:

- não faça pela criança aquilo que ela já está preparada para fazer;
- ensine a importância de fazer suas próprias escolhas. Por volta dos 2 anos, permita que a criança opte entre duas roupas para vestir, por exemplo.

Qual é a forma mais intuitiva que a criança usa para expressar-se e relacionar-se? O brincar: o faz de conta, jogos de tabuleiro, trava-línguas, associação de palavras, brincadeiras livres. Cada tipo de brincadeira gera benefícios específicos para o desenvolvimento da cognição, das competências sociais e emocionais, da capacidade de resolver conflitos e o respeito a regras. Não vou me estender, já que o livro traz um capítulo sobre o assunto. Pegue as dicas lá e pratique esse recurso tão potente com seus filhos.

"Meus pais não faziam assim e eu sobrevivi"

Quantas vezes já repetimos isso, como se fosse uma regra para a criação dos filhos? Ocorre que precisamos ter em mente que nossos pais fizeram o melhor, utilizando os recursos que tinham. Hoje temos acesso a livros, revistas, vídeos de profissionais da área, enfim, um vasto material ao nosso alcance.

Dessa forma, podemos reavaliar nossas atitudes e nos conectar aos nossos filhos, aprimorando nossa forma de tratá-los.

Uma atmosfera de amor em casa: fortalecendo o vínculo entre pais e filhos

Quando olho para uma criança, ela me inspira dois sentimentos:
ternura pelo que é e respeito pelo que posso ser.
JEAN PIAGET

O vínculo com a criança é construído desde o princípio. Interagimos com o bebê todo o tempo por meio dos cuidados, do colo, da fala, dos estímulos visuais e sensoriais, comunicando, dessa forma, que ele pode ficar tranquilo, uma vez que nenhuma de suas necessidades será negligenciada.

Ao passo que a criança cresce, torna-se mais consciente da dinâmica familiar. Assim, cresce a demanda por estratégias de vínculo compatíveis com cada estágio, desde o lúdico (segunda infância), passando pelo concreto (terceira infância) e chegando à subjetividade e criticidade da adolescência.

Que tal algumas dicas para inspirar-se?

• tradições de família: não somente valorize as existentes, como também crie tradições com seus filhos. Façam bolinhos de chuva em dias chuvosos, acampamento no quintal no primeiro dia do verão, escolham uma canção para cantarem quando forem viajar juntos, sentem-se em círculos no chão da sala para compartilharem as histórias da semana, façam um novo enfeite de Natal a cada ano e coloquem na árvore, criem um dia especial no calendário – "o dia da pipoca" (filme em família), por exemplo;
• se você divide a criação do filho com alguém, procurem estar alinhados sobre as principais questões. O "pode" ou "não pode", o "sim" ou "não",

assim como as formas de tratar o bom e o mau comportamento, não devem ser discutidas na frente da criança. Isso torna a educação menos efetiva e expõe o elo frágil daquela relação parental, ou seja, qual dos pares é mais permissivo;

• evite comparações: não diga que o irmão é mais estudioso ou que a priminha não faz birra. Cada criança é única e é preciso respeitar as diferenças;

• não enfatize o erro. Quando a criança quebrar algo sem querer, por exemplo, primeiramente ajude-a a arrumar a bagunça, depois mostre como deveria ter sido cuidadosa e encoraje-a a tentar novamente;

• use e abuse das artes: se a arte é capaz de unir povos e gerações há milênios, imagine o que pode fazer por sua família;

• crie um ambiente favorável para que a criança possa se expressar com liberdade, sem medo de ser punida ou julgada. Assim, a criança percebe que pode ser ela mesma e passa a desenvolver suas potencialidades com clareza e confiança;

• matricule-se em um curso de música, pintura ou artesanato com seus filhos. Se não puder, "façam arte" em casa: pintem uma parede, um quadro, uma cartolina, permitam-se sujar e dar boas risadas; peguem o violão antigo do vovô e arrisquem tocar umas músicas.

Minha avó me ensinou um bordado chamado ponto cruz. Trinta anos se passaram e nunca mais bordei, mas não me esqueci daqueles momentos deliciosos que passamos juntas.

O mais especial são as memórias criadas. Então, "pintem e bordem!"

• nas refeições, sentem-se todos à mesa sem celulares ou outras distrações e conversem sobre o dia, a escola, os planos, as alegrias e frustrações. Comemorem conquistas e reavaliem o que não deu certo;

• tenham momentos cuja única regra seja se divertir: façam cócegas, observem a chuva caindo, dancem até se cansar. Mostre que nada mais importa naquela hora;

• ensine que coisas têm preço. Pessoas, momentos e afetos têm valor.

Dê um passeio no parque sem pressa, aprecie o momento, retribua aquela flor que a criança colheu e colocou nos seus cabelos, desvendem os formatos das nuvens.

Ela entenderá que estar junto de quem se ama é o mais caro presente.

Portanto...

Não importa se sua família é pequena ou numerosa. Se você divide a casa com seu parceiro, pais, sogros, irmãos, sobrinhos ou se você é mãe/pai solo.

Se sua casa tem um enorme jardim ou se vocês moram em um apartamento pequeno de um dormitório.

Sabe o que importa? É que esse seja um lugar seguro para seus filhos; um espaço acolhedor para onde eles saibam que podem voltar, independentemente do que aconteça lá fora; onde encontrem um ambiente com pessoas imperfeitas, mas que se amam e se protegem.

Um lugar que possa ser chamado de lar.

Referências

AINSWORTH, M. S.; BOWLBY, J. "An ethological approach to personality development". *American Psychologist*, 46(4), 1991, pp. 333–341.https://doi.org/10.1037/ 0003-066X.46.4.333. Disponível em: <https://psycnet.apa.org/record/1991-23791-001>. Acesso em 21 nov. de 2021.

BANDURA, A.; ROSS, D.; ROSS, S. A. Transmission of aggression through imitation of aggressive models. *Journal of Abnormal and Social Psychology*. Washington, 63, 1961. Disponível em: <https://psycnet.apa.org/record/1963-00875-001>. Acesso em 24 nov. de 2021.

CHAPMAN, G.; CAMPBELL, R. *As cinco linguagens do amor das crianças.* Cajamar: Mundo Cristão, 2013.

CORDAZZO, S. T. D.; VIEIRA, M. L. A brincadeira e suas implicações nos processos de aprendizagem e de desenvolvimento. *Revista estudos e pesquisas psicológicas.* Rio de Janeiro, v.7 n.1, jun. 2007. Disponível em: <http://pepsic. bv-salud.org/scielo.php? script=sci_arttext&pid=S1808-42812007000100009>. Acesso em: 13 set. de 2021.

KAPLAN, H.; SADOCK, B. J.; GREBB, J. A. *Compêndio de psiquiatria: ciência do comportamento e psiquiatria clínica.* 7. ed. Porto Alegre: Artes Médicas, 1997.

MONTESSORI, M. *O segredo da infância.* Campinas: Kirion, 2019.

PAPALIA, D. E.; OLDS, S. W.; FELDMAN, R. D. *Desenvolvimento humano.* Porto Alegre: Artmed, 2006.

YOUNG, J. E.; KLOSKO, J. S.; WEISHAAR, M. E. *Terapia do esquema: guia de técnicas cognitivo-comportamentais inovadoras.* São Paulo: Artmed (2008).

APRENDIZAGEM?

Para que se possa compreender o comportamento das crianças e adolescentes em sala de aula, é preciso observar o aluno em sua totalidade e deixar de lado qualquer prejulgamento, pois a infância e a juventude são momentos vividos para a formação cognitiva, social e emocional do indivíduo adulto, que ainda está se conhecendo nessas fases. É sabido que não controlamos o comportamento do outro, mas podemos controlar como reagimos a esse comportamento e ajudá-lo a gerir suas emoções diante de algum desafio enfrentado dentro do ambiente escolar. Nesse sentido, o papel do professor é muito importante em sala de aula. Por vezes, são até exemplos a serem copiados. No entanto, o papel da família é primordial e o primeiro exemplo a ser imitado. Por isso, a parceria entre a instituição escolar e a familiar é a união perfeita para o sucesso do aluno.

Neste capítulo, proponho como reflexão que a dificuldade de aprendizagem pode ter cunho emocional. Você, professor, é uma peça marcante na vida de seu aluno, acredite! Vocês, pais, sejam parceiros dos professores e da escola. Deixe seu filho perceber que respeitam e consideram importante o ambiente acadêmico em que ele se encontra.

FERNANDA RIBEIRO DA S. VIEIRA

Fernanda Ribeiro da S. Vieira

Contatos
fernandavieira.ufrj@gmail.com
Instagram: @fernandaribeiro.ufrj
Facebook: fernandavieirapsicopedagoga

Psicopedagoga clínica e institucional, especialista em Neuroeducação, professora de Língua Portuguesa. Palestrante, ministradora de cursos para capacitação de professores. Proprietária do Espaço estimular. Por ser apaixonada pelo desenvolvimento infantil e uma incentivadora da aprendizagem, criou o Espaço estimular para ajudar as crianças e os pais na caminhada do aprender.

Já se perguntou por que seu filho tem dificuldades com a aprendizagem? As razões podem ser muitas, mas a dificuldade de reconhecer as emoções em si, no outro e lidar com elas pode ser um dos motivos da dificuldade de aprendizagem do estudante. Neste capítulo, será explanada a relação entre emoção e aprendizagem e quais benefícios e prejuízos podem surgir desta relação.

O conceito de aprendizagem é complexo, mas podemos entender como um processo pelo qual todo indivíduo toma para si uma informação adquirida e a transforma em conhecimento. O conhecimento adquirido se faz ativo pela ação cognitiva, em que cada um tem seu próprio processo dentro da maturação biológica cerebral.

As emoções são reações automáticas do nosso corpo frente a alguma situação, lembrança ou pensamento. O ser humano pode e deve aprender a reconhecer, entender e gerir suas emoções; somente assim terá atitude e comunicação assertivas. Diariamente, todos nós vivemos vários tipos de emoções e sentimentos desde a hora que acordamos até a hora de dormir, isso faz parte de quem somos.

Assim, a regulação emocional é importante e se faz necessária para melhor desempenho cognitivo e social. As emoções são responsáveis pelas nossas ações e falas diante de qualquer situação. O objetivo deste capítulo é ambientar o leitor com as emoções e as diversas situações vividas pelo ser humano. Para tanto, vamos ponderar sobre a relação que a aprendizagem tem com as emoções.

Tanto na fase infantil quanto na adolescência, cada uma com sua especificidade, o desenvolvimento cognitivo e físico passa por transformações. Então, é normal as habilidades emocionais precisarem de ajustes. Sendo assim, o apoio à criança e ao adolescente para conhecer, entender e expressar as emoções de maneira saudável e construtiva é, com certeza, importantíssimo.

Do ponto de vista acadêmico, essa questão também precisa ser levada em consideração, pois o estudante terá reações dentro de sala de aula de acordo com as emoções ali vividas e, consequentemente, a aprendizagem se tornará significativa ou não para ele.

A instituição escolar é um ambiente de aprendizagem acadêmica e de convívio social, onde também está inserida a prática socioemocional. Logo, tanto o professor quanto o aprendiz estão inseridos em um contexto de relação interpessoal. Se o professor não está bem emocionalmente, isso pode refletir na didática e nos alunos; se um aluno não está bem, do mesmo modo pode refletir no professor e nos outros alunos ali presentes em sala de aula.

Para Goleman(2012), assim como a família, a escola passou a ser também um alicerce de competência emocional e social para as crianças e adolescentes. De acordo com o autor, as escolas podem proporcionar aos alunos um ambiente com ensinamentos emocionais básicos para a vida, o qual ele chama de **alfabetização emocional**. Ou seja, um lugar para ensinar o necessário e orientar seus alunos a administrar melhor as emoções.

Diante da realidade vivida com essas gerações atuais, o professor ganhou um novo papel na sociedade. Agora, além de somente ensinar, o docente precisa ter um olhar atento e afetivo para as questões socioemocionais básicas dos seus alunos. Porém, vale ressaltar que a responsabilidade primária da regulação emocional e da educação socioemocional do indivíduo (seja criança ou adolescente) é da família.

O objetivo de trabalhar as emoções no contexto escolar é para ajudar os alunos a desenvolverem habilidades de autorregulação emocional e, assim, possibilitar uma aprendizagem acadêmica significativa. Com essa nova realidade na prática docente, o professor precisa compreender e entender a mensagem que seu aluno passa por meio do seu comportamento. Por vezes, determinado aluno não sabe ou não quer expressar por meio da fala o que está sentindo, então, pode acontecer de se expressar por um mau comportamento, apatia na aula, agressividade, pedido constante para sair da sala, não fazer as atividades propostas, dentre outros. É nesse momento que o professor precisa acolher esse aluno, deixar claro que o canal de comunicação entre eles estará sempre aberto e sem julgamentos. Procurar entender a mensagem que o aluno passa por meio do comportamento é, sem dúvida, primordial. A intenção é estimular a comunicação para que o discente expresse seus desejos, pensamentos, suas necessidades, suas opiniões.

Segundo Piaget (2001), o processo de aprendizagem vem do equilíbrio entre a inteligência e a afetividade. Ou seja, a afetividade contribui para a educação no seio familiar e na escola. O autor esclarece que o processo cognitivo é importante, porém, o aspecto afetivo precisa ser ativo no processo de ensino-aprendizagem.

Henri Wallon defende que a afetividade e a inteligência desenvolvem-se juntas desde o primeiro ano de vida. E no processo de aprendizagem, o contexto afetivo está intimamente relacionado ao desenvolvimento cognitivo do indivíduo. Para o autor, a construção da aprendizagem e da afetividade é o que torna o ser humano único.

É notável que, em vários estudos sobre processo de aprendizagem, o cognitivo sempre está atrelado ao processo afetivo e vice-versa. Portanto, para estabelecer uma relação equilibrada entre a escola e o aluno, não se deve dissociar o desenvolvimento cognitivo, afetivo e social do aluno. Questões a serem observadas no aluno: fatores cognitivos, pessoais, ambientais, emocionais e comportamentais. Pensar em estratégias que englobem tais fatores são ingredientes indispensáveis para qualidade e sucesso na aprendizagem.

É sabido que dar conta de conteúdos programáticos e todos os fatores acima listados se torna desafiador com uma turma numerosa e com diversidade pessoal. No entanto, hoje, a questão emocional está latente e precisa ser levada em consideração; e deve ser ponderada e semeada com seriedade no ambiente familiar, escolar, no trabalho, na socialização, para, assim, a educação emocional ser difundida e fazer parte do cotidiano de todos.

Pensando no ambiente escolar, quando a tranquilidade, a leveza e a alegria estão presentes, a aprendizagem ocorre de forma relevante tanto no campo cerebral quanto na esfera emocional. Já em contexto contrário, em que as emoções como a raiva, o medo, o nojo ou a tristeza estão presentes, o aprendiz não codificará a matéria ou conteúdo apresentado pelo professor. Sendo assim, pensa-se que durante a aula pode e devem ser inseridos e contextualizados os temas sobre as emoções, pois vão ajudar os alunos a identificar e a entender as emoções e a do outro também. Perguntas como estas podem facilitar: "por que estou com raiva?", "o que eu posso fazer para diminuir minha raiva?", "por que meu colega está triste hoje?", "o que posso falar ou fazer para ajudar a diminuir a tristeza dele?". Reflexões sobre esses e outros questionamentos contribuem para os alunos pensarem sobre suas emoções e ações no convívio social. E o professor é o mediador nesse processo.

Vale lembrar que todas as emoções são importantes para o constante desenvolvimento humano e todas precisam ser validadas. O importante a ressaltar é o descontrole das emoções, principalmente quando afetam a socialização do estudante. Os estudantes que têm preparo emocional apresentam melhores desempenhos escolares do que os que não têm. Possuem maior capacidade de se acalmarem, de saírem da angústia e de retomarem as atividades.

Dito isso, o professor pode se perguntar: "como vou mediar, nas minhas aulas, o tema emoção?". É imprescindível o investimento das instituições tanto privadas quanto públicas na capacitação dos docentes. E, também, o professor querer e investir na própria capacitação. Na prática docente, isso faz toda diferença. O professor capacitado possui mais aptidão para lidar com problemas interpessoais, solucionar conflitos em sala de aula, ter mais auto-controle, proporcionando uma atmosfera positiva em sala de aula, e muito mais. O professor que sabe gerenciar as partes pedagógica e emocional dos seus alunos tem mais sucesso com a aprendizagem dos discentes.

A família do estudante é parte integrante e constante durante a vida esco-lar do filho. Deve apoiar a escola e o professor no que for necessário para o desenvolvimento dele. A união positiva e colaborativa entre família e escola é benéfica para todos os envolvidos, principalmente para o estudante.

Desse modo, o capítulo tem por objetivo dizer que o processo de apren-dizagem acontece de forma significativa quando o cognitivo e a afetividade (emoções) caminham de mãos dadas, conforme mostra a figura abaixo; incentivar os professores a mergulharem no mundo das emoções porque todo mau comportamento tem um fundo emocional e isso atrapalha a aprendizagem do aluno; por fim, esclarecer que as famílias são as pioneiras em toda essa caminhada.

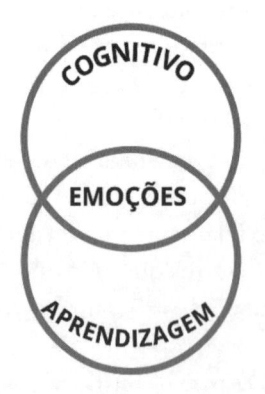 **O elo para uma aprendizagem significativa são as emoções empregadas ao ensinar e ao aprender.**

Dica: professores, acreditem no poder de fazer a diferença na vida do seu aluno. Façam de maneira especial e positiva, assim, deixarão marcas profundas na mente e no coração deles. Proporcionem um ambiente acolhedor e sem julgamentos. A relação escola e família é o casamento perfeito para contribuir com a aprendizagem do aluno.

Pais, lembrem-se de que vocês têm a responsabilidade inicial de ajudar seu filho a lidar com as emoções, e isso fará dele um adulto bem-sucedido ou não emocionalmente. Se preciso, procurem ajuda profissional. A família é a base na construção do ser humano como um todo. A relação família e escola é o casamento perfeito para contribuir com a aprendizagem do seu filho.

Referências

GOLEMAN, D. *Inteligência emocional: a teoria revolucionária que redefine o que é ser inteligente*. 2. ed. Rio de Janeiro: Ed. Objetiva, 2012.

PIAGET, J. *Seis estudos de psicologia*. Rio de Janeiro: Forense Universitária, 2001.

SANTOS, J. de O. *Educação emocional na escola: a emoção na sala de aula*. 2. ed. Salvador: Faculdade Castro Alves, 2000.

WALLON, H. *A evolução psicológica da criança*. São Paulo: Edições 70, 2005.

24

PARAR E RESPIRAR
ENSINANDO AS CRIANÇAS A SE ACALMAREM

Como seria se não soubéssemos lidar com as coisas com calma e vivêssemos em constante conflito? A importância de se acalmar em situações difíceis é fundamental para um relacionamento sadio com seus filhos e com seus pacientes. As emoções, os aspectos cognitivos e a respiração diafragmática estão interligados constantemente, de forma que nos auxiliam a manter a calma em diversas situações.

JANAÍNA MENDES E
LILIANA RIBEIRO

Janaína Mendes

Contatos
psicojanainnamendes@gmail.com
Facebook: Psicóloga Janaina Mendes
Instagram: @psicologa_janainamendes
65 99248 2171

Psicóloga clínica e hospitalar, especialista em Terapia Cognitivo-comportamental, Docência do Ensino Superior e Neuropsicologia pela faculdade UniBF, formada pela Universidade de Várzea Grande - Univag - em Pedagogia; e em Psicologia pela Universidade de Cuiabá – UNIC. Doutoranda em Educação pela Ivy Enber Christian University. Possui mais de 19 anos de experiência, tendo iniciado a sua trajetória aos 17 anos em uma empresa multinacional. Teve a oportunidade de trabalhar em cargo de liderança, como supervisora, em empresa multinacional. Atua como servidora pública do município de Cuiabá – MT. Idealizadora do Projeto Bem Me Quero; e facilitadora da Oficina das Emoções.

Liliana Ribeiro

Contatos
Instagram:@psi.lilianaribeiro
liliana.psico_@outlook.com
74 98123 9300

Psicóloga clínica e da saúde; bacharel em Psicologia (FAI); pós-graduanda em Psicologia Perinatal e da Parentalidade (Instituto Mater on-line); pós-graduanda em Terapia Cognitivo-comportamental (Ruy Barbosa). Idealizadora do Projeto Mais Saúde na Maternidade, proporcionando atendimento psicológico para gestantes e familiares.

A importância do acalmar em situações difíceis: conheça os benefícios da prática

Quem nunca ouviu aquela famosa musiquinha: "os seus problemas, você deve esquecer. Isso é viver, é aprender". Você pode até se lembrar da musiquinha e do desenho, mas sabe realmente como manter a calma? Vamos conversar sobre isso.

Agora, veremos o significado da palavra "calma".

Segundo o Dicionário Online, "calma" significa:

- ausência de agitação; tranquilidade: a calma do mar; manter a calma;
- calor atmosférico: hora do dia em que faz mais calor;
- ausência de agitação ou de movimentação marítima; calmaria;
- estado de tranquilidade, de pouca tensão física ou mental;
- sensação de relaxamento, de domínio dos próprios impulsos, sentimentos e reações; serenidade.

Você sabia que o tom da nossa voz reflete muito sobre nosso estado físico e mental?

Qual é o tom de voz que você tem usado? Você consegue entender, compreender e ouvir o que sai da sua boca?

A maneira como falamos e usamos o nosso tom de voz com as crianças faz com que possam nos compreender melhor.

Na maioria das vezes, arrastamos um ciclo conosco que vem da época de nossos avós, que passaram para nossos pais e, assim, sucessivamente para nós. Então, devemos romper esse ciclo. A paciência é algo importante na nossa rotina, principalmente na rotina das crianças e com os pacientes.

Como você tem lidado com a sua agitação? Com a sua ansiedade? Neste momento, você conseguiria parar para ouvir uma criança ou simplesmente diria que em outro momento vocês retornam ao assunto?

A seguir, podemos ver um modelo do ciclo da ansiedade que costumamos praticar involuntariamente.

Ciclo da ansiedade

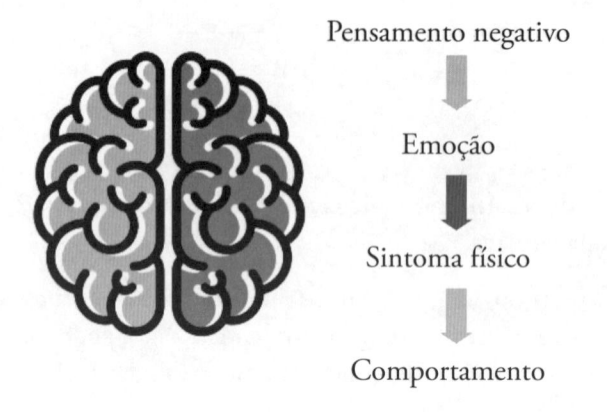

Pensamento negativo

Emoção

Sintoma físico

Comportamento

Como pudemos observar no ciclo da ansiedade exposto, tudo começa com pensamentos negativos e preocupações excessivas que desencadeiam as emoções, ocasionando os sintomas físicos e, por fim, comportamentos que reforçam a ansiedade.

Ressaltando que uma das coisas que mais traz calma é aceitar que nossa agitação pode ser completamente normal. Afinal, vivemos em um mundo que está em constante evolução e mudanças.

Dessa forma, os pequeninos acabam esbarrando em suas emoções diariamente: raiva, alegria, tristeza, nojo e medo. Quando a criança passa por uma situação de frustração e reage a esses sentimentos de muitas maneiras, por exemplo: grita, fica eufórica, brava e faz birra; por ocasiões, o faz de maneira inapropriada por não compreender o que está sentindo. Porém, todas as emoções são constitutivas dos seres humanos.

Assim, faz-se necessário saber identificar, reconhecer, entender e comunicar as emoções. É necessário que essa criança identifique suas competências socioemocionais e habilidades, engajando-se no processo de desenvolvimento saudável e integral. Essas tais emoções acabam interferindo na vida da criança, mas quando devidamente reconhecidas e nomeadas, além de abrangidas entre elas mesmas e entre os adultos, auxiliam em como se relacionar consigo e com os demais seres de maneira menos conflituosa.

Portanto, os adultos podem e devem auxiliar a criança a expressar seus sentimentos, todos e qualquer um deles. É necessário criar oportunidades para que os identifique e os nomeie em si própria e nos colegas para quebrar paradigmas impostos e possibilitar um processo de amadurecimento mais efetivo. Em seguida, mostraremos na prática como auxiliar as crianças a se acalmarem mediante as situações difíceis e frustrantes.

Talvez o que o seu filho precisa é de uma pequena pausa na rotina para ter mais tranquilidade e qualidade de vida.

Em um mundo tão agitado, conectado e repleto de estímulos por todos os lados, apreciar um momento de paz e silêncio parece impensável para nossas crianças.

É importante ressaltar às crianças que as atividades e os exercícios não são uma imposição, mas um momento prazeroso e confortável. "À medida que a criança se familiariza e aprende a manter o foco, podemos aumentar o tempo e incorporar outras técnicas. As práticas que menciono são simples e podem ser realizadas diariamente, como uma pausa na rotina, mesmo que somente por alguns minutos".

Para ajudar a criança a encontrar a calma, ajude-a a imaginar não apenas o que provavelmente acontecerá, mas também o que pode acontecer. Em outras palavras, leve a criança a imaginar o pior, a levar suas preocupações ao limite e veja o que sobra: a situação pode ser feia, mas também tolerável à sua maneira. Dessa forma, você ajudará a sua criança a ver o lado positivo de toda situação que gere estresse e ansiedade, levando-a a manter a calma (MENDES, 2021).

Aspectos cognitivos no desenvolvimento infantil

Perante o desenvolvimento da criança, podemos observar etapas que representam papel muito importante para o crescimento forte e saudável. Contudo, para isso, é necessário conhecer as fases da infância e entender como elas se associam ao desenvolvimento e ao aprendizado da garotada. Então, dentre as fases, será ressaltada a fase entre os cinco e os seis anos, em que a criança viverá sua fase de pré-escola, quando tem o primeiro contato com outras crianças e adultos fora do seu núcleo familiar. Essa é uma das etapas do desenvolvimento infantil em que as habilidades motoras são aperfeiçoadas, aprendendo, assim, a escrever, desenhar e praticar esportes. Para entender os conceitos de infância, criança e educação infantil, precisa-se, antes de tudo, saber que estes se constituíram a partir de uma construção social com uma variedade temporal que influencia na sua concepção, segundo Ahmad (2009).

O conceito de infância é fruto de uma construção social, porém, percebe-se que sempre houve criança, mas nem sempre infância. São vários os tempos da infância, estes apresentam realidades e representações diversas porque nossa sociedade foi constituindo-se de uma forma em que ser criança começa a ganhar importância e suas necessidades estão sendo valorizadas para que seu desenvolvimento aconteça da melhor forma possível e que tudo aconteça no seu verdadeiro tempo (AHMAD, 2009).

Perante o período da aprendizagem, é de extrema importância o acolhimento para entender o que é e como deve ser o acolhimento das crianças em adaptação, precisamos conhecer e debater a opinião dos autores que falam sobre isso. A definição de acolhimento de acordo com Ferreira (2008 *apud* Seabra e Sousa, 2010) é a de receber alguém bem ou mal ou ainda de hospedar, agasalhar, aceitar, abrigar, refugiar. Entendendo-se, assim, que acolher a criança na educação infantil significa recebê-la e aceitá-la, de modo que ela possa se sentir abrigada, refugiada, amparada, protegida e de fato acolhida.

Desde os primeiros gestos, olhares e balbucios, as crianças aprendem a expressar suas ideias e sentimentos. Dessa maneira, quando as crianças interagem com outras desde cedo, aprendem a conviver e a compartilhar. A brincadeira não é algo que nasce com a criança, é algo a ser aprendido no convívio social e cultural e, de início, na interação com os pais ou com os irmãos mais velhos.

No estágio pré-operacional ou simbólico (2 a 7 anos), considerado quando a criança começa a dominar a linguagem e os nossos símbolos de comunicação, começam também a imitar, representar, imaginar e classificar. Ao brincar, as crianças aprendem a se expressar e a pensar sobre o mundo, utilizando diferentes sentidos e formas de expressão. Independentemente da idade, sendo menina ou menino, é importante que os pequenos aprendam novas brincadeiras e formas de brincar com liberdade para experimentarem o que quiserem.

Por meio das brincadeiras e jogos, é possível que a criança tenha uma dimensão de tempo (antes – depois), quantidade (pouco – muito), compreensão da sequência (início-fim) (HARTLEY, 1971). Para Pettry (1988), o jogo é uma atividade própria da criança e está centrada no prazer que proporciona a ela. Brincadeiras com o corpo em movimento auxiliam as crianças a compreender e a relacionar conceitos de perto, longe, atrás, mais perto, em cima, na frente, ou seja, ela sustenta o que Hartley já havia dito sobre a importância da criança brincar ou jogar.

O brincar desperta grandes emoções, sentimentos, pensamentos, desejos e necessidades, utilizando as diferentes linguagens (corporal, musical, plástica, oral e escrita) ajustadas às diferentes intenções e situações de comunicação, de forma a compreender e ser compreendido, expressar suas ideias, sentimentos, necessidades e desejos e avançar no seu processo de construção de significados, enriquecendo cada vez mais sua capacidade expressiva.

Respiração diafragmática: conheça algumas práticas que podem ser feitas com as crianças

- peça que a criança respire fundo e conte até 10, 20, 30... Mentalmente ou em voz alta; adote a respiração diafragmática;
- faça qualquer coisa que faça bem;
- brinque, dance, cante;
- saia de cena, dando um tempo para se acalmar;
- beba água.

Os benefícios da prática

Quando incorporada à rotina e praticada de maneira regular, a respiração diafragmática traz uma porção de benefícios à criança. A lista de pontos positivos é enorme: combate o estresse, alivia a ansiedade, melhora o sono, reduz a agressividade, relaxa física e mentalmente, melhora a concentração, minimiza os sintomas de TDAH (Transtorno do Déficit de Atenção com Hiperatividade) e ajuda a lidar com sentimentos como frustração, medo e raiva.

Além de melhorar a memória, a atenção, as ações cognitivas, o aprendizado, o controle das emoções, a parte imunológica, o estresse, o medo; o encurtamento da massa cinzenta cerebral (o que pode reduzir também o envelhecimento cerebral); marcadores e citocinas da inflamação.

O respirar tem uma íntima ligação com o nosso estado emocional, podendo influenciar na maneira como respiramos. Quando respiramos de maneira correta, a nossa respiração ajuda a acalmar o sistema nervoso, que pode atuar de duas formas diferentes, tanto no nosso estado fisiológico quanto no emocional, auxiliando a combater estresse, ansiedade, sintomas de depressão, insônia, entre outros.

A influência que a respiração tem em nosso estado fisiológico

Os exercícios respiratórios são extremamente úteis em momentos de ansiedade e estresse. Entre os benefícios da respiração diafragmática, temos:

- maior controle das emoções;
- maior relaxamento;
- maior concentração;
- redução da ansiedade e estresse.

Portanto, como nos referimos em exercícios de respiração, podemos dizer que há uma conexão entre o cérebro e a respiração, é como uma ginástica para a mente quando a respiração afeta diretamente os níveis de noradrenalina, que são liberados em momentos de curiosidade, desafio, concentração e durante o exercício físico. Em conjugue, o hormônio neurotransmissor é liberado em quantidades necessárias com a respiração e consegue intervir, já que o cérebro é apropriado para fazer conexões neuronais benéficas para o desenvolvimento da atenção.

Além disso, quando o ser humano se depara com uma situação que provoca nervoso ou estresse, o cérebro recebe muita noradrenalina. Portanto, a prática de exercícios de respiração proporciona benefícios para crianças.

Técnicas para controlar as emoções

Técnica: Dente-de-leão

É um exercício respiratório que ajudará os pequenos a entender que, na respiração, nem sempre é melhor liberar todo o ar de uma só vez. Em vez disso, pode ser mais útil controlar a expiração, soltando o ar lentamente e segurando um pouco mais o oxigênio nos pulmões.

Em que consiste?

Procure várias flores de dente-de-leão brancas. Peça à criança que inspire o mais fundo possível e, depois, solte o ar tentando fazer voar todas as sementes ou "penugens" da flor, com apenas uma respiração.

Duração: fazer as tentativas que considerar necessárias.

Técnica: Meu amigo companheiro

Em que consiste?

- os pequeninos pegaráo seu brinquedo favorito ou que mais brincam;
- eles se deitam e colocam o brinquedo sobre o estômago;
- eles inspiram todo o ar que puderem em 2 segundos e, depois, soltam;
- eles observaráo o brinquedo companheiro favorito subir e descer ao ritmo de sua inspiração e expiração.

Duração: cinco minutos ou repetir quantas vezes forem necessárias.

Técnica: Tromba de elefante

Em que consiste?

- a criança deverá ficar de pé e com as pernas abertas;
- ela deve juntar os braços e deixar bem alto, para aparentar a tromba do elefante;
- ela levantará os braços, juntos, acima da cabeça, o mais alto possível;
- quando expirar, os braços descem lentamente enquanto vai soltando todo o ar, simulando uma tromba de elefante;
- a criança poderá imitar o som do animal para deixar o exercício bem mais divertido.

Duração: três minutos ou repetir quantas vezes forem necessárias.

Referências

AHMAD, L. A. S. Um breve histórico da infância e da Instituição de Educação Infantil. *Partes*. São Paulo, junho de 2009. Disponível em: <https://www.dicio.com.br/calma/>. Acesso em: 20 set. de 2021.

MENDES, J. L. *Código das emoções.* Volume único. São Paulo: Literare Books International, 2021.

SEABRA, K.; SOUSA, S. *Educação infantil.* Volume único. Rio de Janeiro: Fundação CECIERJ, 2010.

ESTRESSE E TENSÃO
COMO AUXILIAR AS CRIANÇAS NESSES MOMENTOS

Neste capítulo, os leitores entenderão como o estresse e a tensão estão presentes na vida dos indivíduos desde o nascimento até a fase adulta. Encontrarão situações do cotidiano infantil que podem contribuir para esses sentimentos, a função do adulto e as possíveis estratégias que auxiliam na resolução do estresse e da tensão vividos pelas crianças.

SILVANA CARNEIRO

Silvana Carneiro

Contatos
Instagram: @silvana_pedpsico
carneirosilvana@yahoo.com.br
75 99120 4142

Pedagoga graduada pela Universidade Estadual de Feira de Santana – UEFS (2015); especialista em Gestão, Coordenação e Orientação Educacional – Núcleo de Pós-graduação Gastão Guimarães; especialista em Psicopedagogia: Institucional, Clínica e Hospitalar – Núcleo de Pós-graduação Gastão Guimarães; e professora da rede municipal de ensino de Feira de Santana/BA.

E m algum momento da sua vida, você se deparou com alguma situação que tenha gerado estresse e tensão muito elevados?

Se você fechar os olhos e voltar no tempo, experimentando vivenciar novamente essa situação, possivelmente reviverá os mesmos sentimentos: estresse, tensão, raiva, angústia...

Para entendermos um pouco melhor, vamos vivenciar uma experiência hipotética e perceber quais sentimentos estarão presentes nela.

Estamos em uma sexta-feira e você tem uma agenda que, durante o dia, encontra-se bastante cheia de compromissos. Estes dependem de você, mas também da pontualidade de outras pessoas, pois a sua agenda é organizada estilo pecinhas de dominó, na qual se uma peça for tocada, derrubará as demais. Então, seus compromissos seguem esta ordem: se houver atraso no primeiro, logo, todos terão interferência.

A primeira atribuição é levar as crianças à escola, enfrentando um trânsito engarrafado, por mais que você saia cedo de casa.

Chegando ao trabalho atrasado, devido ao congestionamento, você precisa realizar o primeiro atendimento ao público e mais quatro durante a manhã.

Alguns dos clientes são pontuais, porém, o terceiro atrasa em média trinta minutos e o atendimento ao último, como também buscar as crianças na escola, sofrem interferências.

Clientes atendidos, horário extrapolado, você precisa buscar as crianças na escola, encarar o trânsito e retornar ao trabalho pontualmente às 14h. Afinal, a sua agenda da tarde possui obrigações que precisam ser cumpridas e, mesmo com o atraso da manhã, o seu retorno precisa ser pontual.

Segundo turno do trabalho, você chega correndo, cansado, mas... Ainda é preciso realizar os compromissos da sua agenda que também envolvem a pontualidade dos seus clientes.

Apesar da correria no turno da manhã, sua agenda da tarde vai sendo cumprida com tranquilidade: os dois primeiros clientes são pontuais e você consegue fechar negócios importantes para o seu cargo e para a empresa.

O terceiro cliente ainda não chegou, porém, confirma presença sem atrasos, pois sua tarde está livre e o último liga sinalizando que precisará atrasar-se, mas não pode cancelar o compromisso, pois, no dia seguinte, estará fora da cidade devido a algumas demandas de trabalho.

Vamos pensar: até o momento, seus compromissos da tarde estão sendo cumpridos sem atrasos, porém, o último interferirá no seu horário de saída, que precisa ser pontual, pois você marcou de levar seus filhos ao cinema para assistir a um filme que estará em cartaz pelo último dia e você se programou o mês todo para levá-los e não conseguiu devido à sua agenda profissional.

Então, como você faria para resolver essa situação: cancelar o atendimento com o cliente para chegar em casa pontualmente e levar as crianças ao cinema ou mais uma vez desmarcar o programa em família e depois assistir a outro filme? Afinal, esse cliente é importante para a empresa.

Se prestar bastante atenção, ao ler e tentar vivenciar essa rotina diária, você já viveu um momento de estresse e tensão tentando organizar a sua agenda e realizar os seus compromissos, mesmo sabendo que alguns deles não dependem de você.

A rotina proposta implica diretamente um dia cansativo, estressante, que nos proporciona um pico e uma oscilação de sentimentos: ora estamos calmos, pois conseguimos dar conta do que está agendado, ora vivemos um estresse e uma tensão por achar que não vamos conseguir.

Além disso, você viveu o estresse de precisar decidir entre o seu trabalho e a sua família: o momento afetivo que é necessário acontecer, mas você não sabe como realizar.

Porém somos adultos e certamente seria necessário respirar, acalmar e tentar buscar uma forma racional de resolver a situação: talvez conversando com os clientes e buscando uma forma de troca de horário entre eles ou solicitando que algum outro colega do trabalho possa atender o último e não interferir na sua programação familiar.

Creio que você deva estar se perguntando o motivo pelo qual eu trouxe essa experiência hipotética para dar início a este capítulo e qual a sua intencionalidade.

Quando falamos de sentimentos, neste caso o estresse e a tensão, precisamos ter um olhar sensível às mudanças de comportamento, às consequências que eles trazem para a nossa vida e rotina e à forma que lidamos com eles.

Observar o estresse e a tensão em uma experiência que envolve a vida adulta, com sujeitos maduros, já nos mostra que não é algo tão simples e que precisamos saber lidar com todos eles para que não tenhamos consequências negativas no nosso cotidiano e, consequentemente, na nossa vida.

Quando pensamos na infância, temos mais aspectos a observar. Afinal, a criança está passando pelo processo de formação da sua personalidade e ainda não possui maturidade suficiente para lidar com alguns sentimentos e, se esses não forem bem trabalhados, consequentemente trarão um reflexo negativo na sua vida adulta.

Para pensarmos no estresse e tensão vividos na infância, é necessário viajarmos pela vida intrauterina, a qual a criança recebe estímulos o tempo todo e, a partir das sete semanas e meia, começa a respondê-los com movimentos ou com o aumento dos batimentos cardíacos, conforme cita Zimerman (1999): "...com sete semanas e meia, o feto começa a responder a estímulos vindos tanto de fora como de dentro do seu corpo; ele responde com movimentos violentos e aumenta o batimento cardíaco à punção de uma agulha e à injeção intraperitoneal de soluções frias".

Além desses aspectos, durante a vida intrauterina, existe a possibilidade de serem encontrados traços que estarão relacionados ao futuro temperamento ou personalidade da criança. Afinal, sentimentos, emoções, tensões e estresses, que são vivenciados no meio externo, são transmitidos da mãe para o bebê e, consequentemente, interferem na formação da sua personalidade.

Mas, após o nascimento, o estresse e a tensão podem ser vivenciados pela criança?

A criança passa por algumas transformações importantes para o seu desenvolvimento, conforme cita Zimerman (1999): "...aquisição da linguagem, engatinhar, andar, curiosidade e exploração do mundo exterior, controle da motricidade e prazer com a atividade muscular, ensaios de individualização e separação e desenvolvimento da linguagem e comunicação da palavra".

Além desses aspectos, a mudança na rotina também interfere no seu estresse e tensão.

Você já parou para pensar o quanto deve ser estressante e tenso para a criança precisar deixar de chupar bico, de usar a mamadeira e toda hora ouvir que esses objetos precisam ser deixados de lado, pois ela já está grande e não precisa mais?

E quando o seu brinquedo predileto é quebrado, quando ela é limitada e proibida de viver a infância, quando precisa afastar-se da família após o período de licença?

Após crescer e estar em idade escolar, a criança vivencia um novo estresse e tensão. Afinal, ela precisa ser inserida no meio educacional, no qual não conhece ninguém e sua família não está no espaço.

Já pensou no estresse e tensão vivenciados com a chegada do irmão mais novo, com a partilha dos brinquedos preferidos, com os seus desejos negados, mesmo que sejam para o bem dessa criança?

Talvez, observando essas situações na condição de adultos e maduros, possamos achar que não venham a causar estresse e tensão. Mas, se nos colocarmos no papel da criança e entendermos que ela está saindo da sua zona de conforto e sendo confrontada com alguns acontecimentos, certamente entenderemos o nível de estresse e tensão que estão enfrentando.

Diante dessa situação, o papel do adulto é compreender o sentimento que a criança está vivenciando naquele momento e mostrar a ela que não está sozinha, ou seja, acolher a criança de modo que não faça prejulgamentos e não subestime o sentimento de estresse e tensão que ela está vivenciando diante do contexto.

Algumas estratégias podem e devem ser colocadas em prática, como forma de acolhimento e de auxílio na resolução desses sentimentos: dialogar com a criança, fazendo com que ela compreenda a situação e busque novas estratégias para resolvê-las, evitando vir à tona o estresse e a tensão; apresentar para a criança técnicas de respiração e relaxamento, permitindo ter um olhar mais sensível para aqueles sentimentos e ensinando a ter um controle sobre eles e sobre a situação; oferecer acolhimento à criança, abraçando-a e dizendo que tudo aquilo vai passar e, se precisar, que pode contar com você; expor para a criança leituras de livros e histórias infantis, nas quais as personagens vivenciem situações de estresse e tensão e, após a leitura, dialogar sobre as situações vividas pelas personagens e as estratégias adotadas para resolvê-las. Dessa forma, as crianças vão se identificar com as personagens e, assim como elas, buscarão estratégias para a resolução dos seus conflitos internos e externos.

Diante dos aspectos levantados e da compreensão dos momentos de estresse e tensão vivenciados pelas crianças e correlacionados com a vida adulta pela situação hipotética levantada no início deste capítulo, faz-se necessário ter um olhar sensível e diferenciado para a fase da infância.

Conforme citado, a vida intrauterina, as mudanças na vida infantil e o próprio cotidiano do meio em que a criança está inserida, geram situações que contribuem para momentos de estresse e tensão, visto que ela ainda não possui maturidade, não consegue resolver os seus conflitos sozinha e que algumas das resoluções desses conflitos não dependem somente dela.

Dessa forma, o apoio do adulto, a sensibilidade diante da situação e as estratégias aplicadas são fundamentais para o processo de auxílio durante o momento de estresse e tensão vivenciados pela criança.

Não podemos esquecer que, ao realizar essas estratégias de forma significativa, estamos contribuindo para a formação da personalidade do sujeito e que, consequentemente, teremos um reflexo positivo na sua vida adulta e na resolução dos possíveis conflitos que continuarão a existir.

Referências

ZIMERMAN, D. E. *Fundamentos psicanalíticos: teoria, técnica e clínica – uma adordagem didática.* Porto Alegre: Artmed, 1999.

26

EDUCAÇÃO POSITIVA

A Disciplina Positiva é uma abordagem que tem por objetivo auxiliar os adultos com ferramentas que possibilitem uma educação respeitosa. O presente capítulo traz uma introdução sobre essa abordagem, que sugere a interação adulto-criança como sendo gentil e firme ao mesmo tempo.

BEATRIZ SEVERINO ROSA

Beatriz Severino Rosa

Contatos
psibeatrizrosa@gmail.com
Instagram: @psibeatrizrosa
Facebook: fb.com/psibeatrizrosa
32 99944 7707

Psicóloga graduada com ênfase em Desenvolvimento Infantil pela UniFagoc, pós-graduanda em *Applied Behavior Analysis* (ABA) pelo Child Behavior Institute Of Miami. Certificada em Educação Parental em Disciplina Positiva pela Positive Discipline EUA/Brasil. Possui cursos de extensão e pesquisa, nacionais e internacionais, nas áreas de Autismo, Desenvolvimento Infantil, ABA e Neurociência. Atua como psicóloga clínica infantil, coordenadora de psicologia, facilitadora da Oficina das Emoções e realiza *workshops*, palestras e treinamentos.

Quando tive o primeiro contato com o trabalho infantil, não foi ainda no contexto acadêmico, mas porque o líder da igreja que eu frequentava acreditou que eu poderia auxiliar as crianças naquele momento. Mais tarde, já em um contexto acadêmico, fui selecionada em um concurso para realizar uma mediação escolar para uma criança com diagnóstico de autismo.

Quando iniciei o trabalho com crianças na igreja, as coisas eram mais simples, pois só as encontrava duas vezes na semana e por um curto período. Acredito que elas me achavam muito gentil, porque eu não era de corrigir ou punir. Na escola, por outro lado, passava 20 horas semanais e nem sempre eu conseguia ser gentil com as crianças. Afinal, eu precisava colocar um limite. A "Cadeirinha do pensamento" parecia ser o ideal para corrigir as crianças, mas eu sentia que não apresentava efeito a longo prazo e logo a criança estava lá fazendo exatamente a mesma coisa.

Recordo-me como se fosse ontem quando recebi a notícia de que havia sido aprovada no concurso. Naquela mesma noite, comecei a consultar o professor Google sobre como lidar com crianças típicas e atípicas, estava no segundo período da faculdade e ainda não tinha muita familiaridade com os sites de buscas de artigos científicos. Lia mais e mais textos, especialmente em blogs e, quanto mais assistia aos vídeos que encontrava na internet e redes sociais, sentia-me confusa, mas ao mesmo tempo confiante. Afinal, estava me preparando para lidar com aquelas crianças.

No primeiro dia de escola, pude notar que, na prática, as coisas eram muito mais difíceis. Eu havia lido que, se uma criança apresentasse birra, poderia deixá-la sozinha para não pensar que com aquele comportamento tinha conseguido minha atenção. Mas, na prática, não parecia funcionar muito bem. Naquele primeiro dia eu não fazia a mínima ideia do que fazer quando uma criança se recusava a realizar uma tarefa ou quando ela era muito sensível e chorava por "qualquer coisa".

O fato é que, provavelmente, você também já pesquisou na internet sobre como lidar com determinada situação. Talvez a internet tenha sido seu maior informante, mas, assim como eu, você sentiu que na prática as coisas não parecem tão simples assim.

Na verdade, acontece que, na atualidade, há muita informação e muitas delas divergentes. Uma página na rede social diz para você deixar seu filho chorar até dormir, a outra diz que isso faz mal para o desenvolvimento e que é necessário acolher sua criança. Uma diz que você precisa ser rígida e que algumas "palmadas" não trazem nenhum dano, enquanto a outra diz que não podemos bater e que isso impacta na forma como seu filho o(a) enxerga. Afinal, qual seguir? Ser gentil ou firme? Existe algum caminho do meio? Se sim, como ser gentil e firme ao mesmo tempo?

Por conta de tudo isso, resolvi me aprofundar em estudos científicos e realizar cursos nacionais e internacionais para compreender, de fato, o universo infantil e auxiliá-lo nessa jornada. Um dos últimos cursos que fiz foi de Educação Parental pela Positive Discipline Association.

Este capítulo surgiu como uma possibilidade de partilhar o que venho estudando há anos para que possamos, juntos, desenvolver o potencial de nossas crianças. A ideia é que este seja um espaço onde eu possa apresentar, de forma prática, uma educação positiva e, finalmente, mostrar que é possível encontrar o caminho de harmonia, sendo gentil e firme ao mesmo tempo com nossas crianças. Mas, afinal, o que é a Disciplina Positiva?

A Disciplina Positiva, ou DP como vamos mencionar aqui neste capítulo, é uma abordagem filosófica e prática, uma forma de educar com base na firmeza, afeto, empatia e respeito. Trata-se de uma opção no formato de conduzir a interação adulto-criança, colocando os limites necessários, estabelecendo diálogo e conseguindo cooperação das crianças.

Com a Disciplina Positiva, é possível:

- estimular o respeito e o encorajamento;
- desenvolver a autoestima das crianças;
- ensinar importantes habilidades sociais e de vida;
- desenvolver autonomia;
- entender os motivos por trás do mau comportamento.

A partir das teorias de Rudolf Dreikurs e Alfred Adler, o conceito de Disciplina Positiva foi desenvolvido pela Dra. Jane Nelsen, psicóloga, educadora, mãe de 7 filhos e avó de 18 netos. A Dra. Jane defende que as crianças têm o direito ao respeito e à dignidade, assim como qualquer outra pessoa. E entender isso é o primeiro passo para compreender a DP e colocá-la em prática.

Durante meu estudo sobre a abordagem positiva, deparei-me com muitas críticas sobre essa forma de educar e gostaria que ficasse claro, no decorrer deste texto, que a DP não é sobre ser permissivo, educar sem regras ou "mimar" a criança.

Essa abordagem é sobre encontrar o caminho do meio por técnicas como distração, substituição e prevenção, conduzindo a criança com gentileza e firmeza ao mesmo tempo. E o que a disciplina tem a ver com as emoções?

Antes de compreender esta relação, é necessário entender que ser firme não é sinônimo de ser rude e ser gentil não é sinônimo de "mimar".

É comum muitos responsáveis pensarem que, para educar suas crianças, precisam ser apenas firmes e essa firmeza tem base na rigidez, invadindo o espaço da criança. O famoso "manda quem pode, obedece quem tem juízo". E, na maioria das vezes, usam essa rigidez para educar, acreditando que é a melhor forma, afinal, muitos dos leitores deste livro também foram educados dessa forma. Mas, na verdade, sem perceber, acabam ferindo a dignidade da criança, humilhando e desrespeitando-a.

Em contrapartida, temos responsáveis que acreditam que gentileza tem a ver com "mimar". Acreditam que ser gentil é nunca dizer "não" e contrariar a criança, pois, assim ela poderá perder o amor por si mesma. Esses pais também podem ter sido criados como os pais anteriores, de forma rígida. E na tentativa de fazer diferente e agir da melhor forma possível, acabam tirando da criança a oportunidade de aprender sobre limites. Mimar gera fraqueza, porque essas crianças tornam-se adultos que acreditam que as pessoas deveriam fazer tudo para elas e não aprendem que são capazes.

Você já viu neste capítulo que a DP acredita que a firmeza e a gentileza andam juntas e se completam. Os responsáveis ou educadores podem ser firmes ao passar uma regra de casa ou da escola, mas gentis ao transmitirem a mensagem com respeito, amor e um tom de voz que faça com que a criança se sinta acolhida. É possível dizer "não" à criança sem deixar de validar o sentimento dela e explicar o motivo do "não". Um exemplo prático de ser firme e gentil seria essa fala: "Clarice, eu sei que você não quer ir para a escola, mas mesmo assim precisa ir. Podemos ir até o carro de cavalinho ou pulando de uma perna só, o que você prefere?".

E é nesse ponto que entra a questão da emoção. Pais apenas firmes acabam distanciando sua criança e pais apenas gentis criam adultos mimados que não entendem as próprias emoções nem as dos outros. Responsáveis que educam com a abordagem positiva, usando gentileza e firmeza ao mesmo tempo, dão o melhor de si e criam filhos responsáveis, amorosos e que desenvolvem inteligência emocional.

Seguem aqui dicas práticas de como validar as emoções da criança:

- deixe que as crianças tenham emoções para que aprendam que são capazes de lidar com elas;
- não anule as emoções da criança;
- um exemplo para validar as emoções da criança: "posso notar que você está com raiva nesse momento";
- fique em silêncio e deixe que a criança supere isso.

Observe que, ao validar as emoções das crianças, você está dando oportunidade para compreenderem que está tudo bem se sentirem com raiva ou tristes, por exemplo. Ensinar que está tudo bem sentir-se com raiva não é permitir que a criança se agrida ou machuque quem está à sua volta. Lembra que falamos sobre o caminho do meio? As emoções em si não controlamos. Se alguém tirar um brinquedo que a criança gosta de forma desrespeitosa, provavelmente ela ficará com raiva. Da mesma forma que, depois de um dia estressante de trabalho ouvir os filhos gritando, e correndo para todo lado pode te deixar estressada. Mas, se não controlamos as emoções, o que devemos fazer?

A DP tem uma ferramenta que se chama Pausa Positiva. Antes de explicar como aplicá-la, quero que você entenda que a neurociência já comprovou quais áreas do cérebro são ativadas quando perdemos a paciência, tanto a criança quanto o responsável.

Quando estava realizando minha certificação internacional em Educação Parental com base na Disciplina Positiva, fizemos uma dinâmica que fez muito sentido para que pudéssemos entender como nosso cérebro reage em momentos de tensão e estresse.

Foi apresentado o "cérebro na palma da mão", um trabalho desenvolvido pelo Dr. Daniel J. Siegel publicado primeiramente em seu livro *Parenting from the inside out* (2003) e, recentemente, no livro que muitos de vocês já devem ter ouvido falar, *O cérebro da criança* (2011). Eu uso essa explicação na maioria das palestras, *workshops* e orientação parental individual que realizo. Acredito que entender como nosso cérebro funciona nos auxilia a agir de forma diferente durante um momento mais crítico.

É necessário compreender que, quando estamos em um momento que "surtamos", nosso córtex pré-frontal não está ativo, portanto é impossível que a gente acesse a área de raciocínio para resolução de conflitos. Nesse momento, apenas estão expostos nosso mesencéfalo, responsável por reservar memórias de medo e insegurança, e nosso tronco cerebral, responsável pela fuga, luta ou paralisação.

A neurociência ainda nos traz a informação dos "neurônios-espelhos", responsáveis pela imitação. Sabe quando alguém boceja perto e você fica com vontade de bocejar também? Esses são os "neurônios-espelhos" agindo. Quando você perde o controle, é bem provável que quem esteja ao seu lado também perca o controle e perca o acesso ao córtex pré-frontal. Da mesma forma, quando alguém surta do seu lado, as chances de você surtar junto aumentam. Você acha que essa é uma boa hora para resolver algum problema? Não conseguimos ser racionais, dificilmente ouviremos o que o outro tem a dizer e já aprendemos que não tem como controlar nossas emoções. Então, o que fazer para restabelecer o acesso ao córtex pré-frontal?

Antes de continuar a leitura, escreva aqui pelo menos 4 ações que acredita que poderiam ajudar você, pai, mãe, responsável ou educador, a regular suas emoções nesse momento (contar até 10, tomar um banho, fazer yoga, sair sozinha etc.).

Agora, escreva pelo menos 4 ações que você acredita que as crianças poderiam realizar nesse momento.

É importante ressaltar que crianças por volta dos 5, 6 anos ou mais podem aprender esse modelo de cérebro na palma da mão e compreender como seus cérebros funcionam e por que é importante uma Pausa Positiva nesses momentos.

Agora que aprendemos um pouco sobre neurociência e vocês pensaram em algumas opções que podem auxiliar nesse momento, vou explicar como funciona a Pausa Positiva de forma breve:

- com a criança, crie um espaço para acalmar-se. Permita que ela decida sobre a criação e a decoração do local;
- peça que escolha um nome especial para o local (evite "Cantinho do pensamento" ou algo que assimile punição);
- quando se descontrolarem, pergunte: "Que tal irmos para o _____?";
- seja o exemplo e, sempre que precisar, também vá até o seu lugar especial para acessar o córtex pré-frontal.

Foi necessário dedicar mais tempo explicando como nosso cérebro funciona em um momento de "explosão" porque alguns responsáveis se sentem culpados depois de agirem de forma agressiva com os filhos. Agora você entende por que age assim e tem uma alternativa para agir de forma diferente. Tente se lembrar que, nesses momentos, ser responsável é diferente de ser culpado.

Educar de forma positiva inclui muito mais do que eu poderia falar neste capítulo. Então indico a leitura do clássico Disciplina Positiva, da Jane Nelsen (2015), para quem se interessar mais pelo assunto.

Diante disso, podemos compreender que o universo infantil é amplo e que há diversas ferramentas disponíveis para educar de forma positiva e respeitosa. Para aplicá-las, é necessário estar disposto a mudar a si antes de querer mudar a criança e confiar no processo. Muitas vezes, vai parecer que não é possível fazer diferente do que ensinaram um dia, mas, confiando no processo e entendendo que erros são oportunidades para aprender, conseguiremos chegar lá. Da próxima vez que sua criança tiver um mau comportamento, tente se recordar do que está por trás: necessidade de ser aceita e de sentir-se importante.

Referências

NELSEN, J. *Disciplina Positiva: o guia clássico para pais e professores que desejam ajudar as crianças a desenvolver autodisciplina, responsabilidade, cooperação e habilidades para resolver problemas.* 3. ed. São Paulo: Manole, 2015.

SIEGEL, D. J.; HARTZELL, M. *Parenting from the Inside Out: How a Deeper Self-Understanding Can Help You Raise Children Who Thrive*. 10. ed. Jeremy P. Tarcher/Penguin, 2013.

SIEGEL, D. J.; BRYSON, T. P. *O cérebro da criança: 12 estratégias revolucionárias para nutrir a mente em desenvolvimento de seu filho e ajudar sua família a prosperar*. São Paulo: nVersos, 2015.

ADULTIZAÇÃO INFANTIL X VIOLÊNCIA SEXUAL

Violência sexual infantil. Historicidade da infância. Evidência de diferentes formas de violência. Alerta a pais e profissionais quanto à saúde emocional da criança especialmente. Conceituação de violência sexual infantil. Efeitos danosos. Alguns caminhos de proteção à criança vitimizada no sentido da superação dos reflexos traumáticos no psiquismo deste ser em desenvolvimento.

SÔNIA MARIA ALMEIDA

Sônia Maria Almeida

Contatos
almeidasonia.almeida7@gmail.com
51 99973 3720

Graduação em Serviço Social (PUC-RS, 1977); aposentada governo do Rio Grande do Sul como Assistente Social com experiência profissional em programas, projetos e instituições de atendimento, defesa e guarda de crianças e adolescentes durante 30 anos; especialista em Orientação Familiar (PUCRS/1981); especialista em Violência Doméstica (USP/1990); mestre (1999) e doutora (2010) em Serviço Social pela PUC-RS, com dissertação e tese em violência doméstica e políticas públicas de crianças e adolescentes e de mulheres abrigadas, respectivamente; docente no Curso de Serviço Social da ULBRA/Canoas/RS (1984 a 1994); professora no Curso de Serviço Social na UNISINOS/São Leopoldo/RS (1989 a 2016); apresentação e publicação de trabalhos em eventos científicos, especialmente com temáticas da violência doméstica em relação a crianças e adolescentes, mulheres e pessoas idosas; publicação do livro com Jéssika Ferreira de Lima: *Expressões de cidadania em reassentamentos urbanos- desafios ao serviço social* (2018).

História e adultização da infância

A historicidade da infância não apresenta inicialmente cuidados e preocupação com a criança. Segundo Ariès (2006), até o século XII, a infância não ocupava lugar significativo no mundo, uma vez que o convívio da criança com o adulto se dava indistintamente, quer seja em espaços domésticos, privados, ou coletivos, públicos. Ariès (2006) nos mostra um contexto de adultização da infância, especialmente no período medieval, registrado nas artes, na roupagem e no trato com a criança, pois ela poderia participar ou mesmo assistir à situações da vida adulta. Esta condição de invisibilidade e inferioridade da infância deixava a criança vulnerável a diferentes formas de violência, como trabalhos inadequados à faixa etária, agressões físicas, humilhação, abusos sexuais, dentre outras (ARIÈS, 2006). A história da infância nos apresenta um quadro disciplinador tanto na vida escolar como no comportamento doméstico. Entre os séculos XV, XVII até XVIII, abranda-se esse cenário aviltador da infância, de rudeza medieval, a partir de movimentos reformistas, especialmente na França e Inglaterra, formado por pessoas da "elite de pensadores e moralistas que ocupavam funções eclesiásticas e governamentais" (ARIÈS, 2006, p.121). No entanto, surge, neste período, o ideal da criança bem-educada. A partir daí, então, sob pressão de religiosos e educadores, a escola se torna um local privilegiado na formação da criança, embora, em um caráter moralizador da infância, como a seriedade desde pequeno, o recato, a decência . Entretanto, essas ideias carregavam também uma separação de classe social e de gênero, ou seja, o ensino secundário mais longo se destinava aos burgueses e a escola de ensino mais curto, para o povo (primário) (ARIÈS, 2006). A distinção de gênero afetava preponderantemente as meninas, pois eram educadas para casarem e serem boas esposas aos 12, 13, 14, ou 15 anos.

A história da infância caminha com a história da família. Na evolução deste grupo social, a criança se insere como um membro qualquer, adulto, e vai transformando-se a família em um espaço de cuidado, como um grupo privativo da criança, sem a interferência da coletividade, ou seja, dos grandes internatos e da igreja. Refere-se à família moderna, a partir do século XIX, adentrando ao século XX. A família passa de grupo social para a conservação dos bens e da linhagem, do ensino e aprendizagem de um ofício, para um grupo nuclear de cuidado, proteção e afetividade, considerando as peculiaridades e entendimentos da época. Nessa caracterização moderna, situa-se a ideia de que os filhos são propriedades dos pais e cabe somente a eles o futuro da sua prole. Importante ressaltar que a infância é uma invenção da pós-modernidade, com a real preocupação pelo crescimento e desenvolvimento saudável do infante. Por outro lado, esse período, até os dias atuais, trazem domínio das mídias eletrônicas, progresso pelos mercados socioeconômico, político, cultural e consumo como marca da expressão pessoal, pluralidade cultural e polarização social, e outras, influenciando as famílias e as crianças nos seus comportamentos, atitudes e emoções.

Desde o século passado, a adultização da infância retorna com novas roupagens, mediada pela força sugestiva e de persuasão midiática, seja pela televisão, redes sociais, jogos, músicas e pelo contexto socio-histórico capitalista, individualista e de competição desenfreada. Como reflexo desses tempos, a infância se vê à mercê de atividades em excesso, "de consumo, da erotização do corpo infantil e da imposição social do ritmo da vida adulta à criança [...], ou seja, [...] em objeto a ser consumido". (MENEZES, 2016: 9-10). Assim, também o domínio do homem sobre a mulher, com a geração cada vez maior da violência extra e intrafamiliar, preconceitos sociais, de gênero e étnico-racial tomam o universo da criança de forma intensa, triste e com consequências devastadoras.

Violência sexual na infância

A violência à criança é tão antiga quanto a humanidade, expressa por diferentes formas. Constitui-se em um fenômeno universal e histórico que não discrimina etnia, cor, faixa etária, sexo, credo ou classe social, inserida nas especificidades de cada sociedade e cultura.

A história da infância evidência desamor, desrespeito, humilhação, castigos físicos e psicológicos, segregação, abuso sexual. A partir do século XX, com o advento das legislações de defesa e proteção à criança e das políticas públicas de enfrentamento à vulnerabilidade da infância, a violência sofrida por essa faixa etária tem sido foco de atenção e de denúncia nos cenários internacional e nacional, ocupando lugar significativo na agenda de organizações governamentais e não governamentais. A Organização Mundial da Saúde (OMS), o Fundo das Nações Unidas para a Infância (UNICEF) e a Organização das Nações Unidas para Educação, Ciência e Cultura (UNESCO), e outros organismos internacionais, divulgaram dados que apontam cerca de um bilhão de crianças vitimizadas anualmente. O Relatório do Status Global sobre Prevenção da Violência contra Crianças em 2020 mapeou progresso em 155 países, embora quase a metade de todas as crianças no mundo ainda sofre violência física, sexual e psicológica regularmente. Apesar de quase 88% dos países terem legislações de proteção à criança, menos da metade (47%) dos países aplicam as leis. (CERCA, 2020). No Brasil, o registro de casos de violência sexual infantojuvenil no Disque 100, telefone de denúncia da Secretaria Nacional de Direitos Humanos da Presidência da República, só aumenta. De 1º de janeiro a 12 de maio de 2021, foram registradas 6.091 denúncias (BRASIL, 2021). Segundo o UNICEF, a pandemia de covid-19 acarretou aumento de casos de violência sexual devido a fechamentos de escolas e restrições de mobilidade urbana, permanecendo as crianças com seus abusadores na maior parte do tempo.

Dentre as novas e velhas formas de violência infantil, a violência sexual constitui um fenômeno complexo, com ainda escassa visibilidade, não raras vezes reservado ao mundo privado da família. Nesse tipo de violência, encontram-se o abuso sexual doméstico e intrafamiliar, a exploração sexual infantil, a pornografia infantil em revistas, em sites, em cinema e peças de teatro e o turismo sexual infantil.

Ao contrário da agressão, a violência sexual pressupõe uma relação social, posto que produz-se e reproduz-se social e historicamente na sociedade. Não é um estado natural, não está dentro de cada um, sendo necessário contextualizar e compreender a violência sexual extra e intrafamiliar nos seus significados para os sujeitos envolvidos.

Por violência sexual entende-se o ato ou jogo sexual, podendo ser uma relação heterossexual ou homossexual, envolvendo um ou mais adultos e uma criança ou adolescente. Este jogo, sem a permissão da criança, objetiva estimulá-la sexualmente ou utilizá-la para obter satisfação sexual. É um tipo de violência que se apresenta na relação de consanguinidade, de afinidade ou de responsabilidade, exploração sexual e pedofilia, podendo empregar a força física ou não, valendo-se da sedução e da ameaça, o poder psicológico e emocional sobre a criança. Toda a violência sexual, seja no âmbito familiar ou não, constitui-se em uma relação hierárquica e adultocêntrica, na qual a criança é o pólo oprimido submetido ao poder do adulto, cabendo a este último decidir e impor seus interesses, expectativas e sentimentos. Neste âmbito da violência, estabelece-se uma relação de exploração-dominação.

As consequências na vida das crianças vitimizadas são devastadoras, uma vez que "afeta e altera a história de vida do sujeito. A criança que é abusada vivencia uma condição de ameaça e desamparo, sendo a angústia experimentada de morte [...]" (SILVA & INADA, 2013). A criança, nessas situações, sente culpa e vergonha, confusa "entre a ternura da criança e as respostas passionais ou perversas do adulto" (ibid.).

Os reflexos físicos e emocionais resultam em danos sofridos que envolvem não só a parte física da criança na área genital e, nos casos mais graves, o alcance de outros órgãos, como também a parte mental e emocional. As reações e impactos na criança vão desde doenças e transtornos de estresse pós-traumático, ocorrendo enxaquecas, dores estomacais, distúrbios do sono (insônia, terror noturno), alimentares (obesidade, anorexia, bulimia) e transtornos psicológicos (ansiedade e depressão). Embora a sintomatologia da criança vitimizada sexualmente seja variada, é importante lembrar outros aspectos como "[...]comportamento sexualizado, baixa autoestima, medo, ideação suicida, queixas somáticas, comportamento agressivo, fugas e abuso de substâncias [...], crises de raiva, comportamento pegajoso, problemas escolares [...]" (BASSOLS *et al*, 2011, p.69).

As reações físicas, psicológicas, comportamentais são justificáveis, pois a violência sexual é uma excitação excessiva, inadequada e sem a participação voluntária da criança, o que afeta e marca intensamente o corpo e o psiquismo do ser em desenvolvimento. Neste sentido, evidenciam-se os efeitos traumáticos aos sujeitos que vivenciam a violência sexual e a necessidade de perceber a criança como um sujeito em desenvolvimento, de apoiar os pais e pessoas responsáveis (não agressores) e capacitar os profissionais envolvidos.

Caminhos da proteção à criança: algumas considerações

1. Identificação e compreensão da violência sexual nas causas e consequências – primeiro passo à proteção da criança (AZAMBUJA, 2004). Exige o rompimento imediato do ciclo de violência, libertando a criança do convívio com o agressor e, se imprescindível, abrigando-a em caráter emergencial e transitório.

2. Fortalecimento da família – ao enfrentamento da violência sexual é fundamental o empoderamento do grupo familiar, tornando-o sujeito capaz de pensar e conduzir seus destinos; o rompimento do ciclo de pobreza e da exclusão social, se este for um fator causal preponderante, faz-se igualmente necessário. Este caminho se configura como uma garantia de autonomia das famílias – trabalho não somente para, mas também com famílias. "Nesta perspectiva, a orientação familiar e uma escuta qualificada à criança são essenciais para uma intervenção satisfatória" (SILVA & INALDA, 2013).

3. Trabalho interdisciplinar – os caminhos da proteção não são trilhados por uma só profissão. É uma equipe a ser movida no atendimento à criança vitimizada e às famílias: psiquiatras, psicólogos, assistentes sociais, advogados e, em muitos casos, fisioterapeutas e fonoaudiólogos. O trabalho conjunto forma uma unidade necessária ao desvendamento e atendimento às situações de violência sexual.

4. Interação entre sistema de justiça e políticas sociais públicas – especialmente saúde e assistência social. Neste caminho é fundante não só articulação de políticas intersetoriais, bem como a organização, a capacitação e o fortalecimento da rede de atendimento.

Identificar, denunciar, proteger e atender a criança em situação de violência sexual são inseparáveis na adoção de medidas de proteção à infância.

Referências

ARIÈS, P. *História social da criança e da família*. Rio de Janeiro: editora LTC, 2006.

AZAMBUJA, M. R. F. *Violência sexual intrafamiliar: é possível proteger a criança?* Porto Alegre: Livraria do Advogado, 2004.

BASSOLS, A. M. S. *et. al.* A visão do psiquiatra de crianças e adolescentes na avaliação e atendimento de crianças abusadas sexualmente. pp. 67-78. In: AZAMBUJA, M. R. F.; FERREIRA, M. H. *et. al. Violência sexual contra crianças e adolescentes*. Porto Alegre: Artmed, 2011.

BRASIL. Ministério da Mulher, da Família e dos Direitos Humanos. D*isque 100 tem mais de 6 mil denúncias de violência sexual contra crianças e adolescentes em 2021*. Disponível em: <https://www.gov.br/mdh/pt-br/assuntos/noticias/2021>. Acesso em: 20 nov. de 2021.

CERCA de 1 bilhão de crianças no mundo são vítimas da violência todos os anos. *ONU News*, 18 jun. 2020. Disponível em: <https://news.un.org/pt/story/2020/06/1717372>. Acesso em: 20 nov. de 2021.

MENEZES, S. M. M. De. Adultização da infância pela mídia: uma leitura sócio-histórica. *Revista Psicologias,* V.2, p.1, 2016. Disponível em: <midiahttps://periódicos.ufac.br/index.php/psi/article/view/269>. Acesso em: 15 nov. de 2021.

SILVA, A. A. da; INADA, J. F. As implicações psicológicas e comportamentais do abuso sexual infantil. Anais Eletrônicos do VIII EPCC – *Encontro Internacional de Produção Científica Cesumar.* 2013. Disponível em: <https://rdu.unicesumar.edu.br/bitstream/123456789/4266/1/amanda_amancio_da_silva.pdf>. Acesso em: 15 nov. de 2021

28

BRINCAR PARA UM DESENVOLVIMENTO SAUDÁVEL

Este capítulo vem falar da importância do brincar para o desenvolvimento emocional saudável da criança. O brincar é essencial para o desenvolvimento cognitivo infantil; é visível a alegria no brincar das crianças, seja em casa, nos parques ou nas escolas. Por meio das brincadeiras, a criança aprende e se identifica com o meio e suas emoções, seu processo de simbolização e representação que leva ao pensamento abstrato. O brincar desenvolve também a linguagem e a habilidade motora.

MÁRCIA TIAGO DE SÁ

Márcia Tiago de Sá

Contatos

marciasa8352@gmail.com
marcia_tiago_sa@hotmail.com
Instagram: @educadora.marcia.sa
44 99806 5016

Formada em Pedagogia, Letras/Inglês; tecnóloga em Gestão Pública; pós-graduada em Gestão Escolar e Organização do Trabalho Pedagógico, Educação Especial, Lúdico e Psicomotricidade na Educação Infantil. Formação em Psicopedagogia Clínica, Educacional, Empresarial e Hospitalar (cursando). Formação em *Coaching* Educacional (cursando). A.B.A. Análise do Comportamento Aplicada (cursando). Autora do livro *Acredite, nós podemos fazer a diferença*. Líder, brinquedista e articuladora da saúde na Pastoral da Criança. Professora de educação infantil.

Muito tem se discutido nos meios educacionais sobre a relevância do brincar. Quando a criança está brincando sozinha ou em grupo, que tipo de aprendizado a brincadeira possibilita no desenvolvimento e na aprendizagem? As crianças têm oportunidade de brincar em família, na escola ou na comunidade em geral? Como o brincar poderia ser aliado à questão das manifestações emocionais?

Sabendo que a alegria da criança está no simples fato de interagir com o adulto ou com colegas, devemos proporcionar na rotina da criança o momento do brincar, não podemos negligenciar as emoções das crianças que se manifestam pelas brincadeiras, pois as emoções sempre estarão presentes durante o brincar, influenciando no aprendizado.

Neste capítulo, quero trabalhar a manifestação da alegria no brincar das crianças, seja em casa, nos parques ou nas escolas. O brincar é essencial para o desenvolvimento cognitivo da criança. Por meio das brincadeiras, a criança aprende e se identifica com o meio e suas emoções, seu processo de simbolização e representação que leva ao pensamento abstrato.

Toda criança tem direito de brincar. A essência lúdica, no desenvolvimento infantil, se inicia quando as crianças são ainda muito pequenas. O brincar é uma atividade essencial da criança como linguagem cultural na vida do indivíduo, contribuindo para o desenvolvimento integral e fortalecimento de vínculos entre adultos e crianças. Uma memória de sentimentos e sensações, cheiros, lembranças. Para cada um o brincar tem seu significado específico.

A emoção alegria, tema tratado neste capítulo, é o oposto da tristeza. É um sentimento de plenitude e satisfação interior e felicidade. Falando da emoção e alegria, é importante salientar que a criança a qual o adulto favorece o brincar aprende mais, pois, aprende brincando, seja de faz de conta, casinha, fantasia, jogos e mesmo brincadeiras cantadas ou de rodas, melhorando seu cognitivo infantil. Por isso, é importante a família proporcionar um ambiente no qual as crianças possam brincar com a família e amigos em geral. É importante também que as escolas proporcionem esse ato de brincar e que esteja no planejamento do professor, dando condições para que as crianças possam se desenvolver pela brincadeira e estabelecer questões teóricas pertinentes à brincadeira por meio de diferentes linguagens.

Com as crianças, a melhor forma de trabalhar as emoções é por meio da rotina, proporcionando, por meio do brincar, o sentimento de prazer e felicidade produzido pela emoção da alegria.

É muito importante ver a criança com suas individualidades, um ser único que deve ser observado em suas particularidades; por meio do brincar é que ela vivencia e interage com o ambiente no qual está inserida.

O enfoque do brincar, para Paulo Freire, é a forma de espontaneidade, imaginação livre, expressividade de si e do mundo na criança; a inventividade, a capacidade de recriar o já criado, isto é, pelas emoções do prazer do brincar, a criança aprende com maior facilidade, sente-se motivada, elabora autonomia de ação, organiza emoções com maior probabilidade de êxito.

O brincar desenvolve também a linguagem e a habilidade motora. Sendo pelo ato de brincar que a criança vivencia e interage com o mundo a sua volta. O correr, o pular e o desenhar ajudam a criança a se expor à felicidade e a fortalecer vínculos com a família e a escola, com a professora e os demais amigos. Precisamos deixar claro que as crianças precisam brincar de verdade e não apenas em *software* e aplicativos de celulares e *tablets*. É importante salientar que não podemos castrar da criança o brincar, pois, ao tirar das crianças o direito de se expressar pelas brincadeiras, tiramos sua criatividade.

O brincar é essencial para o desenvolvimento cognitivo da criança, pois por meio deste ato, ela vivencia no concreto as representações da brincadeira ao pensamento abstrato. O ato de brincar possibilita que as crianças possam viver o prazer de brincar, o desenvolvimento das expressões e dos sentimentos, e a aprendizagem; por meio do brincar as crianças reproduzirão as formas de seu cotidiano com reflexos e reflexões do seu dia a dia. Por isso é tão importante o adulto brincar com a criança.

A criança aprende a se identificar com o meio e as suas emoções por meio do jogo e da brincadeira. Pelo brincar, as crianças expressam a emoção da alegria, emoção mais positiva e que está diretamente associada ao prazer e à felicidade. A alegria possui função básica na vida do ser humano.

Qual é a importância de a família brincar com a criança?

A família é o primeiro contato social da criança, ao brincar com a criança, a família ajuda a desenvolver suas capacidades de linguagem, motoras, cognitivas e afetivas, cooperando para o desenvolvimento saudável em todos os aspectos. A brincadeira proporciona à criança aprender brincando e torna leve a aprendizagem, desenvolvendo sua memória, raciocínio e a criatividade.

O brinquedo possibilita a interação entre as crianças e a mediação de um adulto torna-se fundamental. Elas conversam umas com as outras, levantam-se de seus lugares para brincar com outra criança ou até mesmo para pedir emprestado outro brinquedo. O brincar permite o desenvolvimento do imaginário, de modo que ficar sentada em seu lugar acaba sendo algo quase impossível.

As crianças não brincam tanto como antigamente. São inúmeros os motivos, como a forma como as famílias estão estruturadas e a violência na rua. Faltam aos adultos o conhecimento sobre o papel do brincar e os benefícios no desenvolvimento ao deixar a criança viver a fase infantil sendo criança.

Piaget (1982) cita a importância de cuidar dos primeiros anos de uma criança, pois ela constrói seu conhecimento desde o nascimento e estes são determinantes na formação do adulto que ela se tornará. É importante os pais terem tempo de qualidade com os filhos, voltados às brincadeiras.

A alegria de brincar na primeira infância

Nos primeiros mil dias de vida é que acontece a maior evolução de crescimento humano. A criança é um ser integral e complexo que deve ser entendida dentro do seu estágio de vida, com suas singularidades de observar o mundo.

A brincadeira, nessa fase, é relevante, pois a criança tem maior visão de mundo a sua volta. Quando a família e a escola permitem que a criança possa brincar, se expressar e explorar livremente o que está a sua volta no seu nível e à sua maneira, está expressando seus sentimentos, ideias, fantasias, relacionando o real ao imaginário. Pelo brincar, a criança adquire a capacidade de resolver conflitos. Toda a experiência adquirida nas brincadeiras contribuirá para o crescimento da criança no seu modo de ver e atuar no mundo, possibilitando a formação da identidade. A criança que brinca é mais feliz.

Os referenciais curriculares mostram de forma específica vários aspectos do direito das crianças, dentre eles, o direito de brincar como forma particular de expressão, pensamento, interação e comunicação infantil. A alegria de brincar fortalece os laços sociais, promovendo sensação de satisfação pelo convívio com o outro.

É importante que a criança aprenda a se conhecer e saber as emoções que a aflige, pois, no brincar, podem ocorrer conflitos nos quais os sentimentos como a raiva e a tristeza emergem. Desse modo, a brincadeira propicia à criança o direito de expressar suas emoções.

Qual é a importância das emoções sentidas e da alegria de brincar no desenvolvimento infantil saudável?

As emoções nos acompanham por toda nossa vida, por isso é necessário que a criança aprenda a identificar, nomear e gerir as emoções, tanto as emoções agradáveis de sentir (alegria, amor) quanto as desagradáveis de sentir (medo, raiva, tristeza, ansiedade).

A alegria remete a um sentimento de satisfação. Sentir-se acolhido, aceito, é uma forma de equilíbrio contra emoções negativas desagradáveis. A alegria na infância favorece a saúde emocional, as relações criança/criança e criança/família. A alegria, quando não manifestada, demonstra dificuldades de ativar as emoções agradáveis do sentir. Se persistir, pode ser necessária a ajuda de um profissional, pois ninguém é feliz o tempo todo, porém, no cotidiano, a alegria deve se fazer presente.

Do ponto de vista teórico, na perspectiva histórico-cultural, o brincar é uma das atividades potencializadoras do desenvolvimento infantil. Sendo assim, deve ser tomado como um dos principais eixos para o desenvolvimento de suas relações, reflexões e prática social.

A ludicidade, de acordo com Piaget, é uma necessidade do ser humano em qualquer idade e deve ser vivenciada principalmente na infância, não apenas como diversão ou lazer, mas como forma de as crianças se relacionarem e trocarem conhecimentos pelas brincadeiras, pois é a fase em que desperta nelas o interesse por descobrir e aprender. Para elas, o brincar é uma necessidade física, uma atividade interna que estimula o seu aprendizado pela experiência vivida nesse momento da brincadeira, um momento de alegria e descontração.

A criança, por meio da brincadeira, vivenciará emoções e identificará resolução de conflitos baseada no desenvolvimento da imaginação e na interpretação da realidade. Quando as crianças estão juntas e interagindo pelo jogo ou brincadeira, podem, sem preocupação, arriscar, errar, sem uma cobrança, nisso reside o verdadeiro aprendizado, capaz de transformar essas crianças e de prepará-las para serem verdadeiros cidadãos, aprendendo desde cedo a viver em sociedade, com respeito pelas regras do seu grupo de convívio.

Nas escolas, existem várias possibilidades para trabalhar a emoção das crianças pelo brincar, como os cantos pedagógicos diversificados, a imagem no espelho, pelas ilustrações, fotografias e dicionário de poemas infantis, pois a criança pode manifestar suas emoções por meio de fala, desenho e escrita e também de forma lúdica, usando *emotions*, aproveitando situações que ocorram no cotidiano e que fazem sentido. Tornando-se livre para pensar nos problemas, buscar soluções, sendo autora de sua própria história, elaborando e colocando em prática suas fantasias e conhecimentos.

Referências

BENJAMIN, W. *Reflexões sobre a criança – o brinquedo e a educação*. Tradução Marcus Vinicius Mazzari. São Paulo: Editora 34, 2008.

BRASIL. *Constituição: República Federativa do Brasil de 1988*. Brasília, DF: Senado Federal, 1988.

BRASIL. *Referênciais curriculares para a educação infantil*. Brasília: MEC/SEF, 1998.

FREIRE, P. *Sobre a educação: diálogos*. Paulo Freire e Sérgio Guimarães. Rio de Janeiro: Paz e Terra, 1982.

PIAGET, J. *O juízo moral na criança*. Trad. Elzon Lenardon. São Paulo: Summus, 1994.

29

ADOÇÃO
EMOÇÕES E DESAFIOS

Temática da adoção sob a perspectiva das emoções e dos desafios apresentados tanto aos adotados quanto aos adotantes, desde o surgimento do desejo de ter uma criança como filho, não por laços consanguíneos, e, para a criança, o sonho de ter uma família que a aceite. Não há a intenção de esgotamento do tema, dada sua grande extensão e diversidade atual e à luz da legislação brasileira.

SÔNIA MARIA ALMEIDA

Sônia Maria Almeida

Contatos
almeidasonia.almeida7@gmail.com
51 99973 3720

Graduação em Serviço Social (PUC-RS, 1977); aposentada pelo governo do Rio Grande do Sul como assistente social com experiência profissional em programas, projetos e instituições de atendimento, defesa e guarda de crianças e adolescentes durante 30 anos; especialista em Orientação Familiar (PUC-RS, 1981); especialista em Violência Doméstica (USP, 1990); mestre (1999) e doutora (2010) em Serviço Social pela PUC-RS, com dissertação e tese em violência doméstica e políticas públicas de crianças e adolescentes e de mulheres abrigadas, respectivamente; docente no Curso de Serviço Social da ULBRA/Canoas/RS (1984 a 1994); professora no Curso de Serviço Social na UNISINOS/São Leopoldo/RS (1989 a 2016); apresentação e publicação de trabalhos em eventos científicos, especialmente com temáticas da violência doméstica em relação a crianças e adolescentes, mulheres e pessoas idosas; publicação do livro com Jéssika Ferreira de Lima: *Expressões de cidadania em reassentamentos urbanos - desafios ao serviço social* (2018).

Era uma vez uma menininha de seis meses, acolhida e amada por um casal que há 10 anos tentava ter filhos biológicos, em um contexto de inexistência, no Brasil, de tratamentos para fertilidade mais eficazes e avançados – década de 1950. Ou os casais aceitavam não terem filhos biológicos ou optavam pela adoção. Essa menina sou eu. Sou assistente social e professora universitária, agora aposentada. Minha vida profissional foi na maior parte dos anos com crianças, quase todas aptas a serem adotadas. Não faço neste capítulo minha biografia, mas mesclo minha experiência pessoal como filha adotiva com o trabalho em instituições e/ou programas governamentais de acolhimento e defesa da criança e do adolescente.

Portanto não é um conto de fadas. É uma história real de adoção referenciada neste capítulo para tratar de uma escolha ou atitude de amor mútuo, cheia de emoções e desafios, que envolve muitas famílias no Brasil.

Antes de falar sobre os sentimentos e emoções, o que é adoção segundo a legislação brasileira? A legislação vigente é popularmente conhecida como Nova Lei da Adoção, Lei 12.010, de 29 de julho de 2009, que dispõe sobre o direito da criança e do adolescente à convivência familiar, quer seja família biológica ou substituta. Esses sujeitos em situação de adoção ou aptos a serem adotados por motivos de abandono e de outras formas de violência a que são submetidos nos seus lares de origem são acolhidos em instituições públicas ou privadas ou em lares substitutos temporariamente por determinação do Ministério Público e do Juizado da Infância e da Juventude.

Para que possam viver em um contexto familiar, ao contrário de permanecerem anos e anos nestas instituições, a Lei 12.010 estabelece o prazo máximo de dois anos para esse tipo de acolhimento como também a revisão da situação de todos os acolhidos a cada seis meses. Em 2017, foi sancionada a Lei nº13.509/2017, que alterou importantes legislações como a trabalhista, com extensão aos pais adotantes das mesmas garantias dadas aos pais biológicos, por exemplo, o direito à licença maternidade, intervalos para amamentação da criança adotada durante a jornada do trabalho, entre outras.

Ao mencionarmos as emoções, já partimos do que foi exposto acima. Parece redundante, mas não o é, porque as crianças sentem a falta de um lar, necessitam de figura materna e paterna para chamarem de mãe e de pai. As crianças se expressam, muitas vezes, no choro, na dificuldade de aprendizagem, na agressividade, entre outros comportamentos.

Por outro lado, o casal, ainda lidando com a perspectiva da infertilidade, também passa por reações, pensamentos e sentimentos, como cita Fonseca (1995), no tocante às mães de sua pesquisa, que se manifestavam com perda de sono, imaginavam-se abraçando seus filhos ou filhas, colocando os seus bebês para dormir e ninando para eles. Esta fase encerra para ambos, crianças e pais, ainda não adotados e adotantes, um campo de emoções que precisa ser compreendido na sua intensidade.

> As emoções serão, portanto, sempre acompanhadas de reações neurovegetativas (aceleração do batimento cardíaco, mudança na respiração, secura na boca, perturbações digestivas) e expressivas (alterações na postura, na mímica facial, na forma de expressar os gestos). Por serem acompanhadas de modificações exteriores, as reações expressivas são altamente contagiosas e mobilizadoras do comportamento do outro, pois "em todo arrebatamento emotivo, o indivíduo extravasa de certa forma a sua sensibilidade.
> (ALEXANDROFF, 2012)

Embora importantíssima, seja na constituição do sujeito, seja na individualização do ser, lamentavelmente, tanto as instituições acolhedoras das crianças quanto a família do casal apresentam dificuldades em entender o momento vivido e até mesmo o estigmatiza.

Pois bem, chegou a hora da escolha. "Minha vizinha falou que eu posso adotar uma criança"; "tenho medo, receio de pegar uma criança sem saber sua origem, quem são seus pais"; "será que ela vai gostar de nós?"; "mas já estou imaginando meu bebê no meu colo"; "vou dar muito beijo e abraçar muito"; "vai ser lindo ouvir me chamando de mamãe". Eis algumas das frases que ouvimos dos candidatos à adoção. São frases que mostram insegurança, medo, incertezas, mas também desejos, projetos, afetividade, imaginação.

Fundamental entender e ouvir a outra parte: as crianças. Como será estar de fato no papel dessa criança, com dúvidas, incertezas, medos e questionamentos? Qual é a perspectiva dessa criança em relação ao "porquê" de ser acolhida nessa família?

A adoção é um caminho pleno de emoções que partem do íntimo de cada um, dos seus desejos mais profundos e vão tomando forma no dia a dia, como uma construção cujos tijolos são postos com cuidado, com atenção e na perspectiva de tornar-se uma linda história de vida, uma história nascida do coração.

Bom, agora a criança já faz parte de uma família pela adoção. E os pais já são considerados adotantes ou pais adotivos. A partir de já ter adotantes e adotados, como se desenrolam esses caminhos do coração, parafraseando Maldonado (1997)?

Minha história pessoal não parte de instituições, pois vivia com minha mãe biológica e fui adotada juntamente com ela, portanto, nunca nos separamos. Assim, não houve perdas parentais em relação ao convívio materno. Somente quanto ao convívio paterno: não o tive, porém, essa ausência não deixou marcas em minha vida, uma vez que meu pai adotivo assumiu plenamente o papel paterno. Mas essa realidade não condiz com a maior parte das crianças brasileiras. Ou elas são entregues à adoção ao nascerem ou ficam à espera de uma família nas instituições acolhedoras. Nesses casos, os motivos da retirada do poder familiar por autoridade judicial vão desde a não aceitação por suas famílias biológicas em virtude de vários fatores: a situação socioeconômica, a drogadição, diferentes formas de violência doméstica (física, negligência, psicológica, sexual). Essas situações marcam tremendamente a vida desses seres, o que representa um desafio muito grande na adaptação entre adotados e adotantes, na relação filial.

Importante ressaltar que a relação filial estabelecida após a adoção possui um significado ímpar para ambos. Essa dimensão de ser pai ou ser mãe não é reduzida pela adoção, pelo fato da criança não ter sido gerada dentro do útero da mulher adotante e/ou não ter o gene do homem adotante. A relação entre pais e filhos é reveladora do vínculo paterno e materno filial pela constância socioafetiva e não pelo mero fator biológico ou por medida jurídica.

Posso afirmar que é uma convivência construída, desafiadora e repleta de emoções. Tanto no meu caso como no das histórias das demais crianças e suas famílias, a dinâmica do convívio afetivo tem ora nuances de dúvidas, ora de pertencimento, o que gera emoções das mais simples até as mais fortes. Eu tive que aprender, a partir do entendimento da minha história, a conviver com duas mães e um pai. Foi complexo? Sim. Para uma criança pequena, que via outras crianças com um pai e uma mãe, não era tão simples entender.

Os coleguinhas e amiguinhos também perguntavam sobre aquela situação, questionavam quem era minha mãe.

No acompanhamento profissional das famílias adotivas, igualmente surgiam relatos acerca das perguntas dos seus filhos e, não raras vezes, os pais manifestavam incômodo, constrangimento. Não sabiam como responder pelo receio de magoar a criança e também se sentiam ainda estranhos à vida daquela criança em algumas situações.

Por fim, nesse universo desafiador e também compensador da adoção, entremeado por emoções contraditórias, muitas vezes, algumas considerações devem ser observadas:

Relação de confiança – grande desafio às famílias, especialmente ao adotante, pois é fundamental para o desenvolvimento emocional da criança (ALVES *et al.*, 2017). A confiança inicia na sinceridade das informações a respeito da criança e de seu processo de adoção. Não esconder dos familiares e da criança constitui um fator importante na confiança mútua. É claro que a forma e o momento de contar à criança devem ser percebidos pela família adotiva. O uso da linguagem também deve ser observado para que a criança possa entender a sua história. Neste item, a tranquilidade e a calma são amigas e companheiras da relação de confiança.

Diálogo – a relação filial necessita de conversa, de diálogo afetuoso e claro. Aos questionamentos das crianças, deve haver respostas na medida de sua compreensão, do seu processo de maturidade.

Superação – não existe modelo familiar como padrão ideal de família; há estruturas e dinâmicas familiares diferentes, com peculiaridades de acordo com fatores socio-históricos e ambientais; assim, cada família procurará formas e estratégias de enfrentamento às dificuldades e de superação das pedras no caminho.

> Na família com filhos adotivos é preciso que a criança atravesse a dor de não ter sido acolhida pela família biológica, o que costuma refletir-se em maior vulnerabilidade aos sentimentos de rejeição e de baixa autoestima; os pais adotivos precisarão enfrentar o ponto de interrogação das origens, posto que, na maioria dos casos de adoção, não há contato entre a família adotiva e a biológica. (MALDONADO, 1997, p. 22-23).

Afeto e amor – historicamente, a adoção tem sido tratada como problema, com temor de não dar certo, permeada de mitos, estigmas e estereótipos. De um lado, a criança adotada, sentindo-se rejeitada, abandonada, o que afeta marcadamente a sua autoestima. Quanto mais tempo uma criança permanece em uma instituição de acolhimento, mais ela sofrerá danos emocionais. Do outro lado, a família adotiva, que mantém intimamente a culpa da esterilidade ou infertilidade e com muitas incertezas em relação a fazer a escolha da adoção. Há algumas décadas, as pesquisas mostram que esse quadro de sentimentos e emoções tem sofrido mudanças com buscas à adoção pelo desejo real e concreto de terem filhos tal qual se fosse biologicamente, "querem dar e receber amor" (WEBER, 1998: 91). A segurança em adotar, o equilíbrio emocional do casal ou da pessoa adotante, e, sobretudo, o amor e o carinho por uma criança são as chaves da relação e convivência saudável.

Eis alguns depoimentos de mulheres/mães adotivas: "Sempre quis ser mãe e, se não foi possível pela natureza, então consegui o meu sonho pela lei"; "A adoção é um caminho para resolver um problema social"; "O nosso sonho era ter uma casa cheia de crianças". (WEBER, 1998: 92).

Terminamos com grande emoção ao escrever sobre um tema que me afeta, que trouxe-me muitas alegrias ao longo de minha vida. Mas nem sempre é assim para muitas crianças e pais adotivos, uma vez que os desafios ainda são muitos e há ainda muitas crianças necessitadas de um lar, de uma família. Os laços de ternura nos caminhos do coração, parafraseando Maldonado (1997) e Weber (1998), carregam consigo inúmeras emoções: diversão, ansiedade, estranhamento, desejo, temor, medo, calma, empatia, dúvida, encantamento, nostalgia, satisfação, adoração, admiração, apreço visual, inveja, tristeza, surpresa, simpatia, triunfo, interesse e alegria, dentre outras (FONTES, 2017). Há algo envolvente em todas as emoções, no sentido mais enfático que eu possa dar à temática da adoção: o afeto, significativa expressão de valor relacionada à experiência emocional.

Adote sem medo. Viva a alegria dessa linda e desafiadora experiência que traz maturidade e felicidade.

Referencias

ALEXANDROFF, M. C. O Papel das emoções na constituição do sujeito: construção psicopedagógica. *Periódico eletrônico da psicologia*. São Paulo: v. 20. n. 20, 2012. Disponível em: <http://pepsic.bvsalud.org/scielo.php?script=sci_arttext&pid=S1415-69542012000100005#:~:text=Assim%2C%20o %20papel%20das%20emo%C3%A7%C3%B5es,%22%20(ZAZZO%2C %201968)>. Acesso em: 17 maio de 2022.

ALVES, J. R.; HUEB, M. F. D.; SCORSOLINI-COMIN, F. Desenvolvimento emocional de crianças que vivenciaram o processo adotivo: revisão integrativa da literatura. *Contextos clínicos*, v. 10. n. 2. São Leopoldo, jul./dez. 2017. Disponível em: <http://dx.doi.org/10.4013/ctc.2017.102.11> Acesso em: 17 maio de 2022.

BRASIL. LEI Nº 12.010, DE 29 DE JULHO DE 2009. Dispõe sobre o aperfeiçoamento da sistemática prevista para garantia do direito à convivência familiar a todas as crianças e adolescentes, na forma prevista pela Lei no 8.069, de 13 de julho de 1990, Estatuto da Criança e do Adolescente.

CASEY, F.; CASEY, M. C. *Nascidos em nossos corações – histórias de adoções.* São Paulo: Landscape, 2006, 191 p.

FONSECA, C. *Caminhos da adoção.* São Paulo: Cortez, 1995, 152 p.

FONTES, M. A. S. A expressão de emoções: propostas teóricas e questionamentos. *Revista intercâmbio, especial expressividade*, v. XXXVI: 26-38, 2017. São Paulo: LAEL/PUCSP.

MALDONADO, M. T. *Os caminhos do coração: pais e filhos adotivos.* São Paulo: Saraiva, 1997. 102 p.

WEBER, L. N. D. *Laços de ternura: pesquisas e histórias de adoção.* Curitiba: Ed. Santa Mônica. 1998, 274 p.

30

A NEUROCIÊNCIA E A PSICANÁLISE DECIFRANDO EMOÇÕES

O objetivo deste capítulo é levar o leitor a uma compreensão reflexiva entre a neurociência, a Psicanálise e as emoções durante toda a escrita do tema escolhido. Esperamos que, ao final deste capítulo, conclua-se que existe uma relação entre a neurociência, a Psicanálise e as emoções, observada após estudos que demonstraram eficácia, bem como as pesquisas entre ambas as ciências demonstraram o favorecimento de uma boa qualidade de vida e saúde mental, com a mudança do padrão de atividade mental e a formação de circuitos cerebrais. O maior desafio é que o indivíduo, cada um com sua história, tenha condições de reconhecer e gerir suas emoções.

ISA CARVALHO E
SÔNIA FERNANDES

Isa Carvalho

Contatos
Isapsicanalista1976@yahoo.com.br
Facebook: Consultório isacarvalho
psicanálise e psicoterapia
YouTube: consultório isacarvalho
81 99267 6445

Formada há 44 anos. Psicanalista, psicóloga clínica e hospitalar, escritora, coautora de vários livros, membro da Sociedade Brasileira de Medicina Psicossomática – SP, com formação em *Coaching*-SBC, palestrante internacional. Fundadora do Serviço de Psicologia Hospitalar na Paraíba e ex-professora universitária na FESP Pernambuco e no UNIPE – Centro Universitário João Pessoa/PB. Especialista em Sexualidade e Intimidade Humana. Coautora do livro *Educando o mundo "através" da psicologia* e de diversos livros publicados pela Literare Books.

Sônia Fernandes

Contatos
consultorioneurosonia@gmail.com
Facebook: neuropsisoniafernandes
Sonia Fernandes
Instagram: @neuropsisoniafernandes

Médica neurologista e neuropediatra – UFPE; especialista em Neurologia pela Academia Brasileira de Neurologia – ABN; membro titular da Academia Brasileira de Neurologia. Terapeuta de família e casal – UFPE; Psicodrama e Especialização em Psicodrama – FEBRAP. Terapeuta EMDR; terapeuta *Brainspotting*; terapeuta *Mindfullness*; especialização em Neurociências e Comportamento pela PUC-RS, 2021. Autora dos livros *Psicodinâmica dos transtornos de personalidade, uma visão psicodramática*; *Escrevendo minha história* (coordenação Leia Faustino); *Educando o mundo "através" da psicologia* (coordenação Ana Cordeiro, Editora Literare Books); *Autoconfiança – A arte de ser você mesmo* (Ana Cordeiro e Daniele Vieira); *Aplicativo para a família* (coordenação Luciana Buscke). Baralhos: *Praticando o autocuidado* e *Baralho da escrita terapêutica*.

Antes de abordarmos aqui a relação entre neurologia e psicanálise, vamos falar um pouco de Freud, o pai da psicanálise e algumas curiosidades de sua vida pessoal. Sabemos que Freud não foi muito de desenvolver técnicas, mas utilizava métodos de tratamento eficazes, que se mantêm nos dias atuais com resultados surpreendentes.

Psicanálise é a cura pela palavra. Falar sobre esta questão é poder resgatar a psicanálise na sua origem, buscando o alicerce no qual ela se funda. Foi preciso que Freud percorresse um caminho marcado pela escuta para que viesse a formular conceitos importantes como o de inconsciente, transferência, resistência, dentre tantos outros.

Precursor desse método de tratamento, o neurologista e psicanalista Sigmund Freud atentou-se ao fato de um colega que tratava pessoas com histeria por meio da hipnose. Com isso, Freud notou que, após os pacientes serem submetidos ao tratamento de hipnose, era perguntado sobre seus sintomas. Ficou claro que a paciente Anna O. Breuer, ao se recordar dos acontecimentos traumáticos do seu desenvolvimento, tinha sua condição melhorada e parte da sua angústia aliviada quando falava o que vinha a mente. Isso porque, mesmo que tentemos, não podemos apagar os traumas que estão registrados em nosso inconsciente, portanto o único jeito de superá-los é falando sobre eles, ou seja, acessando-os novamente.

Com isso, Freud concluiu que os sintomas de neuroses como ansiedade e depressão, podiam ser aliviados pelo que foi chamado de "cura pela fala", ou seja, deixar o paciente divagar sobre suas ideias, memórias e sonhos, criando novos significados e aprendendo a conviver com o passado e olhar para o futuro.

Costumamos falar também que a psicanálise tem origem na escuta do sujeito que sofre. Por isso é imprescindível que essa escuta analítica se desdobre numa escuta de si, ou seja, a análise didática do psicanalista. Foi assim que a interpretação dos seus próprios sonhos, iniciada antes mesmo da análise dos sonhos de seus pacientes, permitiu a Freud adentrar na complexidade do inconsciente e seu funcionamento. Este fato, por si só, já constitui uma quebra de paradigma no campo das ciências, na medida em que ele próprio se implica no processo de construção da sua teoria, passando a olhar para dentro si mesmo.

Fazendo algumas considerações com a neurologia, vamos oferecer a você a oportunidade, dentro do possível, de aplicar esse método em sua própria vida. Você verá que, apesar das críticas e dos preconceitos aos quais Freud foi exposto, muita verdade e coerência existe em sua teoria. Você poderá refletir sobre cada uma delas, analisando sua própria vida, como fez Freud, e fará suas próprias descobertas.

Jacques Lacan, nos seus escritos sobre "A direção do tratamento e os princípios de seu poder" (1958/1998) considera, na psicanálise, o sujeito como um ser dotado de uma vida interior com impulsos, desejos e paixões, e tudo isso está contido na mente e são oriundos das percepções sensoriais externas e internas, assunto bem explicado pela neurologia, fato que aproxima as duas ciências que antes existiam com um vácuo entre elas. Alguns pesquisadores sugerem que a subjetividade na psicanálise se trata de um sofrimento cerebral somado às alterações neurofisiológicas cerebrais que foram comprovadas por técnicas de imagem nas quais se verificam o papel do cérebro e os processos neurofisiológicos por ele desempenhados. Desse modo, a atividade mental ou atividade cerebral é capaz de gerar comportamentos e respostas, como é o caso das emoções.

Estudos epigenéticos sugerem que a emoção surgiu durante a evolução das espécies. A emoção é um conjunto de respostas fisiológicas complexas que determinam um comportamento. Ela envolve a neuroplasticidade cerebral e é mais expressiva na fase adulta. As alterações plásticas do sistema nervoso cerebral são as respostas ao ambiente e às influências que as provocam e que podem variar, desde as mais sutis às mais evidentes. Se o sistema nervoso tem a capacidade de mudar sua estrutura e função, adaptando e moldando-se quando submetido às novas experiências, conclui-se que a neurologia, a psicanálise e a neurociência se tornam complementares

A psicanálise acredita que somos movidos por um inconsciente, mesmo sem nos darmos conta disso. Assim, muitos traumas passados, desejos e crenças só serão acessíveis pelo processo de análise, a fim de mudar o que nos incomoda e o que não seja funcional.

Muitos psicanalistas utilizam o divã como forma de o paciente se expressar mais livremente, principal pilar da psicanálise, como também os profissionais dessa área nomeiam o trabalho psicanalítico de "análise" e o "cliente" de "analisando" ou "paciente".

Este capítulo abordará alguns achados da neurociência que coincidem com as ideias de Freud, que era neurologista e, depois, se dedicou à psicanálise. Foi ele quem primeiro demonstrou a aproximação entre a neurociência e a psicanálise, correlacionando a primeira com outros campos do nosso conhecimento como a biologia, a neuroanatomia, a neurofisiologia e a própria neurologia. Ele buscava respostas para comportamentos de pacientes nas autópsias baseadas em métodos científicos daquela época que pudessem justificar os sintomas clínicos, físicos e mentais. Essas pesquisas confirmaram seu pensamento e ele, então, chegou à conclusão de que os sintomas físicos e mentais dependiam um do outro. Ou seja, para ele, as sensações do mundo externo eram originadas pelas projeções sensoriais externas, assim como as sensações do mundo interno eram oriundas das percepções sensoriais do mundo interno. A neurologia passou a observar as manifestações psíquicas de forma diferente do que se pensava até então, pois estas seriam de origem biológica, o que fez Freud se afastar da medicina, porque o mesmo recebeu muitas críticas por não encontrar, na época, algumas respostas.

Desde essa época, os estudos e pesquisas a cerca dos assuntos acima continuam e são ampliados e desenvolvidos pelos neurocientistas, bem como por outros pesquisadores dos vários campos da atividade humana, o que se tornou mais evidente na década do Cérebro, 1994.

A neurociência estuda o sistema nervoso central humano e suas relações com as emoções, sentimentos, comportamento e desenvolvimento humano. Em função disso, relaciona-se com várias outras áreas do conhecimento, sendo uma ciência multidisciplinar, que aborda todas as áreas do comportamento humano. Compare o Sistema Nervoso Central, constituído pelo cérebro, medula e nervosa a um maestro de uma grande orquestra, pois coordena emoções e sentimentos e, muitas vezes, desencadeia doenças que, com o conhecimento atual das neurociências, poderiam ser evitadas ou minimizadas. Espera-se, com este capítulo, contribuir para que haja reflexões e pessoas melhores em um mundo melhor, proporcionando a compreensão de que tanto o planeta quanto o ser humano vêm passando por transformações desde a antiguidade até os dias atuais, especialmente em momentos de crise; e que este mesmo ser seja capaz de reconhecer suas emoções e o fator que as desencadeia e que tenha condições de dominá-las.

O sistema nervoso surgiu na escala evolutiva animal em seres pluricelulares, os celenterados, que não possuíam centros coordenadores das funções. As anêmonas no mar não possuem sistema nervoso e se contraem ao primeiro estímulo no corpo, que é transmitido por todas as células, apresentando movimentos de pulsação como, por exemplo, de um sistema mais primitivo de sistema nervoso. Nos invertebrados, aparece uma simetria bilateral e o sistema nervoso organiza-se ventralmente ao longo do corpo e disposto como um ou mais cordões longitudinais ou gânglios cerebroides que funcionam como centrais de comando, como nos moluscos e artrópodes para exemplificar. Nesses seres, diz-se que há nervos que se comunicam com várias partes do corpo.

Nos vertebrados, o sistema nervoso é dividido em central e periférico. Constitui-se em cérebro, cerebelo, bulbo (nervos cranianos e nervos raquidianos), medula espinhal. O sistema nervoso central comanda várias funções no nosso corpo e precisa estar em bom funcionamento. O cérebro é o responsável pela percepção dos vários estímulos externos a que o ser humano está exposto e esses estímulos são captados pelos órgãos dos sentidos.

Assim, por exemplo, quando ocorre uma alteração qualquer do meio interno, ela é detectada pelo hipotálamo, isto é, estrutura cerebral importante encontrada nas regiões profundas e que capta as sensações internas e externas do corpo para se ajustar ao ambiente, principalmente por meio da coordenação motora entre o sistema nervoso e o sistema endócrino. Se o hipotálamo as detecta por sinais pelo sistema humoral ou por redes neuronais, haverá uma concentração de informações que constituirão o *primum movens* dos eventos consequentes, sendo, portanto, preciso para haja esse desencadeamento de eventos: a "motivação".

O hipotálamo transmite ao sistema límbico os impulsos nervosos e é o mesmo que coordena as atividades sociais e possibilita a manutenção da espécie por meio de sua vida em sociedade. As emoções e sentimentos só são possíveis a partir de um sistema límbico íntegro. Esse sistema, por sua vez, acrescenta os aspectos afetivos que ocorrem na resposta ou na reação (emoção). Ele é o responsável por levar os impulsos recebidos do córtex cerebral para a região frontal onde vai ocorrer o disparo para criar o ato ou conduta a ser tomada, ou seja, a tomada de decisão. Mas pode acontecer que os sinais que chegam ao hipotálamo se congestionem e este, então, vai recorrer à formação reticular, que se encarrega de ativar o córtex como um todo para efetivação da resposta.

Tudo isso acontece quase que simultaneamente. O sistema límbico é importante por ser o grande responsável pelas emoções exageradas, comportamentos instintivos e os impulsos básicos descritos adiante, além de formar uma ponte, segundo a literatura, entre os centros da consciência e o tronco encefálico, que é responsável pela regulação dos sistemas vitais, como: a respiração, os batimentos cardíacos, a pressão arterial, entre outros.

A captação do estímulo sensorial pelos órgãos receptores e vias sensitivas centrais atinge o tálamo, no cérebro, e exerce, também, um papel importante na cognição e na consciência, contribuindo para as regulações das funções autônomas e transmitindo impulsos sensitivos que se originam na medula espinhal, cerebelo, tronco encefálico e em outras regiões do cérebro. Por meio das projeções tálamo corticais, o córtex é atingido, de onde partem estímulos para o hipotálamo (onde ocorre a motivação), seguindo daí o impulso nervoso para o sistema límbico (onde é acrescentada à emoção) e, em seguida, para o córtex frontal, que determinará a conduta (tomada de decisão). Por exemplo, se alguém vem caminhando e encontra uma pessoa de quem gosta, a primeira reação é abraçá-la alegremente, porém, se alguém for desagradável, essa reação é evitada e o contato também. Neste caso, aconteceram a motivação, a emoção e a tomada de decisão.

Os impulsos que chegam ao sistema límbico também caminham em sentido caudal, atingindo o hipotálamo e, por meio dele, a hipófise e conexões que explicam as reações neurovegetativas e humorais que, como foi descrito, acompanham as emoções. Diante do exposto, sabe-se que as conexões que levam os impulsos nervosos para que se desencadeie uma emoção ocorrem tanto no sentido ascendente quanto no descendente. Estes últimos explicariam transtornos nas funções de vários órgãos periféricos, justificando as situações dos conflitos constantes e perduráveis nas doenças psicossomáticas.

A função cerebral está tão intimamente ligada à antecipação de eventos, que nos coloca em guarda por causa da ativação cerebral negativa e desencadeia ansiedade e depressão. A história emocional e os valores de cada indivíduo são moldados de acordo com cada um e suas vivências, fato que vai determinar conexões ou circuitos cerebrais distintos, desencadeando, assim, estados de ansiedade ou depressão.

A psicanálise considera o sujeito como um ser dotado de uma vida interior, com impulsos, desejos e paixões e tudo isso está contido na mente e é oriundo das percepções sensoriais externas e internas, tema bem explicado pela Neurologia, fato que aproxima as duas ciências, antes distantes. Alguns pesquisadores sugerem que a subjetividade na psicanálise se trata de um sofrimento cerebral somado às alterações neurofisiológicas cerebrais, que foram comprovadas por técnicas de imagem nas quais se verificam o papel do cérebro e os processos neurofisiológicos por ele desempenhados.

Desse modo, a atividade mental ou atividade cerebral é capaz de gerar comportamentos e respostas, como é o caso das emoções.

Uma emoção é um comportamento, uma resposta a um estímulo externo e interno que desencadeia, no cérebro, um elenco de reações no meio interno para que seja produzida uma resposta. Isso acontece pelas conexões, sinapses e circuitos cerebrais, que são peculiares a cada sujeito.

A neurociência passou a ser uma ciência mais abrangente do que a psicanálise, pois não olha somente para as doenças neurológicas mas também para as emoções, que são traduzidas como o motor do comportamento, e considera os comportamentos sociais, os sentimentos e a espiritualidade, compreendendo e explicando o que se passa no cérebro, o que significam as reações motoras, os pensamentos, o funcionamento mental e o psiquismo.

Referências

DALGALARRONDO, P. *Evolução do cérebro, sistema nervoso, psicologia e psicopatologia*. Porto Alegre: Artmed, 2015.

GOLEMAN, D. *Inteligência emocional a teoria revolucionaria que redefine o que é ser inteligente*. Rio de Janeiro: Objetiva, 2012.

LENT, R. *Neurociência da mente e do comportamento*. Rio de Janeiro: Guanabara Koogan, 2020.

VOCÊ TEM MEDO DE QUÊ?

A IMPORTÂNCIA DA EMOÇÃO "MEDO"

O medo carrega em si parte da essência da sobrevivência. Nomear o objeto do medo demanda investimento e até sofrimento, principalmente para a criança. Sendo fantasiosos ou não, a criança vivencia seus medos como reais, necessitando de apoio emocional para nomear e ressignificar seus sentimentos. Embora visto como um vilão, colocando-nos em situação de fragilidade, essa emoção faz parte da natureza humana e serve para possibilitar a preservação da espécie.

GLEISSA OLIVEIRA MORAIS E LEONIR MOREIRA DA COSTA

Gleissa Oliveira Morais

Contatos
Instagram: @gleissa.psi
gleissamorais.psi@gmail.com
77 98117 7706

Psicóloga e neuropsicopedagoga. Especialista em Saúde Mental em CAPS, com ênfase em dependência química (Unigrad). Especializanda em Terapia Cognitivo-comportamental (PUC-MG). Trabalhou como psicóloga em serviços socioassistenciais e coordenadora de uma instituição de acolhimento institucional para crianças e adolescentes. Atualmente é psicoterapeuta e psicóloga social no Centro de Recuperação Filho Pródigo (CRFP) e no Centro de Apoio às Mulheres em Situação de Violência de Poções - BA (CAMVI).

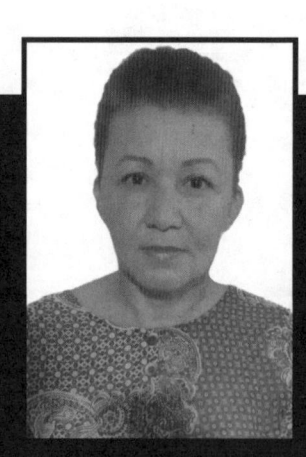

Leonir Moreira da Costa

Contato
Instagram: @leonircosta

Graduada em Pedagogia. Especialização em Docência do Ensino Superior, Educação Infantil e Psicanálise Clínica Humanista. Professora nos anos iniciais do Ensino Fundamental.

Refletir sobre o medo é refletir sobre a própria vida.
TAVARES e BARBOSA

O medo é um tema de presença muito expressiva tanto na clínica como em situações do cotidiano. A palavra medo, derivada do latim *metus*, significa uma perturbação diante de um risco que pode ser real ou imaginário.

Em termos biológicos, essa emoção funciona como um mecanismo de defesa, que tem a função de preservar a vida. Para a neurologia, a presença do medo possibilita a organização do cérebro humano, que tem suas amígdalas ativadas perante uma situação de risco. A psicologia o define como um estado afetivo e emocional, com fundamental importância como meio de adaptação ao meio ambiente. A sociologia entende o medo como parte integrante do caráter dos seres vivos, sendo apreendido e incorporado ao longo de sua história de vida. Todas essas definições nos ajudam a perceber sua importância para a proteção e sobrevivência dos seres vivos (RABEL & VIANA, 2021).

Estudos mostram que o homem primitivo viveu longos períodos de enfrentamento com a escuridão, temendo o ataque de feras e outros inimigos. A partir do domínio do fogo, tiveram mais autonomia para permanecer fora dos abrigos durante a noite, afugentar animais, preparar alimentos e intensificar a própria socialização. A percepção da vulnerabilidade e de não ter o controle do que estava por vir levou o homem a ser criativo e criar estratégias para a sobrevivência.

Considerando que o medo está presente desde o nascimento do bebê, Wallon descreve a insegurança do bebê no banho, onde pode ser observada a emoção pela incerteza postural antes mesmo deste ser colocado na água. Ressalta que sempre que houver falhas em relação à determinada atitude, como diante de eventos incomuns ou inesperados, alguma mudança no ambiente, gestos bruscos ou situações confusas e ambíguas, essas reações relacionadas ao medo voltarão a aparecer (WALLON, 1995 *apud* Alexandroff, 2012).

Há um dispositivo no cérebro humano chamado de amígdala cerebral que, por meio da percepção dos sentidos, é acionada e funciona como uma central do medo e das reações emocionais incontroladas.

Dessa forma, ainda que pareça desagradável, como sinônimo de preservação da vida, o medo traz uma inquietude diante de algo que pode ser nocivo, causando alerta dessa região cerebral em situações de perigo, podendo, assim, causar reações fisiológicas que podem paralisar o indivíduo ou prepará-lo para a fuga.

O corpo expressa o medo pelas pupilas dilatadas, mãos suadas, sensação de frio na barriga. Essas e outras manifestações orgânicas são típicas de medo – emoção que, apesar de rejeitada e associada à covardia, é tão importante quanto as demais emoções.

O medo pode ser o resultado de alguma angústia e, normalmente, é exteriorizado pela palavra, pelos desenhos ou outros registros entre os humanos. Nomear o objeto do medo demanda investimento e até sofrimento, principalmente para a criança.

Devemos considerar que nem sempre esse medo é real, sendo comum a presença de medos imaginários, principalmente na infância, que é uma fase do desenvolvimento na qual essa emoção é absolutamente normal e transitória.

Tendo como função promover bem-estar, saúde mental, reflexão e análise, auxiliando na tomada de decisão e cooperando para a sobrevivência, o medo é experimentado pela pessoa, sentido e elaborado de acordo as possibilidades de cada um. Ele se torna um obstáculo quando, em excesso, traz vários prejuízos e disfuncionalidades na vida do ser humano ao provocar inquietações e perturbações tais como insônia, perda de atenção e apetite, dificuldade de concentração, podendo levar à aquisição de transtornos de pânico, ansiedade generalizada, dentre outros.

A depender de sua intensidade e frequência, o medo pode prejudicar o funcionamento do indivíduo. Tanto quanto necessária intervenção quando compromete o seu bem-estar, a ausência do medo também pode provocar atos de impulsividade, levando o ser a se colocar em risco, podendo até mesmo comprometer sua própria vida.

O medo carrega em si parte da essência da sobrevivência. Sendo possível pensar que a humanidade seria mais feliz se fossem removidos os mecanismos que incitam o medo, não haveria possibilidade de que a espécie viesse a perdurar para assim poder desfrutar dessa felicidade (TAVARES & BARBOSA, 2014).

Ter consciência de seus medos e até que ponto são prejudiciais, mensurando sua intensidade e frequência, buscando evidências que comprovam se os medos e pensamentos associados a eles são reais ou imaginários, ajudam no enfrentamento.

Entende-se que o cérebro da criança ainda se encontra em desenvolvimento e que ela tem dificuldade de nomear e expressar corretamente o que sente. É importante acolhê-la de forma compassiva, sem atribuir julgamento de valor ao que ela apresenta como objeto do medo, pois não adianta dizer que não há motivos para senti-lo, já que a emoção existe e para ela é legítima. Sempre que possível, deve-se buscar ajuda profissional.

Referências

ALEXANDROFF, M. C. O Papel das emoções na constituição do sujeito. *Constr. psicopedag.* São Paulo, v. 20, n. 20, pp. 35-56, 2012. Disponível em: <http://pepsic.bvsalud.org/scielo.php?script=sci_arttext&pid=S1415-69542012000100005&lng=pt&nrm=iso>. Acesso em: 9 nov. de 2021.

CORSO, D. L. *Fadas no divã: psicanálise nas histórias infantis.* Porto Alegre: Artmed, 2006.

GIMENEZ, R. M.; BERVIQUE, J. de A. Reações entre as emoções e o organismo como um todo. *Revista científica eletrônica de psicologia* – ISSN: 1806-0625. Ano IV – Número 7 – Novembro de 2006 – Periódicos Semestral.

LINS, M. R. C.; NEUFELD, C. B. *Técnicas em terapia cognitivo-comportamental com crianças e adolescentes: uma perspectiva de intervenções individuais e em grupos.* Novo Hamburgo: Sinopsys Editora, 2021.

NASCIMENTO, E.; QUINTA, E. M. *Terapia do riso.* São Paulo: Harbra, 1998.

TAVARES, L. M. B.; BARBOSA, F. C. Reflexões sobre a emoção do medo e suas implicações nas ações de Defesa Civil. *Ambiente e sociedade* [online]. v. 17, n. 4 [Acesso em: 13 nov. 2021], 2014, pp. 17-34. Disponível em: <https://doi.org/10.1590/1809-4422ASOC473V1742014>. Acesso em: 13 maio de 2022.

32

VULNERABILIDADE EMOCIONAL
O SEGREDO PARA CRIANÇAS SEGURAS

Transmitir sentimentos em palavras envolve autoconhecimento. Ao tratar sobre um assunto complexo como a vulnerabilidade, delimitando aspectos e contextos, pode-se, a princípio, induzir ideias de falhas, fragilidades e até incapacidade. Entretanto, o objetivo é mostrar outro lado, evidenciando o aspecto emocional, pois todos sentimos, não valorizamos e sequer acolhemos.

CLAUDIANE QUAGLIA NUNES

Claudiane Quaglia Nunes

Contatos
clinicapseq.com.br
claudianequaglia14@gmail.com
Redes Sociais: @clinicapseq / @bartebante
11 981239382 / 11 953395484

Psicóloga, pedagoga, palestrante e escritora. Especialista em Neuropsicologia, Terapia Comportamental (USP), Psicopedagogia, Educação Especial, Infantil e Terapia ABA. Tem experiência com projetos relacionados à educação, sendo coautora de obras voltadas à prática educativa e casos clínicos, realizando pesquisas sobre desenvolvimento infantil e transtornos do neurodesenvolvimento. Em suas palestras, aborda temas como: desenvolvimento e distúrbios de aprendizagem, aspectos emocionais na relação aluno e professor, educação socioemocional, transtornos, dentre outros temas correlacionados. Atua com atendimento clínico (presencial e on-line) de crianças, adolescentes, adultos e idosos.

A vulnerabilidade emocional faz parte da nossa existência e da nossa constituição, pois está atrelada às situações intrínsecas que não elaboramos com facilidade e que vivenciamos ao longo dos anos. Sentimentos nos constituem. Muitas vezes, deixamos de considerar os nossos sentimentos, acreditando que são momentâneos.

Conseguir estabelecer uma equanimidade entre o que vivenciamos e o que sentimos é um exercício que deveríamos praticar diariamente, pois, assim, poderíamos ter a real noção de que somos vulneráveis e resgatar a coragem e a segurança individual.

Quando aceitamos o que vivemos sem julgamentos, medos e vergonha, conseguimos perceber quão vasta é a nossa coragem e que, no ato de falar e expor o que sentimos, surgem benefícios individuais e sociais, pois cativamos o outro. Como citado no livro *O Pequeno Príncipe,* de Antoine de Saint-Exupéry: "Mas se tu me cativas, minha vida será como que cheia de sol".

A vulnerabilidade torna-se um grande trampolim em nossas vidas, pois alcançamos o que desejamos realmente. Quando validamos o que sentimos e percebemos a nossa vulnerabilidade, podemos valorizar as diversas emoções (tristeza, medo, alegria...), sentimentos (solidão, angústia, culpa...) e estados emocionais (esperança, paz, preguiça, tédio, euforia, carência, confiança...) que fazem parte do nosso contexto.

Temos uma variedade de sentimentos para experimentar. Se nos aprofundarmos nas emoções mencionadas, poderemos usufruir e compreender o motivo de alguns comportamentos ou pensamentos que temos, porém, não nos arriscamos. Aprendemos a patologizar os sentimentos e, por consequência, tememos que as futuras gerações, como os filhos e os alunos, passem por esta situação.

Entender e falar sobre vulnerabilidade emocional ficou em desuso. Em uma sociedade com tantas informações e soluções instantâneas, deixamos de lado o que sentimos realmente e simplesmente acreditamos que sentimos aquilo que a maioria das pessoas nos rotulam por vezes.

Compreender que somos vulneráveis torna-se uma prática cada vez mais escassa em nossas vidas, pois as pessoas não podem auscultar nossos sentimentos, nem julgar nossos pensamentos, mas podem pesar nossas palavras e julgar nossas ações. Talvez, por este motivo, guardamos muitas coisas em segredo. Tudo aquilo que não é dito oferece bases para a imaginação alheia.

Os sentimentos podem, analogamente, ser comparados com a nossa circulação sanguínea. São vitais e fazem parte da nossa essência. Dessa maneira, demonstrar a nossa vulnerabilidade só vem a agregar as nossas relações e, por consequência, desenvolver a autoconfiança e a segurança em todos os sentidos da nossa vida.

Nos relacionamentos, demonstrar vulnerabilidade é fundamental, pois a nossa maior essência está no outro. Está no ato de se relacionar. Somos constituídos pelos outros também. Cada pessoa deixa um pouco de si em nós. A troca é a maior dádiva que temos.

Aceitar a vulnerabilidade

Estamos sempre a caminhar por uma linha sutil que expressa uma relação de proximidade entre dois conceitos. Exemplo disso é que, quando queremos sentir coragem, a insegurança está ali pronta para entrar em ação; quando queremos sentir alegria, por vezes a tristeza se encontra escondida; almejamos ficar tranquilos, mas em pouco tempo a ansiedade toma conta de nossos pensamentos; sentimo-nos vitoriosos, mas, ao olhar para o lado, a inferioridade está ali à espreita.

Ou seja, não é fácil sentir e muito menos se perceber vulnerável, não é fácil distinguir; não é fácil acreditar que não conseguimos nos controlar em tudo. Porém, é magnífico viver, surpreender-se e se conhecer sempre mais a cada dia e a cada novo sentimento que temos.

Relacionamentos sociais, amorosos ou familiares sempre demandam uma entrega, um desejo, um afeto, uma identificação. Sentimentos estes revestidos de prazer e vontade.

Mas nem tudo são flores. Relacionamentos também causam conflitos, dores, frustrações, expectativas, ansiedades, angústias e ilusões. Dessa maneira, evitamos aceitar que somos vulneráveis, pensamos que decepcionaremos os outros, entretanto, machucamos a nós mesmos por pensarmos assim. Percebemo-nos perdidos, sem sabermos qual caminho tomar (demonstrar ou não o que sentimos). Não reconhecemos nossas ações e, consequentemente, fechamos ou extravasamos demais nossas emoções. Lidar com este dilema constantemente nos afeta de maneira abrupta.

Nesse sentido, a frase de Aristóteles: "a virtude está no meio" traz uma possível luz para este dilema. Resgatar a nossa essência e perceber que a vulnerabilidade faz parte da nossa constituição são fundamentais para que, assim, possamos nos reconhecer e, mais ainda, poder demonstrar para as pessoas do nosso entorno que é possível mostrar vulnerabilidade, pois, somente assim, ficamos mais seguros conosco.

Faça o que eu digo, mas não faça o que eu faço

Este ditado popular pode soar de forma agressiva a princípio em um livro que aborda as emoções, mas no sentido da vulnerabilidade torna-se a premissa mais adequada quando direcionamos aos pais e educadores, pois, em seu significado, traz a ideia de não demonstrar exemplos e atitudes e, neste contexto da vulnerabilidade, é o exemplo de que deixamos de explicitar o que realmente sentimos e a dificuldade em falar sobre as emoções, mostrar que a fragilidade faz parte da educação tanto no sentido familiar como acadêmico.

Trazer à tona a realidade de que nem sempre tudo dará certo e que transmitir conhecimentos, valores e emoções refletem em um ato de amor recheado de insegurança e medo, torna-se muito longe do que almejamos ensinar, porém Albert Einstein já dizia: "Insanidade é continuar fazendo sempre a mesma coisa e esperar resultados diferentes".

Quando falamos sobre vulnerabilidade emocional, o segredo para crianças seguras, a grande diferença está em quem circunda esta criança, demonstrando que, pela vulnerabilidade, pela simplicidade e pela abertura em dizer o que sentimos, formamos pessoas seguras. Expressar as emoções e o que sentimos não é algo fácil, não aprendemos a demonstrar a vulnerabilidade nem falar sobre emoções agradáveis e desagradáveis. Ninguém nos ensinou a expor o que sentimos sem medo de julgamentos, mas não precisamos replicar este legado para as próximas gerações.

As crianças não conseguem verbalizar assertivamente sobre o que sentem, pois ainda não possuem um repertório vasto nessa área, entretanto elas possuem algo muito mais valioso que é a simplicidade em expressar o que sentem de maneira evidente perante suas reações físicas (chorando, gritando, batendo, sorrindo, emitindo gargalhadas, entre outros). As crianças evidenciam o que sentem sem pudores e sem restrições sociais, ou seja, mostram o comportamento emocional e não a vocalização emocional. Dessa maneira, na maioria das vezes, interpretações errôneas acontecem pelos adultos.

Como proteção, aprendemos que não falar sobre o que sentimos seria uma forma segura de se estabelecer no meio social, mas deixamos as relações mais difíceis dessa forma. Acreditamos que superar sozinhos aspectos emocionais nos deixam mais fortes, mas não é bem assim. Todos temos reações emocionais.

Alguns pensamentos e, por consequência, as emoções, tendem a ficar confinados em nós como verdadeiros pássaros em gaiolas, acreditando que os pensamentos permanecem seguros assim, longe de exposições, críticas, e esquivando-se dos riscos de expor aquilo em que realmente acreditamos. Aprisionando a vulnerabilidade.

O ato de expor o que pensamos pode ser desconfortável, como tudo o que é diferente. Alejandro Jodorowsky menciona que "pássaros criados em gaiolas acreditam que voar é uma doença". O que o autor afirma desperta reflexões sobre o quanto podemos estar acometidos por receios, medos e comodismos que nos prendem às nossas gaiolas, simplesmente pelo medo de inovar.

Perceber-se vulnerável está intrinsecamente relacionando com a liberdade. No ato de arriscar e colocar as ideias em evidência, batalhamos por aquilo em que acreditamos, atitude que demanda uma grande dedicação, segurança e, sobretudo, coragem.

Somos livres. Não somos forçados a expor nossos pensamentos e, tampouco, a deixá-los engaiolados. A tolerância faz com que compreendamos os diferentes estilos de vida e momentos de cada um. O importante é não deixar que a porta desta gaiola se feche, pois, assim, sempre poderemos optar em voar com os nossos pensamentos ou não.

Dessa forma, na posição de pais e educadores, almejamos que as crianças expressem coragem, ousadia, garra e autoconfiança, mas o contraponto que está na seara da vulnerabilidade fica alheio perante essas ambições. Desde a pré-história, o ser humano teve que expressar suas emoções para conseguir evoluir. Reações como chorar, gritar e abraçar fazem parte da nossa constituição, isso não está errado. Errado é achar que devemos viver e não demonstrar o que sentimos.

Quando conversamos com alguém sobre fatos corriqueiros, as conversas tendem a se perder no tempo, mas quando falamos realmente o que sentimos em relação às situações do dia a dia, demonstramos que estamos vivendo plenamente e que queremos aprender com o outro.

Na relação com as crianças, uma das primeiras lógicas para estabelecer uma relação saudável no sentido emocional é compartilhar que o que sentimos é algo natural. Nesse caso, falar sobre aquilo que me faz sorrir, o que me deixa triste, o que me deixa nervosa e, assim sucessivamente, discorrendo sobre as demais emoções, torna a relação mais verdadeira, para que, dessa forma, as crianças percebam que estamos na mesma situação de sentir o mundo e poder interpretar de maneira saudável para cada um.

O exemplo da "dor de dente" fica bem claro neste sentido. Se tenho um compromisso e estou com dor de dente e a dor impossibilita o meu comparecimento, posso ter duas alternativas: dizer o que estou sentindo e mostrar que sou vulnerável ou dizer algo que não evidencia o que estou sentindo realmente para não transparecer que posso sentir dores.

Os resultados de ambas as atitudes são bem diferentes. Ao dizer o que sinto, no caso dor de dente, a pessoa que escuta já sentiu essa dor também e entenderá o que estou falando, aumentando a probabilidade de me tratar com compaixão e respeito, pois identificar-se-á comigo, ela sabe o que é dor.

Caso eu diga algo superficial, a pessoa que escuta poderá interpretar de diferentes formas a minha ausência, não compreendendo o que estou passando e não acolhendo o que sinto, ou seja, não foi aberta a possibilidade de identificação.

Ao demonstrar a nossa vulnerabilidade, aproximamo-nos do outro, pois os sentimentos são elos.

Quando falamos o que sentimos, esclarecemos; quando nos fechamos, ficamos suscetíveis aos julgamentos, e isso fomenta o sentimento de inadequação e insegurança.

Joseph Chilton Pearce escreveu: "o que somos ensina mais a uma criança do que o que dizemos, portanto precisamos ser o que queremos que nossos filhos se tornem". Eis o grande segredo para que as crianças sejam seguras e capazes de amar e viver intensamente.

Assim, encerro este capítulo com mais uma reflexão, mas que esta venha a soar como a batida de um grande sino nos pensamentos e nas atitudes de cada um: "A palavra convence, o exemplo arrasta" (autoria frequentemente atribuída a Confúcio).

Referências

BECK, J. S. *Terapia cognitivo-comportamental: teoria e prática*. 2. ed. Porto Alegre: Artmed, 2014.

BUNGE, E.; GOMAR, M.; MANDIL, J. *Terapia cognitiva com crianças e adolescentes: aportes técnicos*. São Paulo: Casa do Psicólogo, 2012.

NAVATTA, A. C. R. *Manual de ludoterapia cognitivo-comportamental: avaliando e desenvolvendo a inteligência emocional da criança*. São Paulo: CTCVEDA, 2017.

ZANONATO, A.; PRADO, L. *A disputa dos pensamentos*. Porto Alegre: Artmed, 2016.

WRIGHT, J. H.; BASCO, M. R.; THASE, M. E. *Aprendendo a terapia cognitivo comportamental: um guia ilustrado*. Porto Alegre: Artmed, 2008.

33

A RAIVA CHEGOU
O QUE FAZER?

A raiva, assim como todas as emoções, está presente na vida de crianças e adultos, sendo natural senti-la. Ela se torna um problema quando gera um comportamento descontrolado, que desequilibra o ambiente e o próprio indivíduo. Neste capítulo, entenderemos mais sobre ela e apresentaremos técnicas que podem auxiliar a criança a lidar com essa emoção tão perturbadora.

LIANE SARLAS E MÔNICA AMENDOLA

Liane Sarlas

Contatos
lianesvasconcelos@yahoo.com.br
Instagram: @lipsiconeup

Licenciada em Pedagogia pela Facinter – Faculdade Internacional de Curitiba, (2010). Pós-graduada em Psicopedagogia pela CENSUPEG – Centro Nacional de Ensino Superior, Pesquisa, Extensão, Graduação e Pós-graduação (2018). Formação em *Kids Coaching* pelo Instituto de Crescimento Infantojuvenil – ICIJ (2020). Terapeuta de Florais *Master* pela Blossom Educação em Terapia de Floral, parceria com Healing Herbs Bach Education Resoure (2018).

Mônica Amendola

Contatos
Instagram: @monica.amendolap
          @educarmaisleve.monica
17 99204 1553

Pedagoga; pós-graduação em Neuropsicopedagogia; graduanda em Psicologia; graduada em Administração; MBA em Gestão de Pessoas; certificação em Neurociências; certificação em Inteligência Emocional, com Daniel Goleman; estudante de Formação em Psicanálise; pós-graduanda em Neurociências, Educação e Desenvolvimento Infantil.

Ah, essa emoção explosiva...

Educar a mente sem educar a emoção não é educação em absoluto.
ARISTÓTELES

Das emoções primárias, talvez a raiva seja aquela que pode nos trazer os maiores problemas quando não administrada adequadamente. Quem nunca disse um palavrão no ápice do furor ao levar uma fechada no trânsito ou, ainda, não se arrependeu de uma decisão que tomou bem naquele momento que a raiva surgiu e tomou o controle?

Você já parou para pensar de onde vem essa emoção tão forte? Alguma vez se pegou tentando entender por que, na hora da raiva, você escreveu um roteiro mental do que falar para uma pessoa e, quando foi ao seu encontro, um dia depois, já não se sentia a ponto de explodir e mudou todo aquele discurso tão bem ensaiado?

Agora, imagine: se é difícil para nós, adultos, lidar com essa emoção, imagine para crianças e adolescentes, que ainda não têm seu controle inibitório completamente formado e não possuem um repertório comportamental vasto como o nosso?

De que forma, a raiva é formada? Por que causa tantas reações físicas como taquicardia, rigidez muscular e vermelhidão no rosto? O que faz uma criança, por mais dócil que seja, sentir essa emoção? Por que é mais difícil manter o controle da raiva na infância? O que fazer quando ela chega e a criança não consegue se controlar?

Neste capítulo, responderemos a essas e outras perguntas que inquietam pais, professores e educadores em geral.

A educação emocional

A arte de ensinar a criança a lidar com as emoções não é tarefa fácil, mas podemos dizer que seria a mais importante para pais e educadores. Ajudá-la no processo de regular suas emoções, inibir seus impulsos e administrar seu comportamento será a chave para o adequado desenvolvimento e a manutenção de relações saudáveis ao longo da vida dessa criança.

Precisamos falar sobre emoções

"Engole esse choro!", "Não quero mais ouvir um pio!", "Menino não chora!", "Esquece isso e melhora sua cara!", "Não tem motivo para sentir medo, volte para sua cama, já!".

Quantos de nós crescemos ouvindo essas frases e acabamos reproduzindo-as com nossos filhos nos momentos de crise?

A verdade é que, quando a emoção chega e a criança se comporta de forma inadequada, só queremos que aquele mau comportamento pare. E quando se trata de uma atitude ruim motivada pela raiva, o desconforto gerado é ainda maior, afinal, ninguém gosta de ver seu pequeno tendo ataques de fúria.

No entanto precisamos olhar para além daquele momento. Nosso objetivo deve ser que a criança se torne um adulto feliz e com seu potencial socioemocional amplamente explorado. O que só será possível se viabilizarmos o desenvolvimento de consciência emocional. De que forma? Proporcionando um ambiente favorável para que a criança fale e ouça sobre emoções sem censuras ou punições, onde ela aprenda a reconhecer e nomear o que está sentindo e compreenda que não existem emoções boas ou ruins e, sim, atitudes construtivas ou não.

A raiva e o cérebro

Em linhas gerais, as partes do cérebro responsáveis pela formação, controle e expressão da raiva são a amígdala cerebral e o córtex pré-frontal.

Na infância, o córtex pré-frontal ainda está em desenvolvimento. Ele é responsável pelo autocontrole, pela regulação dos impulsos, pelo planejamento. Porém, o córtex pré-frontal é a última camada do cérebro a amadurecer. O que ocorre, então, é que a amígdala assume o controle e faz aquela bagunça toda, porque ela é a parte primitiva do cérebro humano, encarregada pelo instinto de sobrevivência. É aquela que manda os impulsos de briga, congelamento ou fuga, provocando comportamentos impulsivos frente às emoções. Imagine o que podemos esperar com tudo isso acontecendo no momento de raiva: comportamento agressivo e explosivo, desestabilizando a criança e trazendo tensão ao círculo familiar.

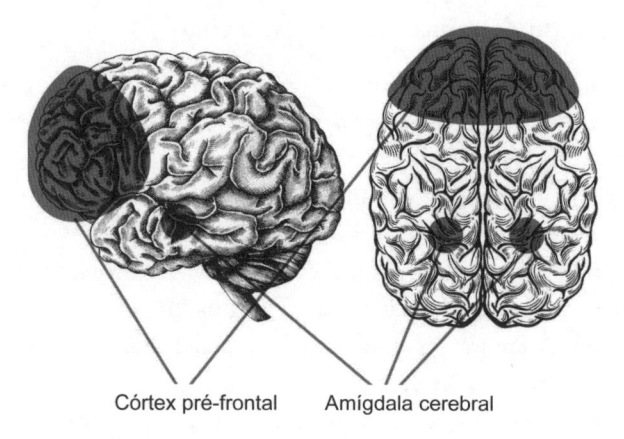

Córtex pré-frontal   Amígdala cerebral

Figura 1. Córtex pré-frontal e amígdala cerebral. *In*: Emoções

O ciclo da raiva

O que chamamos de ciclo da raiva começa com uma situação em que a criança se sente frustrada ou injustiçada ("deixaram o controle do meu videogame cair e ele não quer funcionar"), que pode desencadear um pensamento disfuncional ("nada dá certo para mim"), suscitando a raiva, que vem acompanhada de sintomas como taquicardia, vermelhidão e rigidez muscular, e que pode levar a criança a apresentar comportamentos inadequados, como gritar, jogar objetos no chão, chutar, se fechar.

Repare na figura a seguir, que ilustra o ciclo da raiva.

Figura 2. O Ciclo da Raiva.

O enfrentamento da raiva: quebrando o ciclo

Quando eu digo controlar emoções, refiro-me às emoções realmente estressantes e incapacitantes. "Sentir as emoções é o que torna nossa vida rica" (GOLEMAN, 2007).

Agora que já sabemos sobre a dificuldade que a criança tem em se manter no controle, o que podemos fazer?

Nossa principal responsabilidade é oferecer-lhe recursos para tomar as melhores decisões quando a raiva chega. Somos nós que proporcionaremos a ela as condições favoráveis para vivenciar e elaborar as emoções. Como? Por meio de técnicas e atividades, a criança pode aprender a alterar o ciclo da raiva de forma que consiga controlar as respostas impulsivas pela autorregulação emocional.

É preciso lembrar que, para falar diretamente ao coração dos pequenos, todo o processo precisa ser lúdico e adequado à linguagem infantil.

Vamos ver na prática?

Acolher e validar

A primeira e mais importante de todas as estratégias sempre será validar a emoção da criança. É fundamental que o adulto demonstre interesse pela demanda que a criança não está conseguindo expressar de outra forma que não seja exibindo um comportamento rude e exacerbado. Não nos cabe dizer coisas do tipo: "ah, pare de bobeira! Era só um brinquedinho!" Ou, ainda pior: "fique quieto ou vou bater em você!". Aquela frustração é real e funciona como um gatilho para desencadear todo o ciclo da raiva. Essa criança, portanto, precisa ser acolhida, sentir que a emoção está sendo validada: pergunte o que ela está sentindo, demonstre que se importa com aquele evento, ofereça alternativas para aquela questão e deixe claro que ela pode contar com você.

Lembre-se: o adulto é você

Ao longo de nossa vivência profissional, presenciamos casos de pais que se deixam levar pela raiva e, em vez de serem um instrumento de calma, estimulam ainda mais a irritação na criança. Fazem isso quando não regulam sua própria raiva naquele momento estressante e enfrentam os filhos com agressividade e respostas infantis.

É você que tem maior capacidade de autorregulação. Portanto olhe nos olhos deles, use de empatia e leve-os a utilizar as estratégias de enfrentamento da raiva.

Desenho livre e a caixa

Peça que a criança faça o desenho que vier à cabeça. Este pode ser um bom escape para ela pois, no desenho livre, a criança expressa todo tipo de emoção e sentimento que não consegue externar com palavras.

Uma forma figurativa de jogar a raiva fora é utilizar o recurso caixa da raiva: confeccione uma caixa com a criança e, sempre que a raiva chegar, ela desenha o que quiser em uma folha em branco. Em seguida, amassa ou rasga o papel e joga dentro da caixa.

Esta atividade foi adaptada a partir do recurso exclusivo do curso Desafio Oficina das Emoções, por Talita Pupo.

Enchendo o balão

Já vimos que nosso "cérebro emocional" assume o controle diante de eventos estressores, colocando-nos em uma postura reativa e defensiva, que nos leva a reações fisiológicas, tais como rigidez muscular e respiração ofegante.

Ao respirarmos profundamente, o organismo começa a diminuir a liberação de adrenalina e noradrenalina – que aceleram o coração e regulam as respostas de luta e fuga, enquanto aumentam a secreção de serotonina, responsável por prazer e bem-estar.

À medida que ensinamos o pequeno a inspirar e expirar da forma adequada, é possível substituir pensamentos agressivos por pensamentos inspiradores e construtivos.

Uma forma lúdica de proporcionar esse momento à criança é o recurso enchendo o balão: deixe um pacotinho de bexigas de aniversário em um local combinado com ela. Sempre que sentir raiva, ela jogará toda essa emoção dentro do balão, soprando até se acalmar.

Uma dica adicional é soltar a bexiga ao vento ou estourá-la, como forma de permitir que criança sinta que aquela emoção foi pelos ares.

O que foi apresentado acima foi adaptado a partir do recurso exclusivo do Curso Desafio Oficina das Emoções, por Talita Pupo.

Atenção plena

Uma forma de facilitar o uso da respiração profunda no exato momento do comportamento agressivo que foi causado pela raiva é praticar a técnica da atenção plena (*mindfulness*) diariamente. Escolha um momento do dia e pratiquem juntos: sentem-se eretos na cadeira, com os pés unidos no chão, inspire profunda e calmamente e expire, com o pensamento exclusivo na respiração. Pensamentos virão, mas retome sua atenção no processo da respiração. Pesquisas apontam que esta prática de respiração reduz o estresse, regula os níveis de ansiedade, aumenta a concentração e melhora as habilidades socioemocionais.

A partir do aprendizado e prática diária do *Mindfulness*, a respiração profunda se tornará um processo natural para a criança e, quando a raiva chegar, ela já estará acostumada a canalizar aquela energia para a respiração da forma correta.

Antes de iniciar, portanto, seria importante buscar, na literatura, um pouco mais de conhecimento e dicas sobre a técnica. Sugiro que leia o capítulo específico sobre o assunto aqui no livro.

Bolhinha de sabão

Veja que recurso simples! Soprar bolhinhas de sabão também é uma forma de trabalhar a respiração à medida que a criança inspira e expira pela boca para formar as bolhas. Além disso, a observação de cada bolha que se forma também é um recurso para desviar o foco da raiva primitiva para a beleza e movimento de cada bolha.

Guarda-chuva da raiva

Escreva com a criança as possíveis situações que lhe causam raiva em pedaços de papel. Do outro lado, escrevam uma técnica ou pensamento construtivo que ela pode usar no ato daquele acontecimento. Toda vez que o pequeno sentir essa emoção, ele abre o guarda-chuva e pega um dos papéis para se lembrar de bons pensamentos e técnicas que não deixarão a raiva chegar a ponto de descontrolar seu comportamento.

Esta atividade foi adaptada do Guarda-chuva da Raiva, recurso exclusivo do curso Oficina das Emoções – Método Emocionecos, por Talita Pupo.

O que eu aprendo com as historinhas

No dia a dia, crie o hábito de conversar com a criança sobre personagens infantis – como se sentem, o que poderiam ter feito, se ele já experimentou aquela emoção e como reagiu. Essas reflexões podem ser feitas a partir de desenhos, filmes, quadrinhos, fábulas, enfim, tudo que estiver envolvido em seu universo lúdico.

Quando sob a ameaça da raiva, lembre os assuntos que surgiram entre vocês nos momentos das leituras, desenhos, filmes e demais atividades que foram usadas para identificar emoções e propor soluções ao problema emocional das personagens. Ajude-a a fazer a associação com a frustração que sentiu e o comportamento que demonstrou em seguida.

Caderninho EmocioNotas

Anote os gatilhos que desencadeiam as reações exageradas de raiva na criança e ajude-a a reconhecê-las depois. Identificar os gatilhos e treinar atitudes e pensamentos construtivos podem auxiliar os pequenos a se prepararam para os inevitáveis eventos estressores que ainda vão enfrentar.

Valorize o bom comportamento

Sempre que a criança conseguir superar o momento de raiva, demonstre sua aprovação com palavras e atitudes que comuniquem a ela que está no caminho certo. Sempre que reforçamos algum comportamento da criança, ela tende a repeti-lo.

Para finalizar

É fácil? Não. É necessário? Sim.

O sonho da família é que os filhos se tornem adultos emocionalmente saudáveis, desenvolvam suas competências socioemocionais ao longo da infância e da adolescência e que consigam fazer uso dessas habilidades em suas relações sociais e situações desafiadoras.

E o fato de você estar aqui, lendo este livro, já demonstra seu interesse em ser um facilitador ou facilitadora nesse processo de seu pequeno ou pequena alcançar sucesso emocional.

Referências

AAMODT, S.; WANG, S. *Bem-vindo ao cérebro do seu filho: como a mente se desenvolve desde a concepção até a faculdade.* São Paulo: Cultrix, 2013.

ANTÔNIO, S.; COLOMBO, M.; MONTEVERDE, D. *et al.* (2007). *Neurobiologia das emoções.* Disponível em: <https://www.scielo.br/j/rpc/a/t55bGGSRTmSVTgrbWvqnPTk/?format=pdf&lang=pt>. Acesso em 04 nov. de 2021.

FREITAS-MAGALHÃES, A. *Expressão facial: o cérebro, a face e a emoção.* Conferência no Lions Clube de Ílhavo. Ílhavo, Portugal, 2012.

GOLEMAN, D. *Inteligência emocional: a teoria revolucionária que redefine o que é ser inteligente.* Rio de Janeiro: Objetiva, 2007.

SIEGEL, D.; BRYSON, T. *O cérebro da criança. 12 estratégias revolucionárias para nutrir a mente em desenvolvimento do seu filho e ajudar sua família a prosperar.* São Paulo: nVersos, 2020.

34

DESENVOLVIMENTO INFANTIL E TELAS
CONTROLE E PERMISSÕES DIANTE DE CELULARES, TELEVISORES E COMPUTADORES

Abordaremos, neste capítulo, uma reflexão sobre o uso das telas, principalmente sobre os prejuízos iminentes e os que já verificamos instalados na sociedade. Apresentaremos também um caminho de soluções, uma vez que o uso dessas ferramentas veio para ficar, pois realmente transformam nossas vidas, mas o cuidado com a saúde deve estar sempre em primeiro lugar, principalmente na primeira infância, para que possamos usufruir corretamente das maravilhas desse mundo virtual.

JANAÍNA PEREIRA AMANCIO E ROBERTA A. N. PERES

Janaína Pereira Amancio

Contatos
amancio.janaina@hotmail.com
Instagram: @psicojanaiina

Psicóloga escolar e clínica graduada pela Faculdade de Saúde Ibituruna; pós-graduanda em Saúde Mental. Possui diversos cursos em educação especial, inclusão e autismo. Atua como palestrante e com treinamento de pais.

Roberta A. N. Peres

Contatos
profrobertaperes@gmail.com
Instagram: @roberta.peres_neuroterapeuta

É professora de português e espanhol de formação universitária. Apaixonada pela mente humana, especializou-se em Neuropsicopedagogia e Neurometria Funcional pela Sociedade Brasileira de Neurometria e passou a integrar o uso de neuro e *biofeedback* em seus atendimentos. Para atender a demanda que surgia, além das formações em Hipnose e Terapia Sistêmica, especializou-se em Neuropsicologia e atualmente está concluindo a Psicanálise.

A novidade das telas chegou faz muito tempo e, como toda novidade, vai conquistando as crianças quase que sorrateiramente, bem devagar, e é um entretenimento incrível se começarmos a observar essas mudanças desde a televisão. É claro, tudo foi para o desenvolvimento da sociedade e sofisticação. Assim, a vida foi ficando mais fácil, mais divertida e mais ágil. Descobrir, aprender, distrair-se por meio dos programas de televisão é muito envolvente e quase tudo que antes era trabalhoso, por vezes demorado, e quiçá quase impossível, descobrimos, por meio da internet e por diversos eletrônicos, que está na palma de nossas mãos.

Com o passar dos anos, os aparelhos ficarem mais sofisticados, aplicativos tornaram-se mais ágeis e conquistaram progressivamente mais pessoas. De repente, nosso trabalho foi ficando todo ali, dentro de um computador ou de um celular, não só as agendas, mas as planilhas, as ideias, as viagens, as fotos, as relações sociais e a nossa família. Resumindo: o mundo.

E é assim que percebemos em nosso cotidiano o quanto as tecnologias se atualizam e, quando nos damos conta, logo acontece mais uma atualização de *software*, um computador de última geração, um televisor que faz tudo por comando de voz etc. Vivemos em um mundo que tudo é para agora, perdemos a paciência de esperar a vez, de aguardar um tempo para que o problema seja resolvido, porque queremos que a solução seja resolvida de imediato.

Estamos tão acostumados a vivenciar este mundo tecnológico que, de certa forma, nos mecaniza e pode atrapalhar o nosso desenvolvimento como pessoas no mundo. Isso também pode ocorrer com nossas crianças e adolescentes.

Atualmente, o uso das telas na infância e na adolescência tem aumentado constantemente e, com o avanço das tecnologias, é cada vez mais precoce o uso de celulares, computadores e televisores na vida da criança. A infância é uma fase que acontece por marcos do desenvolvimento motor, cognitivo e sócio-afetivo e é a partir desse processo que se desenvolve a aprendizagem.

Nesse processo de aquisições de novas habilidades, marcado por cada fase de desenvolvimento infantil, é de suma importância proporcionar para a criança um ambiente de brincadeiras, afeto e estímulos saudáveis. Todavia é comum nesse período ocorrer a introdução de eletrônicos na vida desse sujeito. Muitas vezes, o uso precoce desses dispositivos, seja por falta de conhecimento de seus cuidadores, ou por ocupação e cansaço do dia a dia, resulta em excesso com o passar do tempo e interfere diretamente nesse processo de desenvolvimento.

Entretanto, é viável que os pais estejam atentos para a permissão do uso dessas ferramentas e o controle do tempo total de acesso às tecnologias do seu filho. Quando me refiro ao tempo total de tela, estou dizendo sobre o tempo que a criança e o adolescente ficam expostos a esses dispositivos.

Hoje, o contato com a tecnologia começa desde bebê. Estudos revelam que 75% das crianças, a partir de 4 meses, já têm acesso a esses aparelhos. Já os adolescentes são o público que extrapolam no tempo de telas no seu dia a dia, contando com acesso aos computadores, notebook, tablets, televisores, celulares etc. Eles passam, em média, 7 horas conectados e percebe-se um aumento na ansiedade, alteração do sono, baixa atenção nas interações sociais e familiares, na aprendizagem, além do aumento de depressão e obesidade (COSTA *et al.*, 2012). Uma das ferramentas que nos auxilia no consultório é a Neurometria Funcional, em que o paciente monitorado por sensores passa por exercícios, protocolos específicos e o profissional pode acompanhar a frequência e a intensidade de ansiedade, estresse, intensidade das ondas cerebrais, dificuldades na memória, foco, atenção, dentre outros transtornos. Na maioria das vezes, adolescentes que costumam utilizar as telas de forma excessiva podem apresentar o seguinte quadro:

A imagem destacada é o resultado de um exame realizado com a Neurometria Funcional, em que simulamos, no momento do exame, as três posições

MOVIMENTO: DECÚBITO DORSAL:

VISÃO FRONTAL SAGITAL DIREITO SAGITAL ESQUERDO LÍMBICO CORONAL

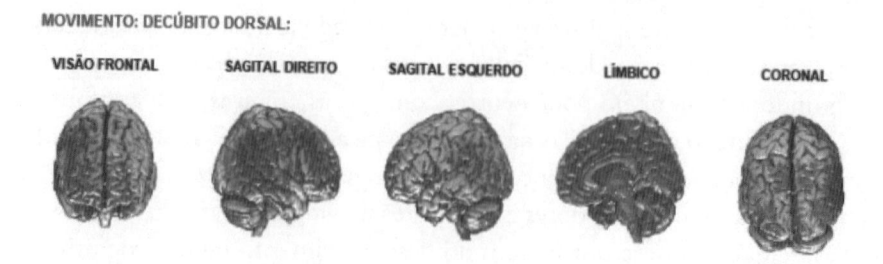

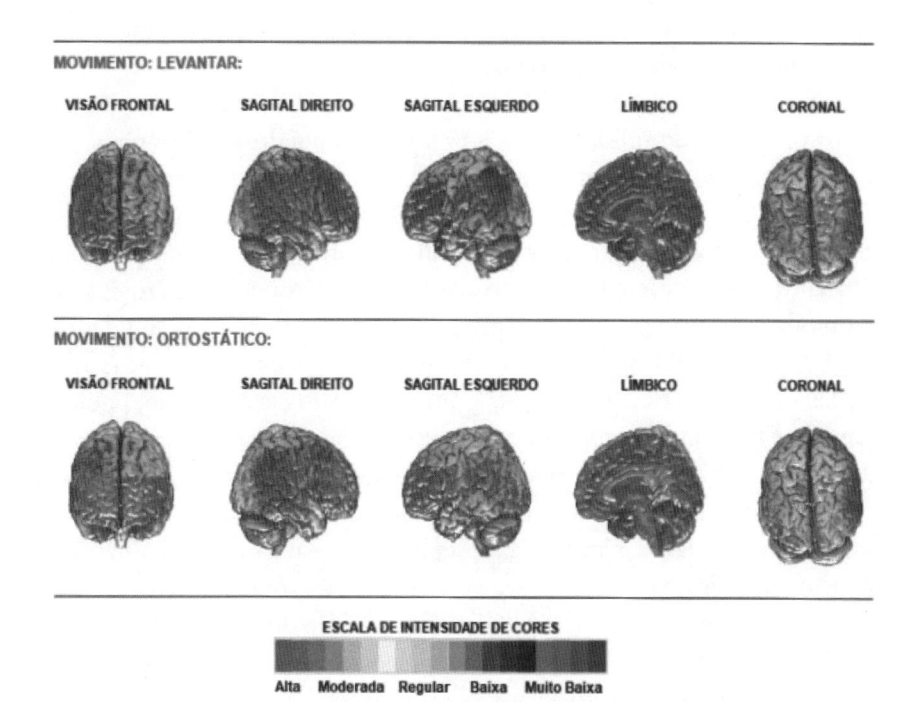

MOVIMENTO: LEVANTAR:

VISÃO FRONTAL — SAGITAL DIREITO — SAGITAL ESQUERDO — LÍMBICO — CORONAL

MOVIMENTO: ORTOSTÁTICO:

VISÃO FRONTAL — SAGITAL DIREITO — SAGITAL ESQUERDO — LÍMBICO — CORONAL

ESCALA DE INTENSIDADE DE CORES

Alta   Moderada   Regular   Baixa   Muito Baixa

mais comuns: decúbito, ao levantar e posição estática. Por meio desse exame, podemos levantar hipóteses, de acordo com a pouca variação de cores e a intensidade alta marcada nas três posições, que esse adolescente em questão está tendo sérios problemas ao dormir e alta ansiedade. No caso, esse adolescente estava em tratamento para o controle da ansiedade e, consequentemente, estava diminuindo a frequência de uso do videogame, uma vez que a cada dia estava se tornando mais ansioso e dependente deste. Outro agravante para o uso excessivo de telas é o aumento do número de adolescentes e jovens cada vez mais viciados em celulares e videogames.

É importante salientar, antes de mais nada, os prejuízos do excesso do uso das telas com mais propriedade. Um dos problemas que encontramos é no desenvolvimento cerebral, que interfere na cognição. A criança necessita de estímulos concretos para desenvolver-se. O uso das telas limita esse desenvolvimento como se o cérebro ficasse "meio atrofiado". Quando as habilidades são acionadas, a criança não consegue responder o que é solicitado e, em cada passo, principalmente no processo escolar, verificamos as dificuldades cognitivas como perda de memória, dificuldade de raciocínio lógico, dificuldades nas funções executivas e habilidades socioemocionais. Essas dificuldades podem acompanhar a pessoa até a vida adulta.

Outro ponto de dificuldades que observamos pelo uso excessivo das telas é a má qualidade do sono, que pode evoluir para quadros de insônia e, também, aumenta o déficit cognitivo, pois em uma noite mal dormida, o sono acumulado interfere no processo de aprendizagem. Com essa debilidade no sono, observamos casos graves de ansiedade. Alguns programas são projetados com a intenção de aumentar a curiosidade, a busca. A pessoa fica mais e mais incomodada com a lentidão do sistema e vai em busca de mais agilidade até essas buscas ficarem insustentáveis. Os próprios jogos de videogame também intensificam essa busca insaciável e, por trás de todo esse processo, podemos identificar hoje, até mesmo por neuroimagem, a intensidade das ondas cerebrais, a intensidade que o cérebro é acionado sem interrupções, causando casos agressivos de ansiedade e insônia, como é mostrado.

Para que a criança não seja exposta a tais mecanismos e isto lhe cause prejuízos significativos no seu desenvolvimento motor, cognitivo, afetivo e social, é importante que o tempo total de uso dure duas horas por dia para as crianças de 6 e 10 anos; já para os pequenos entre 2 e 5 anos de idade, de acordo com a recomendação da Sociedade Brasileira de Pediatria, o recomendado é que não ultrapasse o limite de uma hora por dia. É fundamental que, nesse período, a criança brinque, explore ambientes, socialize com outras crianças, nas ruas, praças, escolas e leia livros que despertem a curiosidade, a imaginação, jogue com brinquedos pedagógicos, tenha momentos de interação com os pais, aprenda com eles cantigas de roda, brincadeiras de faz de conta e da vida real.

Desse modo, não se deve privar esse direito de brincar com a excessiva exposição desse sujeito às telas porque essa privação pode trazer uma repercussão negativa dessa infância. Além de toda essa tecnologia envolver complicações físicas na vida desses meninos ao ser utilizada de forma exagerada, destaca-se também a questão das mídias e acesso à internet. No entanto a falta de conscientização é capaz de dar abertura para o *bullying*, o assédio e abuso sexual e muitos outros danos psicoemocionais causados pela falta de limite da internet e das mídias na vida de crianças e adolescentes.

De tal forma, é interessante que o acesso dessas mídias seja de conteúdos educativos de acordo com a faixa etária da criança. Inclusive são os pais que controlam a rotina desses aparelhos, monitorando os conteúdos a serem vistos e acessados por eles. Para tanto, é importante sabermos que essas ferramentas tecnológicas podem ser utilizadas para benefício de estimulação do desenvolvimento infantojuvenil, sendo assim porque não transformar algo que é visto como malefício em benefício de aprendizagem.

Consequentemente, ao monitorarem o uso desses recursos por meio de regras e limites, os pais poderão beneficiar-se desse recurso para estimulação e aprendizagem do seu filho, auxiliando-o no amadurecimento de várias habilidades, tais como: aquisição de linguagem e comunicação, aptidão motora, competência de atenção e concentração, dentre muitas outras relacionadas aos estágios de desenvolvimento humano.

Acredita-se que diversos aplicativos eletrônicos infantojuvenis em celulares, tablets, jogos on-line para computadores são propícios para a estimulação cognitiva. Esses programas como objetivo de ensino por meio do lúdico podem desempenhar papel de facilitador de ensino-aprendizagem.

Os jogos eletrônicos, por meio de atividades lúdicas, contribuem para o amadurecimento social, afetivo, assimilação, imaginação, reconhecimento e expressão das emoções de forma concreta e motivacional. Portanto, esse brincar virtual auxilia nos marcos de desenvolvimento, além de reforçar aquilo que já foi aprendido. Temos diversos aplicativos de jogos para celulares e tablets como, por exemplo: *123 Numbers*, que tem por objetivo ajudar a criança a aprender os números, tracejar e contar; também existe o *Palma kids* com o intuito de auxiliar a criança a partir de 4 anos no processo de alfabetização da língua portuguesa e inglesa e o *Game Kids 4*, que estimula raciocínio, atenção, pareamento de cores, reconhecimento das emoções e muito mais.

Dessa maneira, os jogos on-line e aplicativos, se bem direcionados, proporcionam para as crianças e adolescentes um instrumento de ensino que amplia as suas potencialidades. Ainda há os entretenimentos televisivos os quais são grandes aliados pedagógicos na vida infantojuvenil. Para isso, é importante que os pais sempre estejam atentos ao que passa na TV e liberem para o filho somente conteúdos adequados à idade. Ao falar de entretenimento, temos as plataformas de *streaming*, que transmitem o conteúdo via internet, como Netflix, Disney+, Amazon Prime, dentre outros, possibilitando a criança e adolescente assistir a séries e filmes que trazem assuntos do cotidiano como luto, fases da adolescência e seus processos, adoção, relações sociais, transtornos mentais e seus desafios e uma série de informações por meio de personagens que trazem uma reflexão sobre a vida.

Resumindo, é possível manter o equilíbrio entre as facilidades que a tela oferece e ter atenção para que o uso não seja excessivo, principalmente nas fases de desenvolvimento de crianças e adolescentes.

Referências

COSTA, I. M. *et al.* Impacto das telas no desenvolvimento neuropsicomotor infantil: uma revisão narrativa. *Brazilian Journal of Health Review*, v. 4, n. 5, 2021, pp. 21060-21071.

NOBRE, J. N. P. *et al.* Qualidade de uso de mídias interativas na primeira infância e desenvolvimento infantil: uma análise multicritério. *Jornal de pediatria*, v. 96, pp. 310-317.

35

OFICINA DE EDUCAÇÃO SOCIOEMOCIONAL

Neste capítulo, explicaremos alguns dos inúmeros benefícios da oficina das emoções e suas contribuições para o desenvolvimento das habilidades referentes à inteligência emocional na vida da criança, do adolescente e do adulto.

DÉBORA SALMIN E MARCELLE MACIEL

Débora Salmin

Contatos
atelie.arteterapiajau@gmail.com
Instagram: @deborasalmin
Facebook: Débora Salmin
14 98824 0782

Graduada em Pedagogia pelas Faculdades Integradas de Jahu. Pós-graduada em Gestão Educacional, Arteterapia e Constelação Sistêmica Integrada; psicóloga em formação. Atua na área da educação desde 2008; e com oficinas desde 2018.

Marcelle Maciel

Contatos
marcellemendes39@gmail.com
Instagram:@marcelle.mendes.754
Facebook: Marcelle Mendes
21 99698 5453

Pós-graduada em Psicopedagogia Clínica e Institucional. Formada em Ciências Biológicas. Pesquisadora sobre a importância da implementação da inteligência emocional nas instituições de ensino. Educadora desde 1999, atuando em vários segmentos do ensino. Coautora do livro *Estações da vida. Mudaram as estações: o que mudou?*, com o capítulo "Estação RAR: reconhecer, aceitar e respeitar os próprios limites".

A inteligência emocional é a maior responsável pelo sucesso ou insucesso das pessoas. Não só a razão influencia nossos atos, mas a emoção também é responsável pelas respostas que damos e exerce grande poder sobre as pessoas. Os níveis de inteligência emocional são: autoconhecimento emocional (reconhecer-se a si mesmo), controle emocional, automotivação, reconhecer emoções nos outros e habilidades em relacionamentos interpessoais.

GOLEMAN

Tão importante quanto identificar as emoções é saber respeitá-las. Grande parte desse aprendizado, contudo, virá de seu exemplo como pai, mãe e professor. Incentive a criança ou o adolescente a lidar com o que está sentindo de forma autêntica sem fingir um sentimento positivo em momentos nos quais o sentimento é oposto.

Uma criança que constrói sua inteligência emocional com a ajuda dos pais alcança inúmeros benefícios e vantagens, como maior autoestima, capacidade de comunicação, resiliência e autonomia. Mas como ajudar seu filho e/ou aluno a ser emocionalmente inteligente?

É nosso dever ajudar as crianças a entenderem que as nuvens de suas emoções podem e, certamente, vão passar. Elas precisam compreender que não se sentirão tristes, com raiva, magoadas ou solitárias eternamente. E este é um conceito muito difícil de compreender no início. Enxergar-se a longo prazo já é difícil para nós, adultos, quanto mais para uma criança (SIEGEL & BRYSON, 2015).

Dessa forma, cabe a nós ajudá-las a compreender que sentimentos e emoções são temporários. Quando reconhecemos e gerenciamos nossas reações e comportamentos desencadeados pelas emoções e sentimentos, somos beneficiados.

As crianças que participam de oficinas psicoeducativas conseguem realizar a gestão de suas emoções para o enfrentamento de desafios cotidianos. Os relatos das famílias que investem na educação emocional de suas crianças por meio das oficinas são sempre positivos, pois percebem que abre-se um canal de diálogo nos lares.

A oficina das emoções pode ser trabalhada na clínica de forma individual, dupla ou grupo, na escola, na sala de recurso, em casa com a família, enfim, os recursos utilizados podem ser realizados em qualquer espaço, desde que antes tenha sido preparado para tal experiência.

Oferecemos às crianças e aos adolescentes a experiência de aprender sobre as emoções de maneira descontraída, alegre, participativa e reflexiva, além de possibilitar aos pais o despertar para a conscientização da importância da regulação emocional. O processo de psicoeducação de forma lúdica ajuda a desenvolver: autoconfiança, empatia, responsabilidade, autodisciplina, respeito e, consequentemente, influencia no desenvolvimento de uma comunicação mais assertiva, uma autoestima mais elevada e maior qualidade de vida.

Além de auxiliar no processo de desenvolvimento emocional da criança, a oficina colabora no processo ensino-aprendizagem, uma vez que pesquisas revelam que alunos que têm competências socioemocionais mais desenvolvidas apresentam maior facilidade de aprender os conteúdos acadêmicos. Portanto, é preciso que essas habilidades sejam trabalhadas desde cedo (infância), tanto pela família quanto pela escola.

Conforme relata Bárbara Leal no livro *Oficina das Emoções: teoria e prática*, a oficina é um encontro desenvolvido que possibilita às crianças experiências de aprender sobre as emoções de forma lúdica, divertida, leve e interativa. Por isso, esses encontros despertam nas famílias, antes e após a oficina, a conscientização da importância da regulação emocional.

Nas oficinas das emoções, trabalhamos com as cinco emoções básicas: alegria, tristeza, medo, raiva, repulsa (nojo) e empatia. Atualmente vem crescendo muito o número de profissionais que utilizam as oficinas psicoeducativas para trabalhar outras emoções e outros temas conforme a demanda.

A seguir, relataremos um pouquinho sobre como estruturar uma oficina em grupo.

Quando as crianças trabalham em grupo, elas se conhecem e auxiliam umas às outras no desenvolvimento de compreensão e resolução de problemas. No trabalho em grupo, também é possível desenvolver técnicas de socialização e interações vinculares. O grupo facilita na compreensão e empatia, proporciona um ambiente acolhedor, além de perceber as interações e comportamentos interpessoais, gerando mais possibilidades na hora de resolver seus conflitos internos (WAINER *apud* RODRIGUES, 2008).

As oficinas possibilitam, pelas atividades práticas e adaptadas para a linguagem das crianças de acordo com cada faixa etária, prevenir possíveis problemas emocionais que possam surgir tanto na infância quanto na vida adulta. É de extrema importância que as oficinas sejam organizadas por faixa etária, conforme os exemplos a seguir.

Oficina das emoções para crianças (4 a 7 anos e de 8 a 11 anos)

Na oficina das crianças, serão ensinadas as cinco emoções primárias: medo, tristeza, raiva, alegria e nojo. Também vamos trabalhar a empatia, que é a habilidade de entender emocionalmente a outra pessoa e colocar-se no lugar dela. Recomendamos para os profissionais que desejam realizar as oficinas participarem dos cursos de Talita Pupo Cruz.

Oficina das emoções para adolescentes (12 a 16 anos)

Nesta oficina, além das cinco emoções primárias e da empatia, trabalharemos outras emoções e sentimentos, como: amor, ansiedade, inveja, aceitação, insegurança e gratidão.

Vale ressaltar que as oficinas são de educação socioemocional e não substituem a psicoterapia; os exemplos acima são apenas algumas sugestões diante das inúmeras possibilidades.

Sobre o desenvolvimento das oficinas

Para trabalhar cada uma das emoções durante as oficinas, utilizamos recursos como: caixa da tristeza, caixa do medo, varal do nojo, balão da raiva, caça ao tesouro, entre muitas outros, e confeccionamos alguns recursos para auxiliar as crianças na gestão de suas emoções, posteriormente, em casa, como o repelente do medo, a lanterna da coragem, entre outros recursos.

Nas oficinas, as crianças têm voz e espaço para falarem de suas emoções sem serem julgadas ou menosprezadas. Entendemos que cada emoção importa e que devemos aprender a lidar com cada uma delas de forma saudável.

Sobre a organização

As oficinas podem ser realizadas em consultórios, espaços alugados, grupos religiosos, nas escolas, condomínios e até mesmo em parques; quem escolhe o ambiente é o facilitador, que aplicará de acordo com seu público.

Não podendo esquecer de que os participantes precisam sentir-se acolhidos, pertencentes e seguros no ambiente.

A organização do tempo é a chave para o sucesso da oficina. Por isso, tudo deve ser planejado com antecedência. Saber quais são os objetivos que você deseja atingir com o grupo e, partindo desse pressuposto, pensar e organizar as dinâmicas, as atividades e os recursos que serão utilizados.

Vale ressaltar que, quanto menor a criança, menor tempo de concentração ela terá. Nesse caso, o ideal é trabalhar com oficinas mais curtas. Percebe-se que estudar sobre as peculiaridades de cada faixa etária é de extrema importância, não basta que os facilitadores dominem apenas as dinâmicas que serão realizadas durante as oficinas. Para o êxito desse trabalho, precisamos sempre nos atualizar e estudar muito sobre o desenvolvimento das crianças.

Gerando conexões

Outro aspecto importante é o de estabelecer uma relação de confiança com o grupo, ou seja, criar conexões. Para isso, procure sempre usar roupas coloridas, uma tiara ou um laço no cabelo.

Geralmente, o grupo também não se conhece e cabe a nós, facilitadores, proporcionarmos essa conexão com o grupo, promovendo a participação ativa de todos com muito respeito, estimulando o protagonismo, o pertencimento e a resiliência dos participantes, fortalecendo vínculos.

As crianças refletem e muito o estado emocional de seus pais. Nesse caso, inicialmente, precisamos criar uma conexão com eles também. Antes das oficinas, procure realizar o que chamamos de "escuta sensível". A escuta sensível se trata de uma triagem com o responsável pela criança que participa da oficina, com o intuito de criar uma conexão com essa família, passando confiança e profissionalismo. Embora as oficinas sejam lúdicas, o trabalho deve ser desenvolvido com muita seriedade, não é brincadeira. Por meio dessa escuta, podemos identificar quais recursos e intervenções escolher para trabalhar com o grupo.

Sobre a importância da devolutiva às famílias

A devolutiva também é de extrema importância, pois a gestão das emoções não acaba no término da oficina; pelo contrário, é só o início. Procure sempre relatar sobre o envolvimento da criança nas atividades, quais atividades percebeu que ela mais se identificou, se ela teve alguma fala ou comportamento que chamou sua atenção. Também é de extrema importância a orientação sobre como e quando eles podem utilizar, em casa, todos os recursos confeccionados durante a oficina, pois todos os recursos são levados para casa.

Orientação aos facilitadores

Muitas vezes, durante a oficina, percebemos certos comportamentos nos participantes que competem a outros profissionais realizar uma avaliação. Devemos estar atentos e orientar os responsáveis a procurarem por esses profissionais antes de tentarmos realizar diagnósticos equivocados. Lembre-se de que as oficinas são preventivas antes de qualquer coisa.

Como podemos perceber, as oficinas das emoções demandam tempo, dedicação, preparo e muito amor. Nós, facilitadores, não somente ensinamos mas aprendemos muito, as trocas são enormes e as experiências adquiridas antes, durante e depois das oficinas são extraordinárias.

Oficina das emoções para os pais ou responsáveis

Na oficina para os responsáveis, serão trabalhadas todas as emoções já mencionadas e a forma como estimular e dar continuidade ao desenvolvimento emocional na vida dos filhos no dia a dia, na prática.

"A família é a nossa primeira escola de aprendizado emocional," diz Daniel Goleman, psicólogo e autor do livro *Inteligência emocional*. Os pais precisam aproveitar ao máximo os preciosos momentos de convivência com seus filhos para treiná-los no exercício de habilidades humanas fundamentais, como compreender pensamentos perturbadores e lidar com eles, autocontrole e empatia. Estudos revelam que as crianças que se sentem respeitadas e valorizadas pela família têm melhor rendimento na escola, mais amigos e uma vida mais saudável e bem-sucedida.

Falaremos sobre os cinco passos da preparação emocional, passos que os pais costumam usar para colocar empatia em suas relações com os filhos, estimulando a inteligência emocional deles, segundo o Ph.D John Gottman.

1. Perceber a emoção do filho.
2. Reconhecer a emoção como uma oportunidade de intimidade e transmissão de experiência.
3. Escutar com empatia, legitimando os sentimentos da criança e do adolescente.
4. Ajudar a criança a nomear as emoções.
5. Impor limites e, ao mesmo tempo, ajudar a criança a resolver os problemas.

Para entrar em sintonia com as emoções do seu filho, você precisa prestar atenção, além da fala, na linguagem corporal, nas expressões faciais e nos gestos dele.

Oficina das emoções para educadores

Nesse ambiente escolar, haverá multiplicação dos conhecimentos, técnicas e recursos para o máximo de pessoas, acelerando e desenvolvendo de forma proveitosa e eficiente esse processo de alfabetização emocional.

O trabalho com as emoções no contexto escolar objetiva auxiliar a criança a obter comportamentos e competências que possibilitem a consciência e o manejo adequado de suas emoções e capacidade de empatia, e pode ser uma ação preventiva (RODRIGUES, 2015; SANTOS, 2000).

E o porquê de realizarmos essa oficina para os professores? Eles serão os multiplicadores e os facilitadores das oficinas das emoções na escola. Salovey (1999) explica que "para que ocorra a aprendizagem emocional, o professor precisa se conhecer e identificar o outro como ser humano passível de erros e acertos, que apresenta certas fragilidades". Percebemos que o ambiente escolar é responsável pelo desenvolvimento cognitivo, social e mental, porém, com os avanços da tecnologia, as crianças têm vivido nesse ambiente tecnológico isolando-se e limitando-se no mundo virtual, deixando de se relacionarem e, consequentemente, deixando de desenvolverem as habilidades emocionais. Logo, faz-se necessário intervir nesse contexto em que nos encontramos, mas de forma produtiva.

Segundo a psicóloga e especialista na Teoria da Inteligência Multifocal, Camilla Cury (2015), "Antigamente, as pessoas achavam que inteligência emocional era uma habilidade nata. Na verdade, todo mundo pode desenvolver". Quanto mais cedo começarmos a desenvolver essa inteligência emocional em nossos alunos e/ou filhos, melhor.

Referências

CURY, C. *5 passos para estimular a inteligência emocional do seu filho*. Disponível em: <https://escoladainteligencia.com.br/blog/5-passos-para-estimular-a-inteligência-emocional-do-seu-filho/>. Acesso em: 20 ago. de 2021.

GOLEMAN, D. *Inteligência emocional: A teoria revolucionária que redefine o que é ser inteligente*. Rio de Janeiro: Objetiva, 2011.

GOTTMAN, J. *Inteligência emocional e a arte de educar nossos filhos.* 19. ed. Rio de Janeiro: Objetiva, 1997.

LEAL, B.; RODRIGUES, L. *Oficina das emoções: teoria e prática.* Campinas: APMC, 2019.

SALOVEY, P.; SLUYTER, D. J. *Inteligência emocional da criança: aplicações na educação e no dia a dia.* Rio de Janeiro: Campus, 1999.

SIEGEL, D. J.; BRYSON, T. P. *O cérebro da criança: 12 estratégias revolucionárias para nutrir a mente em desenvolvimento do seu filho e ajudar sua família a prosperar.* São Paulo: nVersos, 2015.

36

IMPORTÂNCIA DA CONTAÇÃO DE HISTÓRIAS

Formadora de contadores de histórias há mais de 10 anos. Já formou mais de 10 mil pessoas em seu *workshop* presencial e 1.500 pessoas contadores profissionais pelo Brasil. Escritora, pedagoga com experiência em sala de aula e coordenação, desenvolveu uma didática diferente para contar histórias. Trabalha nas seguintes linhas: oratória, literatura infantil, *coaching* educacional, docência do ensino superior, pedagogia das cores, constelação sistêmica e PNL (Programação Neurolinguística).

TATIANE ANZINI

Tatiane Anzini

Contatos
turmadatiatati@gmail.com
Instagram:@turmadatiatati
Youtube:@turmadatiatati

Mestre, especialista, e licenciada em Pedagogia. Atualmente cursa *Storytelling*, um curso internacional. Tem experiência de mais de 10 anos como professora e dois anos como coordenadora pedagógica. É especialista nas áreas de cultura, educação, gestão e *coaching*. É proprietária da empresa Turma da Tia Tati Treinamentos e Eventos; especializada em cursos na área de educação. Está engajada em movimentos de filantropia, arte e filosofia no Brasil e no mundo.

Introdução

A aplicação da contação de histórias possui um efeito transformador e revolucionário para a sala de aula. Neste capítulo, saberemos as principais metodologias que podem ser empregadas na contação. Elementos primordiais para a contação de sucesso. Descubra como contar histórias de um jeito novo.

Uma das ferramentas mais importantes no processo de aprendizagem de uma criança é a contação de histórias, pois sendo inserida na aprendizagem da educação infantil, torna-se avassaladora, propondo técnicas e meios do educador trabalhá-las em sala de aula.

Contar histórias exige técnicas e preparações específicas. Ao contar uma história, o professor deve trabalhar de forma descontraída e alegre para que a criança possa vivenciar um mundo diferente da sua realidade, utilizando sua criatividade e imaginação e, assim, possibilitando seu desenvolvimento. As histórias devem proporcionar a formação do caráter e dar à criança perspectivas, mostrando um caminho em que ela possa se posicionar criticamente, avaliando sua realidade.

O que é um contador de histórias?

Os seres humanos adquiriram a capacidade de se expressarem por meio de uma linguagem. Tal capacidade foi adquirida com o surgimento dos primeiros hominídeos, que necessitavam urgentemente condensar estímulos e mensagens em um conjunto de códigos que todos os membros daquele grupo tivessem acesso e conhecimento.

A fala, importante, mas não o único instrumento de comunicação, se constituiu no primeiro código de trocas de informações dos seres humanos. Uma criação tão poderosa e revolucionária como o surgimento da fala aconteceria somente após milhares de anos com o surgimento da escrita.

A escrita, por sua vez, foi tão importante para a humanidade que ela separou a história em duas: antes da escrita e depois da escrita. Talvez você não esteja familiarizado com estas duas expressões "antes da escrita" ou "depois da escrita", porém, os historiadores criaram um termo técnico para estas duas expressões, os quais são: pré-história e história.

Sim, a história foi dividida em duas: a pré-história e a história, ou trocando em miúdos, em "época antes da escrita" e "época depois da invenção da escrita". Sabendo disso, todo ser humano já nasce com duas revoluções criadas por seus antepassados mais distantes: a fala e a escrita. Porém, a leitura dos parágrafos acima nos deixa com uma dúvida: entre o desenvolvimento da fala e a criação da escrita, transcorreram milhares de anos, o que aconteceu nesse intervalo? Exatamente nesse intervalo surgiram os primeiros contadores de histórias, com o surgimento da escrita cuneiforme.

Antes da criação da escrita, todos os conhecimentos adquiridos pela humanidade eram transferidos pela oralidade (fala) dos mais velhos aos mais novos, constituindo, assim, uma história oral . Ou seja, todos os nossos antepassados eram contadores de histórias.

Então, podemos concluir que já nascemos contadores de histórias? Sim e não, e vou explicar o porquê. Apesar de nossas primeiras experiências com a história serem por meio da oralidade dos nossos pais, avós, tios, irmãos, entre outros, agimos na primeira infância como "receptores" de histórias desconexas e desorganizadas, pois elas podem fazer referência a tudo, desde "por que usamos roupas" a "por que o céu é azul". Tal desorganização nas transferências desses conhecimentos cria uma confusão na cabeça da criança, pois ela nunca saberá o que é real e o que é imaginário, devendo, somente com o próprio desenvolvimento intelectual, separar a realidade da ficção. Contar histórias em sala de aula é completamente diferente, utiliza-se técnicas adequadas, noções de oralidade, utiliza-se fórmulas de entrada e fórmulas de saída, entre outras técnicas.

As emoções e a contação de histórias

Visualizando as emoções como resultantes dos estímulos sociais, ambientais e biológicos a que um indivíduo esteja em contato, a contação de histórias tem como pressuposto a criação de um ambiente lúdico, em que os sentimentos mais densos sejam facilmente sutilizados sem riscos ao indivíduo.

Quando a contação de histórias apresenta a uma criança um conto de fadas que em sua gênese contém um conflito, buscamos familiarizar o ouvinte a situações conflituosas para que obtenha, deste primeiro contato, ferramentas que poderão ser aplicadas no futuro.

O constante contato com situações que possam instigar emoções complexas, mesmo que para isso utilizemos recursos lúdicos, acaba por empoderar a criança para que ela visualize com maior clareza quando se encontrar em futuras situações conflituosas.

O constante diálogo entre os personagens, por exemplo, de um conto de fadas, possibilita diferenciadas observações e visões de mundo, acelerando a compreensão dos mais variados sentimentos, uma vez que já não será necessário vivenciar determinadas emoções, mas aplicar a empatia e "sentir o que o outro está sentindo".

A criação de um mundo seguro, onde a criança não enfrentará diretamente um perigo real, encoraja a compreensão e a reflexão de problemas e sentimentos complexos que jamais seriam possíveis com esta mesma criança vivenciando o "olho do furacão". É importante salientarmos que não se trata de criar uma bolha ao redor da criança, mas de criar situações artificiais por meio da ludicidade e em um ambiente seguro para que a experimentação de determinados sentimentos não seja traumática.

Terapias consagradas e respeitadas na academia utilizam dessas técnicas de ludicidade para recriar ações e sentimentos e possibilitar a compreensão profunda do amálgama do qual todos nós somos frutos. Uma das técnicas que se utilizam desse recurso é a consagrada Terapia de Constelação Sistêmica, criada por Bert Hellinger, na qual, em um ambiente seguro e conduzido por um terapeuta, são recriados ludicamente acontecimentos que possibilitem visualizações nunca imaginadas de sentimentos e emoções.

A contação de histórias possui também a capacidade de aguçar a imaginação e a criatividade das crianças ao propor a elas que estabeleçam parâmetros comparativos entre "lições sociais" ou as famosas "morais das histórias" com as próprias convicções, retirando desse conflito verdadeiras preciosidades imagéticas, ou seja, compreensões de "ser no mundo" e os valores de "estar no mundo". A criação de um mundo imaginário no qual não há a aplicação fiel das leis da física, proporcionada pelo ato de contar histórias, possibilita experimentações morais, éticas e sociais a toda criança. É na brincadeira lúdica que as crianças testam e criam dinâmicas as mais variadas possíveis e testam a repercussão delas com seus semelhantes.

Ao nos tornarmos adultos, principalmente no mundo ocidental, nosso "corpo" moral já formado observa todas as situações com um viés determinista e de exclusão, em que algo sempre será certo ou errado. Já nas crianças, em virtude do seu momento de construção dos valores éticos e morais, encontramos nelas uma flexibilidade de compreensão desses mesmos valores.

É possível perceber, nas crianças, que determinadas situações podem ser compreendidas por elas como "certo", "errado" e as duas compreensões ao mesmo tempo. Justamente essa flexibilidade de estar e ser em situações diferentes ao mesmo tempo deve ser explorada pelo contador de histórias.

Contando histórias, repetimos sucessivas vezes as possibilidades de múltiplas compreensões e visões de mundo, oferecendo valiosas experiências recheadas dos mais diversos valores éticos e estéticos. Cabe ao contador de histórias oferecer esse mundo imaginário, flexível, seguro e rico em possibilidades para as crianças. É nossa missão proporcionar o lúdico, mesmo que vivamos em um mundo real não tão imagético como desejaríamos.

37

AUTOCONHECIMENTO
UM CAMINHO PARA APRENDER A GERENCIAR EMOÇÕES

Este capítulo é destinado aos pais, educadores e responsáveis que desejam conhecer artifícios essenciais para capacitar crianças e adolescentes a reconhecerem as suas próprias emoções e aprimorarem aquilo que chamamos de autoconhecimento. Existem práticas e métodos simples e cotidianos, capazes de desenvolver a chave do autoconhecimento saudável, sendo ele pessoal ou profissional; lembrando que o autoconhecimento é uma prática constante e mutável. É necessário que a pessoa olhe para dentro de si e se autoconheça, só assim ela será capaz de gerenciar suas emoções e saber lidar com as emoções desagradáveis de sentir, possibilitando a redução de ansiedade, frustrações, medo, raiva etc.

MARIA DOS ANJOS SILVA E ROSANA OLIVEIRA

Maria dos Anjos Silva

Contatos

marianjosm1@hotmail.com.br
Instagram: @ mariadosanjos5064
Telegram: @Maria_dos_Anjos
33 98401 2277

Graduada em Psicologia pela Fundação Educacional de Caratinga – FUNEC. Licenciada em Letras. Pós-graduada em Língua Portuguesa e Saúde Mental pela FUNEC, pós-graduação em Autismo e Deficiência Intelectual pela CBI & Miami. Qualificada em Transtorno do Déficit de Atenção com Hiperatividade pelo Instituto ALFA Faveni. Certificada em Psicologia Positiva pelo Centro Sofia Bawer e facilitadora do programa Educação Emocional Positiva pela EEP e Mirían Rodrigues - FASURGS.

Rosana Oliveira

Contatos

rosanaoliveirapsicologia@gmail.com
Instagram: @psico_rosana
31 99779 5377

Graduada em Psicologia pela Faculdade Ciências Médicas de Minas Gerais. Pós-graduada em Saúde Mental pelo Instituto Alfa/Faveni. Aperfeiçoamento em Psicologia Clínica e Neuropsicologia pelo Life Cursos de Saúde. Facilitadora do método emocionecos - oficina das emoções. Mestranda em Psicologia Clínica e da Saúde pela Universidad Europea del Atlántico. Realiza atendimentos clínicos presencial e on-line a crianças, adolescentes, adultos e família. Palestrante de temas clínicos. Analista da educação básica na Secretaria de Educação - MG.

A emoção é o momento em que o aço encontra a pedra e provoca uma faísca, pois a emoção é a principal fonte de qualquer tomada de consciência.
CARL GUSTAV JUNG

Durante o nosso amadurecimento físico, é possível que já tenhamos ouvido falar sobre o autoconhecimento de forma primitiva e usual no dia a dia. No entanto, se pararmos para analisar o quanto podemos mudar traços ao desenvolver o nosso autoconhecimento pessoal e profissional, nos dedicaríamos mais na expansão de tal conhecimento. O autoconhecimento é designado pela sabedoria e compreensão que a pessoa possui sobre si própria e a identificação dos próprios atos. Por outro lado, o autoconhecimento emocional é identificado como forma de aumentar e estimular a autoestima por meio das suas capacidades gerais e limitações no gerenciamento das emoções conforme o que acontece, seja positivo ou negativo. Deste modo, a pessoa intensifica suas aptidões e se capacita para saber enfrentar e solucionar os problemas e dificuldades impostas pela vida adiante.

Sem antes tomar posse do nosso autoconhecimento, é normal que existam reflexões tais como: será que eu realmente me conheço? Como as emoções se manifestam e como posso gerenciá-las? É normal compreender as emoções desagradáveis e mesmo assim não conseguir lidar com elas? Até qual intensidade as emoções são naturais? Como reajo às críticas? Somos seres pensantes, estamos sujeitos a manifestar todo e qualquer tipo de emoção e ação sobre esse sentimento. O que nos diferencia é a capacidade de administrar nosso conhecimento próprio sem manifestar de forma intuitiva a frustração, a inquietude, a instabilidade emocional e a ansiedade.

Como método de incentivo do estudo do autoconhecimento, é necessário conhecer os benefícios que ele gera para o indivíduo e para as pessoas com as quais convive. Podemos identificar esses benefícios de forma "viral", pois quando alguém é capaz de se autoconhecer, é capaz também de levar o autoconhecimento a outras pessoas de forma natural, já que ele promove paz interna, concentração de forma objetiva e desenvolvimento das relações pessoais e interpessoais. A pessoa que possui autoconhecimento é capaz de evitar sofrimento para o outro e para si.

O melhor presente a oferecer às nossas crianças são técnicas de autocontrole. Indiscutivelmente. Habilidades de autocontrole são fundamentais para agir com responsabilidade, para não reagir à emoção desagradável com mais intensidade. É imprescindível estimular, orientar e encorajar as crianças a adquirirem o autocontrole a partir da descoberta de seus estados emocionais e serem capazes de estruturar as emoções percebidas.

Não se deve colocar o medo à frente das escolhas e ações. É necessário agir sem medo de errar, tendo a consciência de que aquilo que se sabe sobre si mesmo é exato. Deve-se trabalhar com as crianças e adolescentes a constante prática da permissão. É permitido errar com leveza e aprender com os próprios erros sem que haja apreensão.

> Segundo a psicologia, o autoconhecimento é o fenômeno de conhecer a si mesmo levando ao maior controle emocional, evitando assim sentimentos de baixa autoestima, frustração, inquietude, ansiedade, instabilidade emocional entre outros elementos, permitindo resoluções produtivas e conscientes além de uma maior clareza de seu encontro.
> (GABRIELA DANTAS)

É necessário conhecer a sua personalidade para gerenciá-la, tanto nos impasses quanto nos desimpedimentos.

Logo, a importância de se autoconhecer é: desenvolver de forma plena, por meio da consciência de seus principais pontos fortes, aqueles que precisam de melhorias e reajustes. Assim, a performance será verdadeiramente potencializada e o alcance de seus sonhos, objetivos e metas serão muito mais assertivos.

Os benefícios do autoconhecimento: autoestima, inteligência e equilíbrio

Os benefícios importantes do autoconhecimento para sua vida pessoal e profissional e para ajudar outras pessoas com as quais convive são:

- Encontrar a felicidade em fatores internos e não em externos.
- Encorajamento para aproveitar grandes oportunidades.

- Reduzir os sentimentos negativos como ansiedade, frustações e inseguranças.
- Fortalecer a autoaceitação.
- Gerar e manter a estabilidade emocional.
- Otimizar a comunicação.
- Aumentar a sua produtividade.
- Reconhecer seus próprios atos.
- Ter força interior em situações críticas como término de relacionamentos, demissões, advertências.
- Escutar ativamente a si mesmo e não apenas a opinião de outras pessoas.
- Elevar sua qualidade de vida e seu bem estar e contribuir com o bem estar dos outros.

Como as emoções se manifestam e como lidar com elas?

O pensamento positivo apadrinha com rigor a trajetória para se chegar ao autoconhecimento. Ele prepara a mente para continuar a potencializar a capacidade de ficar atento, motivado e a se autocontrolar, a fim de buscar a felicidade. Portanto, é incrivelmente relevante a contribuição para o autoconhecimento das crianças e adolescentes para que elas se sintam fortalecidas emocional e mentalmente, e sejam capazes de experimentar outros aspectos relevantes como: resiliência, autoestima, gratidão e felicidade, fazendo com que tenham poderes para desempenhos interpessoais importantes, lidando melhor com as adversidades, superando desafios e aperfeiçoando o seu bem-estar e o das pessoas com as quais convive.

É necessário o acesso a habilidades para superar emoções desagradáveis. É essencial perceber, nomear, verbalizar e manter um comportamento adequado diante de uma emoção. Isso requer aprendizado constante.

Escolha seus recursos: a arte do encontro

O autoconhecimento não ocorre se não olharmos para o nosso desenvolvimento intelectual. Por isso é preciso conhecer coisas novas e outras possibilidades de viver, e não nos condicionar às mesmas coisas. Não se acomode. A psicologia é a "arte do encontro" com todas as técnicas e conhecimentos científicos, por isso as pessoas que acreditam no trabalho do psicólogo o procuram. Porém um dos melhores encontros é o encontro consigo mesmo. O autoconhecimento também é a arte do encontro, pois o entendimento de quem o possui será muito mais eficaz.

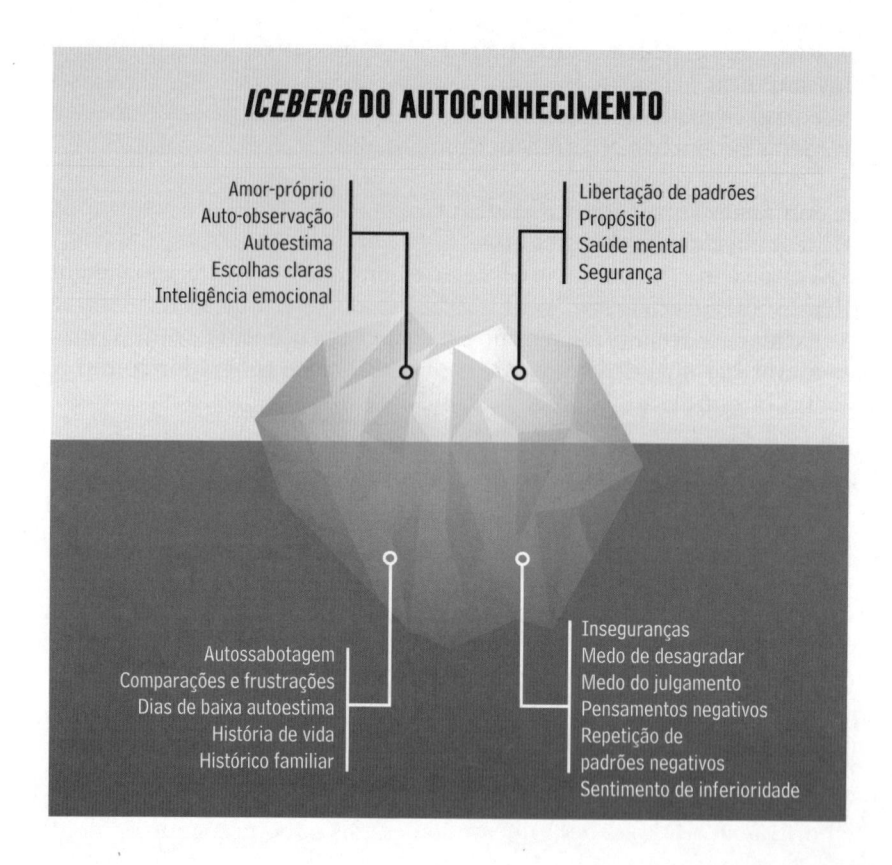

ICEBERG DO AUTOCONHECIMENTO

Amor-próprio
Auto-observação
Autoestima
Escolhas claras
Inteligência emocional

Libertação de padrões
Propósito
Saúde mental
Segurança

Autossabotagem
Comparações e frustrações
Dias de baixa autoestima
História de vida
Histórico familiar

Inseguranças
Medo de desagradar
Medo do julgamento
Pensamentos negativos
Repetição de
padrões negativos
Sentimento de inferioridade

O *iceberg* do autoconhecimento faz uma analogia entre o que tem por traz do autoconhecimento, representado pelos medos, inseguranças, histórico de vida e da família, pensamentos negativos, sentimento de frustração; e a conquista do autoconhecimento. Conhecer a si mesmo é se questionar, trata-se de buscar respostas claras e diretas a seu respeito, como por exemplo: "Eu sou feliz?". A resposta é simplificada entre o sim e o não, diferente do que ocorreria caso a pergunta fosse: "Por que você é feliz?".

A ponta do *iceberg* é aquilo que almejamos para a nossa vida de forma plena e sincera. O que nos afunda são as inseguranças diárias e o medo de nos conhecer, pois muitas vezes somos feitos de referências daquilo que já conhecemos: hábitos, tradições e padrões impostos pela sociedade.

Um encontro não é só emocional e afetivo, mas físico também

Quando somos capazes de compreender que é necessário amar a si mesmo, e que isso implica a forma como amamos e cuidamos do nosso corpo físico, conseguimos atingir metade do autoconhecimento. O que é bom para mim? Será que os alimentos que eu tenho ingerido têm me feito bem? Será que eu tenho me comprometido com os cuidados básicos físicos do corpo? O corpo anda em linha constante com a mente e o coração.

Mantendo-se o equilíbrio em todas as partes, cria-se uma hemostasia para viver e compreender os nossos ideais.

Exemplificando o autoconhecimento

Cada pessoa é única e vivencia sentimentos de forma individual. Quando você se compara ao outro, está ignorando seu próprio eu para valorizar o outro. Então ensine, encoraje e oriente.

Mostre que é possível se responsabilizar, sem culpar-se muito: é importante entender a sua responsabilidade sobre a própria vida e os próprios sentimentos. Responsabilizar-se por seus atos e por sua vida pode ser difícil, mas lhe proporciona o desenvolvimento da autonomia pela própria vida; leva você a ser capaz de tomar decisões.

A prática da auto-observação: analise aquilo que te faz mal e o que te faz bem. Saiba praticar a arte do discernimento para separar ambos os lados dentro da compreensão das atitudes, ambientes e companhias. Essa percepção irá te ajudar a selecionar o que quer que seja satisfatório e confortável em sua vida.

Entender que o mundo não nos deve nada: não se deve esperar recompensas do mundo, tais como amor, cuidados e atenção, pois quem precisa ter esse compromisso para com você, é você mesmo.

Utilizando a ponte para atravessar rumo à segurança emocional

Todos os dias, o cérebro recebe alerta daquilo de que não gostamos. O reflexo é imediato e com isso o ato da prática do excesso surge na nossa vida, e tudo em excesso faz mal. O excesso causa uma desordem e um desequilíbrio que não nos deixa caminhar pela estrada do meio.

O autoconhecimento nos mostra que temos controle sobre nossas vidas e que somos os únicos responsáveis pelo que acontece nela. A transformação é constante e temos a capacidade de entender um erro sem nos condenar, identificando onde está a falha para corrigi-la e usá-la como instrumento de retorno. É uma porta de entrada para que tudo comece a fluir da maneira correta, buscando novas alternativas.

A visão verdadeiramente ótica durante a jornada do autoconhecimento gera empatia e estabilidade emocional a quem está em volta do indivíduo. O avanço do autoconhecimento é eterno, pois estamos em constante mudança. Esse avanço é pacífico, silencioso e traz paz para o indivíduo no caminho da verdade sem trabalhar os estados em que se encontra, mas o que é de verdade.

O autoconhecimento é, acima de tudo, o equilíbrio. O equilíbrio é o resultado entre inteligência emocional, conhecimento e foco, indicando o sucesso para a vida profissional. O autoconhecimento é indispensável para a liderança e para o equilíbrio das emoções.

Referências

BRANDERBURG, O. J.; WEBER, L. N. *Autoconhecimento e liberdade no Behaviorismo radical.* 2005. Disponível em: <https://www.scielo.br/j/pusf/a/hpCbBhNcb3zzdD6ftcLCtTq/?format=pdf&lang=pt>. Acesso em: 25 out. de 2021.

DANTAS, G. C. da S. Autoconhecimento. *Brasil Escola.* Disponível em <https://brasilescola.uol.com.br/psicologia/autoconhecimento.htm>. Acesso em: 27 nov. de 2021.

NERI, A. L. *Maturidade e velhice: trajetórias individuais e socioculturais.* Campinas: Papirus, 2001.

RESENDE, M. *Autoconhecimento.* Teosófica, 2010.

SALIGMAN, M. *Felicidade autêntica.* Objetiva, pp.

38

O MELHOR DA MINHA VIDA
A CHAVE É A GRATIDÃO

Neste capítulo, os pais e educadores encontrarão subsídios para um novo olhar sobre suas crianças a partir da prática da gratidão. Ser grato implica aproveitar as experiências da vida para autoconhecer-se e promover mudanças internas e externas, fazendo dos seus desafios uma ponte para aprendizado e amor ao próximo. Praticar a gratidão em família permite desenvolver comportamentos altruístas, nos quais a criança compreende que o ser é melhor do que o ter e desenvolve equilíbrio emocional, promovendo bem-estar e harmonia familiar. Beneficiar-se desse sentimento de gratidão possibilita enxergar a vida com propósito e aproveitar o seu melhor para viver feliz.

ESTER F. DA SILVA ARCHANJO E NATANE DE MELO SILVA

Ester F. da Silva Archanjo

Contatos
esterferreirapsicologia@gmail.com
Instagram: :@esterferreirapsicologia
24 9927 14439

Psicóloga graduada pela Universidade Católica de Petrópolis (2013), com especialização em Psicopedagogia Clínica e Institucional pela Universidade Cândido Mendes (2015). É graduanda em Pedagogia pela UERJ. Atua como psicoterapeuta de crianças e adolescentes, orientadora de pais e escolas, priorizando o fortalecimento dos vínculos afetivos e educação socioemocional. É coautora do livro *Saúde emocional para educadores* e do *Baralho da escrita terapêutica*.

Natane de Melo Silva

Contatos
natane.pinheiro@yahoo.com
Instagram: psico.natanemelo
32 98428 2125

Bacharel em Psicologia pela Faculdade Presidente Antônio Carlos – Ubá (MG), 2016. Formação em Constelação Familiar pelo Ciclo Ceap, pós-graduada em Gestão Estratégica de Pessoas pela UNIFAGOC – Ubá (MG), pós-graduada em ABA e Neuropsicologia pela Faculdade Dom Alberto. Atua como psicóloga clínica e escolar, psicóloga do Método P3, pesquisadora do Grupo de Pesquisa e Semiologia Psicanalítica da FUPAC – Ubá.

Você já refletiu sobre sua maneira de agradecer um favor recebido? Talvez você queira ser recíproco e tente de alguma forma retribuir o bem que recebeu. Por que você age com reciprocidade? A resposta pode estar na forma não só de receber o bem, mas na intenção com que ele foi feito.

Estudos apontam que a gratidão possui várias funções, tanto sociais quanto psicológicas, ou seja, ela pode ser vista como uma virtude moral que contribui para o relacionamento entre pessoas, trazendo equilíbrio social e o desenvolvimento da comunidade; também pode ser entendida como uma emoção que permite o ser humano amar o próximo, ser empático e altruísta.

Historicamente, a gratidão tende a ser vista como algo socialmente desejável. Ao longo do tempo e em diferentes culturas, experiências e expressões de gratidão têm sido tratadas como aspectos básicos e desejáveis da personalidade humana e da vida social. As raízes da gratidão podem ser vistas em muitas tradições religiosas, permeando textos, orações e ensinamentos. Diversos filósofos desde a antiguidade escreveram sobre a gratidão, apontando-a como uma das mais importantes virtudes e como um ingrediente necessário para a formação da personalidade moral (FREITAS & PIETA, 2009).

Mas, afinal, o que é gratidão?

A gratidão pode ser entendida como um estágio de emoção agradável, leve, sutil, prazeroso e compreensivo. Existem algumas perspectivas psicológicas que relacionam a gratidão à moral, como afeto, virtude e sentimento interindividual, mas lembrando que a experimentação do sentimento é sempre subjetiva (FREITAS & PIETA, 2009).

Ao percebermos a gratidão como um fator evolucionário do ser humano, ela não se destaca exclusivamente na troca, mas no reconhecimento do que foi dado ou feito, gerando uma memória afetiva. Dessa forma, podemos perceber que a gratidão tem sido expressa no meio social, apesar de muitas vezes pensarmos que não é um sentimento reconhecido ou passa despercebido por algumas pessoas. Se evidenciamos o amor que sentimos pelo outro e a intenção de retribuir o bem que ele nos faz, estamos sendo gratos pelo simples fato dele existir.

Diversos escritores e filósofos descrevem a gratidão como um sentimento moral do ser humano, como algo necessário para viver em sociedade e recordar o que o conjunto faz para o meio. Como a gratidão tem o poder de manter bons relacionamentos, é um sentimento que vem pela reciprocidade de favores e podemos avaliar de forma bem primitiva. Era assim que a sociedade funcionava, com a troca mútua, ora de mercadoria, ora de favores. Dessa forma, mantinha-se o equilíbrio social. Quando não há esse equilíbrio, ou seja, alguém não reconhece os favores, surgem conflitos que dificultam as relações sociais.

Alguns estudos sobre a gratidão dentro da psicologia abordam o tema partindo de várias classificações, dentre elas: emoção, virtude, atitude e traços de personalidade. Segundo os estudos, pessoas gratas têm mais propensão para o perdão; assim, o sentimento de gratidão está associado ao de altruísmo e resiliência. As pessoas gratas conseguem ser mais agradáveis e menos narcisistas, estas últimas possuem incapacidade em expressar e experimentar a gratidão. A gratidão influencia na expressão de generosidade, positividade, equilíbrio, também acrescenta melhora na memória, no raciocínio, na saúde física e na qualidade de vida. Desenvolvendo o sentimento de gratidão, é possível responder de forma mais positiva aos acontecimentos da vida e valorizar o bem que chega (FREITAS & PIETA, 2009).

Como ser grato?

A partir das contribuições de várias pesquisas sobre o tema, principalmente na área da psicologia, podemos entender que a gratidão envolve mudança de olhar e de postura. Para viver a gratidão, ou seja, ser grato, é necessário desenvolver habilidades que nos direcionem ao autoconhecimento. Para potencializar a gratidão dentro de nós, temos como um caminho: olhar para si e identificar o que está sentindo; ter clareza de que a emoção fervilhando dentro de nós provoca reações que atingem o próximo; nesse sentido, dominá-las, direcionando-as para uma meta e agir com empatia em relação ao próximo.

Ser grato é permitir um misto de sensações positivas, uma energia boa e vital. As queixas que são comuns em nossas vidas não são anuladas, mas ter a certeza de ser grato por algo maior é reconfortante.

Reflita sobre as seguintes frases:

- Quem são as pessoas importantes na minha vida?
- Quais são as coisas que tenho que mais valorizo?
- O que é importante na minha vida?
- Pelo que sou grato?
- Pelo que eu deveria ser grato?

Trazer à consciência nossa história, bem como as experiências, permite compreender nosso propósito de vida. A gratidão nos transporta para o território do preenchido. Mesmo diante do vazio, ela permite reconhecer os pequenos valores da vida, como enxergar a cor de uma flor ou sentir o vento no cabelo.

Ser grato é compreender a evolução pela qual a humanidade passou, reconhecendo que, em algumas situações, temos o controle e, em outras, não; o que podemos mudar é importante colocar em prática; o que é impossível, não nos compete lutarmos.

A aceitação e o reconhecimento geram gratidão. Isso significa: aceitar o que se é e viver em harmonia com seu ser. Saber reconhecer e respeitar coisas e pessoas da forma que elas são; saber aceitar o que se tem e só assim poderá buscar algo maior, saber reconhecer o seu valor e só assim ser capaz de se valorizar. A gratidão potencializa a saúde, pois não há gasto de energia com aquilo que lhe falta; a atenção está voltada para as dádivas que possui e o favor que pode oferecer aos outros pelas suas práticas.

Gratidão e infância

Sabemos que para a aprendizagem ser efetivada na vida de uma criança, vários fatores são levados em consideração, como condições biológicas, sociais e emocionais. Como educadores e pais, é comum criarmos expectativas, idealizarmos o tipo de criança que educaremos. É comum pais expressarem, em conversas com amigos e familiares, o que esperam de seus filhos no processo de desenvolvimento. Imaginam uma criança comportada, estudiosa, comunicativa e bem-sucedida em todos os aspectos. Muitos romantizam a parentalidade e acreditam que a educação de crianças obedecerá o que planejou. É bem verdade que um bom planejamento e estudos sobre a educação favorecem o caminho de pais e filhos; fortalecem o vínculo e a comunicação eficaz. No entanto, é importante ter consciência de que não existe manual para criar uma criança, pois cada uma é única, possui sua subjetividade, seu temperamento, sua forma de enxergar o mundo. É aí que alguns pais e educadores acabam se frustrando e se esquecem de viver a plenitude da maternidade e da paternidade no processo de educação dos filhos. Ter dificuldade para lidar com a frustração do filho não idealizado pode levar a uma postura de reclamação, não se dando conta de que foi presenteado com um ser único sob a sua responsabilidade para educar. Isso significa que, dentre todas as pessoas do universo, você foi escolhido para essa missão, portanto, não há ninguém melhor no mundo do que você para desempenhar esse papel.

Viver a maternidade e paternidade, ou seja, a parentalidade, para promover o bem-estar da criança e seu desenvolvimento não é uma tarefa fácil, pois envolve muitos desafios, ajustes físicos, sociais e psicológicos. Quando uma criança chega em nossas vidas, tudo gera mudança, nosso corpo muda para aconchegá-la e fornecer nutrientes para que cresça, nossa casa, carro, tudo recebe novo visual; a vida social muda, passamos a frequentar mais lugares com atividades para crianças; deixamos de priorizar algumas atividades. Orientamos nossa vida para atender e promover o desenvolvimento da criança, uma vez que ela se torna nossa inspiração, nossa prioridade, vivemos na prática o verdadeiro altruísmo e, por incrível que pareça, isso nos faz muito bem. O tempo fica escasso para pensar apenas em si, as decisões precisam levar em conta de que forma impactará a dinâmica familiar, então passamos a viver em um tempo no qual 24 horas parecem não ser suficientes para tantas tarefas, mas se você perguntar para uma mamãe ou papai se desejam a vida de antes, provavelmente responderão que não se imaginam sem seus filhos. Eles entenderam que seu propósito vai além dos seus desafios; que o preenchimento, ou seja, ter um filho se sobrepõe às suas faltas, por exemplo, não ter tempo para sair sozinho. É por isso que são gratos, apesar das circunstâncias. O que os move é muito maior do que as dificuldades. As trocas resultantes do amor geram benevolência tanto para os pais quanto para os filhos.

Experimentar a gratidão na parentalidade diz respeito a encarar os desafios da educação como uma ponte para o desenvolvimento de si e do outro como pessoa. Para tanto, faz-se necessário acolher e encorajar a criança para um crescimento saudável em todos os aspectos, trazendo a consciência de que a existência desse ser provoca mudanças internas e externas nas pessoas que fazem parte de suas vivências, pois ensina a priorizar, a resgatar dentro de nós a inocência, o sorriso puro, o abraço sincero e o amor ao próximo.

Educadores e pais que são gratos mediante os papéis que assumem na educação de crianças transmitem esse sentimento para elas e ensinam, pelos seus atos, a serem gratas.

Estudos e pesquisas sobre a gratidão apontam que ela é desenvolvida na infância e, na adolescência, se torna mais evidente e expressa de forma mais facilitada, já que o amadurecimento da idade permite maior compreensão dos sentimentos e das relações com o mundo externo.

Haja vista que a gratidão se desenvolve na infância, é relevante que educadores contribuam para que crianças aprendam a ser gratas. Para isso, ao exercer seu papel no processo de educação, é necessário que a criança se sinta amada, acolhida, desejada e importante do jeitinho que ela é; que seja educada de modo que sua essência seja valorizada, seus sentimentos sejam validados e que busque usar o potencial que possui tanto para seu bem-estar como para o do próximo. Partindo do pressuposto de que a criança aprende por modelos, uma família que vive os princípios da gratidão tende a transmitir e desenvolver habilidades em seus filhos que os levem a ser gratos.

Vimos, ao longo deste capítulo, o quanto a gratidão é benéfica para os que a praticam. Além de promover bem-estar físico e emocional, orienta o comportamento de pessoas próximas a agirem com gratidão, ou seja, ela tem um sentido social. Salientamos, ao longo de nossa escrita, a importância de conhecer a si, suas emoções, para buscar agir com gratidão. Entendemos que a gratidão é um dos sentimentos mais nobres do ser humano, pois ensina a amar a nós mesmos e, ao mesmo tempo, ao próximo. Então, que você descubra os motivos pelos quais deve ser grato e desfrute da harmonia de se pertencer do jeito que realmente é.

Referências

GOLEMAN, D. *Inteligência emocional: a teoria revolucionária que redefine o que é ser inteligente.* 2. ed. Rio de Janeiro: Objetiva, 2012.

PIETA, M. A. M.; FREITAS, L. B. de L. Sobre a gratidão. *Arq. bras. psicol.* [online]. 2009, vol.61, n.1 [citado 2021-09-17], pp. 100-108.

39

O AMOR É A CHAVE

Todas as pessoas são natas para amar e necessitam ser amadas. O que acontece no decorrer da vida para que alguém não se sinta amado ou não consiga expressar amor? Que benefícios ou malefícios o amor ou a falta dele pode causar em nossas vidas? É possível amar de forma incondicional? Abordaremos, neste capítulo, tudo que for necessário para descobrirmos as respostas e reconhecermos que o amor é, de fato, a chave que todos nós buscamos em nossas vidas.

KAROLYNE VERLY TERRASON E PRISCILA TISSI CORDEIRO

Karolyne Verly Terrason

Contatos
karolyneverly@gmail.com
Instagram: @karolverly / @semear.oficinas
22 98839 1250

Professora formada pelo IGP (Instituto de Graduação e Profissionalização) – 2018. Graduanda em Pedagogia pela UERJ (Universidade do Estado do Rio de Janeiro). Suplente do Conselho Tutelar em Nova Friburgo – 2020. *Kids coach* certificada pelo ICIJ (Instituto de Crescimento Infantojuvenil) e reconhecida pela European Infant Growth Institute – 2021. Idealizadora da empresa Semear – apoio à educação – 2021.

Priscila Tissi Cordeiro

Contatos
www.priscilatissi.wixsite.com/meusite
priscilatissicordeiro@gmail.com
Instagram:@priscilatissigarcia / @semear.oficinas
22 99604 3508

Bacharel em Direito pela Universidade Salgado de Oliveira – 2009. Pós-graduação em Relações Familiares pela Universidade Salgado de Oliveira – 2009. Educadora parental com ênfase no Apego Seguro pela Escola da Educação Positiva – 2021. Terapeuta holística integrada; idealizadora e fundadora da empresa Semear – apoio à educação – 2021.

O que a ciência diz sobre o amor?

A fim de relacionar o amor com neurotransmissores cerebrais, a neurologista Helen Fisher (2005) se destacou por ter estabelecido o lócus do amor no cérebro. O hormônio do amor é produzido pelo hipotálamo e liberado na corrente sanguínea. São encontrados receptores desse hormônio em células de todo o corpo humano. Conhecida cientificamente como ocitocina ou oxicitocina, ela exerce importantes funções no organismo.

O mais interessante é que esse hormônio está intimamente ligado aos instintos maternos e é produzido naturalmente pelo corpo humano e liberado nas contrações do útero durante o trabalho de parto e durante a amamentação. Mas não para por aí! Ele influencia nosso comportamento, cria memórias afetivas, promove generosidade, empatia, estabilização emocional, comunicação não violenta, vínculo amoroso, entre outros comportamentos ligados às interações sociais.

Vamos imaginar como funciona no dia a dia o hormônio do amor? Pense no ambiente de trabalho. Proporciona-lhe prazer e bem-estar? Se a resposta for sim, automaticamente será liberada a ocitocina, responsável pelo amor à profissão e ao que se faz. Porém, nosso corpo também produz outro hormônio chamado cortisol, que é liberado nos desafios diários, quando ficamos estressados, com pensamentos negativos, medo ou ansiedade. E este hormônio, que é produzido pelas glândulas suprarrenais, causa efeito oposto ao da ocitocina.

A partir desse conhecimento então, é possível se preparar buscando recursos que auxiliem seu equilíbrio emocional, fazendo atividades antes, durante ou após o trabalho, esse hábito lhe proporcionará prazer e liberação de ocitocina. Afinal, se cuidar é demonstrar amor-próprio.

E se você pensa que autocuidado é algo que não se encaixa na sua rotina, a própria OMS (Organização Mundial de Saúde) tem uma lista bem simples, mostrando como adotar postura ativa e responsável com a saúde. Por exemplo, fazer um *check-up* anualmente, praticar atividades esportivas, ter lazer, hábitos sociais, alimentação saudável e, por último, e não menos importante, gargalhar é um excelente remédio. Essas ações são fundamentais, promovendo aumento e liberação de ocitocina reguladora do seu bem-estar físico e emocional, consequentemente trazendo benefícios à saúde.

O que acontece na ausência do amor?

A falta de amor geralmente é marcada pela desestrutura familiar, quando falta tempo para relacionar-se, quando falta diálogo para compreender a necessidade do outro, quando a atenção dos pais é substituída por outras pessoas ou até mesmo por "coisas" e, mais severamente, quando é marcada por violência doméstica, abuso e abandono. E por que inicia-se no núcleo familiar? Simplesmente porque a família é a primeira estrutura de crescimento e fortalecimento na construção do vínculo amoroso na vida da criança.

Pesquisas apontam que crianças e adolescentes que não se sentiram amados na infância e na juventude tiveram também prejuízos na vida adulta.

Vygotsky, um grande teórico da educação, acreditava que a estabilidade ambiental e familiar era a chave para a compreensão e o desenvolvimento, ou seja, é preciso um equilíbrio familiar e no ambiente em que a criança vive para que haja harmonia e sucesso no processo e aquisição do conhecimento.

Na primeira infância, os mais variados desafios de aprendizagem como falta de atenção, comportamentos emocionais desregulados, agressividade e desinteresse são indicadores de que algo precisa ser observado e cuidadosamente tratado. Por trás de uma criança rebelde, na maioria dos casos, há uma família desestruturada ou despreocupada com a sua educação.

Consequentemente, na adolescência, surgem as dificuldades de socialização, aumentando os índices de depressão, que, na vida adulta, podem levar à perda de emprego, ao uso de álcool, às drogas e até ao crime.

Pais e professores precisam ter consciência que, muitas vezes, problemas de ordem educacional ou emocional podem ser solucionados com atos afetuosos, com atenção e compreensão. Afinal, o afeto é a base para que uma criança desenvolva sentimentos como o amor, a autoestima e a solidariedade, que são essenciais para o desenvolvimento da inteligência emocional.

O que eu preciso saber sobre o amor?

O amor é uma decisão, uma atitude pela qual é preciso compreender tanto a si próprio quanto ao outro e dedicar-se em amar.

Barack Obama, em um discurso como presidente, certa vez citou: "O ofício mais importante do homem é ser pai!". Você tem a consciência do quanto é importante se dedicar a esse ofício?

São realizados muitos investimentos financeiros para a chegada do bebê, desde o enxoval até a decoração detalhada. E quanto tempo dedica-se a estudar sobre as fases de desenvolvimento daquela criança que está para chegar ao mundo? Sobre suas necessidades, sejam físicas, emocionais, cognitivas ou sociais?

Piaget traz importantes contribuições quando explica que a criança passa por fases de desenvolvimento. Pense em uma criança na fase dos 3 anos, fazendo birra e chorando pois não quer ir tomar banho no momento em que você a chamou. Uma simples rotina pode tornar-se um desastre e é nessa hora que o cortisol entra em ação, carregado de estresse, raiva, descontrole e, assim, diminuindo a ocitocina, o hormônio do amor. É possível imaginar o resultado. Com certeza, não haverá ações que correspondam ao amor.

O ser humano se desenvolve desde que nasce e vai passando por processos de construções e aquisições de habilidades. É preciso compreender essas fases de desenvolvimento para obter ações e atitudes de amor, que, de fato, educarão de forma assertiva. Saber ouvir é fundamental nessa etapa. Quando você conhece a fase da criança, logo compreende as suas necessidades e a forma de linguagem para comunicar-se quando deseja algo ou quando está em descontrole emocional. A paciência é forte aliada nesse processo de compreensão. Quanto mais eu compreendo, mais paciência eu adquiro, e mais amor eu demonstro em minhas ações. "O amor é paciente, bondoso e tardio em irar-se." (1 Cor 13).

Voltando à criança que fez birra para tomar banho, vamos agora analisar com os olhos de amor. Nessa fase, em que tudo é fantasia e a imaginação está aguçada, a criança vive a brincadeira como a realidade. Brincar é o trabalho mais importante da criança. Ao chamá-la para tomar banho, você interrompeu algo muito precioso que ela estava construindo, e isso ocasionou um sentimento de frustração, que a fez reagir chorando, pois ainda não sabe distinguir os sentimentos e nomeá-los. O choro nada mais é que a comunicação de uma necessidade que a criança não soube verbalizar. Primeiro ouça, compreenda sua criança, tenha paciência, gere amor e, por fim, aja.

Como fazer o outro se sentir amado?

O amor não é simplesmente um sentimento, mas atitudes que firmam uma aliança de comprometimento com o outro. Amar o próximo é se doar sem desejar nada em troca, é um ato de compaixão e empatia.

O norte-americano Gary Chapman, autor do best-seller *As cinco linguagens do amor*, afirma que cada pessoa tem um "depósito de amor" e traz cinco formas pelas quais você se sente amado, e uma delas será sua linguagem principal de amor. São elas: palavras de afirmação, tempo de qualidade, presentes, atos de serviço e toque físico.

Existem pessoas que precisam ser motivadas pelas palavras de afirmação, com elogios, potencializando suas qualidades, encorajando-as e reconhecendo suas atitudes. Talvez você possa dizer: "Eu acredito em você!", "Você é capaz!", "Como você melhorou nisso!". Valorize o esforço do outro, ainda que não tenha alcançado êxito. O fato de ouvir palavras afirmativas o fará se sentir amado. Essas pessoas tendem a se ferir com palavras mais duras, negativas e críticas, pois zelam pela forma como são tratadas verbalmente.

Já outras pessoas necessitam de companhia para compartilhar o tempo. Uma criança, que deseja tempo de qualidade, apreciará uma brincadeira, um passeio, um bate-papo, em que ela seja o centro de sua atenção, podendo falar e ser ouvida. Sem interrupções, sem celular, sem televisão. Aquele olho no olho, risadas e boas memórias afetivas. Essa linguagem de amor valoriza os pequenos momentos de qualidade, e não precisa de muito, apenas sinceros e dedicados minutos ou horas que, de fato, abasteçam o tanque de amor. A falta desse tempo pode acarretar um afastamento posterior e a busca por alguém que preencha essa necessidade. Adolescentes, por exemplo, podem buscar esse tempo de qualidade no círculo de amigos. Por isso, valorize todo momento que estiverem juntos.

Há aquelas que se sentem valorizadas e amadas quando são presenteadas. Nesse caso, o valor do presente não importa, mas sim o valor emocional explícito no presentear. O presente torna-se um símbolo de amor, quando, por exemplo, a criança ganha algo e quer levar para todo lugar, faz dos presentes algo muito valioso e sentimental, não deixa esquecido ou jogado, mas brinca com zelo. Não desvalorize os presentes construídos por elas, por mais simples e insignificantes que pareçam, carregam um imenso e profundo "eu te amo!".

E quando o amor precisa ser demonstrado por meio de atos de serviço? Nesses casos, a cooperação é fundamental. Uma criança, por exemplo, pode sentir-se amada quando a mãe prepara um lanche caprichado, ajuda no preparativo ou conserto de algo especial e ao solicitar ajuda nos deveres, simplesmente para ter apoio. Nessa linguagem, é possível envolver a criança nos afazeres diários, deixá-la sentir-se útil e mostrar o quanto a ajuda dela é importante. Quando dizemos para a criança que ela não pode fazer algo porque não sabe, estamos dispensando as habilidades e a oportunidade de desenvolver a criatividade, além de ferir sua autoestima. O amor sabe servir ao outro.

Já o toque físico é uma necessidade importante desde o nascimento, como abraçar, beijar e dar as mãos. Nesse caso, uma massagem, um cafuné, uma cosquinha são indispensáveis para abastecer o tanque de amor.

Para que haja um relacionamento saudável, é preciso reconhecer a própria linguagem de amor e identificar como o outro se sente amado, criando assim um ambiente de diálogo, com compreensão e empatia.

A chave é amar incondicionalmente

Quando vemos uma criança nascer, sabemos que ali existe pureza e essa é uma das características desse amor. A alegria, que enche o peito ao ver o milagre da vida, inicia a caminhada para amar incondicionalmente.

À medida que os anos passam, é possível enxergar um mundo de expectativas que envolve aquela criança. Sonhos, projeções, investimentos... Inicia-se um processo de querer ver a própria vontade no outro. Nessa fase, perde-se a compreensão de que, ao decidir amar o outro, entendo que não devo condicioná-lo às minhas expectativas. O amor verdadeiro enxerga o outro em sua essência, respeitando os limites, aceitando as diferenças. Esse amor torna o relacionamento autoconfiante e seguro. Simplesmente decido amar, em qualquer ocasião ou situação. Vamos refletir!

Sua criança errou? Tudo bem. Todos nós estamos sujeitos a errar em algum momento da vida, que dirá a criança em fase de desenvolvimento! Quem errou precisa ter a consciência do erro e, ao mesmo tempo, estar segura de que o amor por ela não mudará. É na correção que você tem a preciosa oportunidade de demonstrar o seu amor incondicional, pois corrigir nada mais é do que orientar até que haja compreensão. Lembra da paciência, que citamos acima? Ela é fundamental nesse processo. Oriente quantas vezes forem necessárias, a insistência da criança no erro não é para testar você.

Para uma comunicação assertiva, leve em consideração a fase de desenvolvimento da criança e a linguagem de amor que a abastece. Para isso, é preciso compreender o caminho do erro, buscar o aprimoramento, para que habilidades e atitudes de amor sejam construídas em cada etapa da vida. A disciplina acontece com diálogo e, sobretudo, com exemplos, que são instruções com ações. Não aponte a criança, aponte o erro e ajude-a a trilhar o caminho ao acerto. Eduque com amor e receberá de volta a satisfação ao ver seus esforços valendo a pena.

Por fim, sua missão é compreender que, a todo momento, você é capaz de mudar sua própria história e também a vida dos que o cercam, pois já aprendeu que amar incondicionalmente é a chave para transformar qualquer relacionamento. Seja você esse agente transformador!

Referências

BORGES, M. O amor no cérebro. *Revista de filosofia*. Natal, v. 22. n. 38, maio-ago.

CHAPMAN, G. *As cinco linguagens do amor*. São Paulo: Mundo Cristão, 2004.